普通高等教育“十三五”规划教材

高等院校经济管理类教材系列

组织行为学

李亚民　杨　辉　主　编

王雪冬　曾建军　孙金莹　陈　颖　张　芳　副主编

科学出版社

北　京

内 容 简 介

本书共分为11章，主要包括概述，个体心理与个体行为，组织承诺与个体行为，激励理论，群体心理与群体行为，组织沟通，领导与组织行为，决策、群体决策与组织决策，组织结构设计，组织文化与组织变革，组织变革与发展等内容，通过对组织行为学基本理论的系统讲述，全方位介绍了组织行为学所涉及的内容。

本书既适合作为高等院校本、专科经济管理相关专业学生的组织行为学课程的教材，也可供从事相关工作的管理人员参考阅读。

图书在版编目（CIP）数据

组织行为学/李亚民，杨辉主编. —北京：科学出版社，2017
（普通高等教育“十三五”规划教材・高等院校经济管理类教材系列）
ISBN 978-7-03-053284-8

Ⅰ.①组… Ⅱ.①李… ②杨… Ⅲ.①组织行为学-高等学校-教材
Ⅳ.① C936

中国版本图书馆CIP数据核字（2017）第128644号

责任编辑：任锋娟 龚亚妮 / 责任校对：王万红
责任印制：吕春珉 / 封面设计：东方人华平面设计部

科学出版社 出版
北京东黄城根北街16号
邮政编码：100717
http://www.sciencep.com

新科印刷有限公司 印刷
科学出版社发行 各地新华书店经销
*
2017年6月第 一 版 开本：787×1092 1/16
2021年8月第三次印刷 印张：17
字数：385 000

定价：48.00元
（如有印装质量问题，我社负责调换〈新科〉）
销售部电话 010-62136230 编辑部电话 010-62135763-2015

前　言

组织行为学既是一门科学，又是一门艺术，它带有很强的技巧性。组织行为学所含内容广泛，涉及经济学、管理学、行为科学等学科知识。实践证明，管理者组织行为学知识的多少直接影响着经济利益的实现与否及管理绩效的好坏。因而，掌握组织行为学的基本理论和技能将使个人及企业受益无穷，进而推进组织行为学的科学化、标准化和规范化。

编者在本书编写过程中按照突出理论基础知识及应用性的特点，以大量翔实的案例使学生对理论知识进行理解和分析，增加了学生学习的趣味性和可读性；在结构安排上，层次清晰，设置了学习目标、导入案例、本章小结、关键概念、复习思考题和阅读案例与材料几个板块，循序渐进，由浅入深，培养学生分析和解决问题的能力。

本书由李亚民和杨辉担任主编，负责全书的统稿。王雪冬、曾建军、孙金莹、陈颖、张芳担任副主编。具体编写分工如下：第 1 章由李亚民、杨辉编写；第 2 章由李亚民、曾建军、张芳编写；第 3 章由孙金莹编写；第 4 章和第 11 章由陈颖编写；第 5 章由王丽编写；第 6 章和第 8 章由王杰编写；第 7 章和第 9 章由张墨、王雪冬编写；第 10 章由杨辉编写。

编者在编写本书的过程中，参阅了大量的资料和书籍，得到了科学出版社的大力支持，在此表示由衷的感谢！

由于编者能力有限，书中难免会有疏漏之处，恳请广大读者批评指正。

编　者

2017 年 3 月

目　　录

第1章 概 述

● **学习目标**

1. 了解组织的要素、管理的内涵、管理工作中人事因素的表现。
2. 掌握组织行为学的概念、组织行为研究的3个层次。
3. 了解组织行为学产生和发展的过程，组织行为学的各种研究方法，以及组织行为学研究中的道德问题
4. 掌握组织行为学模型、衡量组织有效性的常用指标。

导入案例

一名团队领导者的管理之道

小陈毕业于国内某知名院校计算机专业，并在某著名硬件开发公司工作了七年。在最近两年时间里，小陈已经担任公司手机硬件开发中心的主任，管理50名员工。

小陈认为："我过去是一名系统工程师，所以我的技术功底没有问题，而且我的团队成员都是技术专家。作为一名管理人员，我应更多关注的是人员取向而不是技术取向。我必须去理解组织成员的不同需要和不同特点。例如，一些人较容易接近，且乐于接受工作的变化；而另外一些人则抵制这些变化，更愿意安于现状。我应该学习各种激励手法和沟通技巧来处理与他们的关系。

随着管理的深入，小陈也越发觉得管理者仅在专业领域具备扎实的技术知识是远远不够的，为了取得管理的成功，管理者必须不断提升自己的人际交往技能，特别是在公司人员多元化趋势越来越明显的情况下。

（资料来源：徐全忠，邹晓春，毛文静，等. 2014. 组织行为学：理论、工具、测评、案例. 北京：化学工业出版社.）

案例思考：

1. 通过分析小陈对管理的认知，据此说明组织管理者面临的新挑战。
2. 通过分析小陈的管理之道，你认为企业管理人员如何运用组织行为学进行管理？

1.1 组织与组织行为

1.1.1 组织

通常情况下，组织有两种含义，一种是名词，另一种是动词。

作为名词的组织指的是为了实现某一共同目标，按一定规则和程序建立起来的一种责权结构和系统集合。由此可见：首先，组织必须具有共同的目标，并且是为了达到这一目标而存在的。其次，在组织中共同工作的人必须有分工与合作。最后，组织要有不同层次的权利与责任制度，要规定所需各项活动有人去完成，并且确保各项活动协调一致，以保证组织目标能够顺利、有效地实现。

作为动词的组织是指组织工作，主要指人们为了达到目标而创造组织结构，并使之有效运转的过程。从内容可见：首先，管理者要根据工作的需要设计和建立一套组织机构和职位系统，明确每个岗位的任务、权利、责任和相互关系，建立沟通渠道，从而把上下左右联系起来。其次，组织中的各个职位还应配备相应的人员，使其在相应的岗位从事相应的工作，并授予相应的权利，使组织结构得以高效地运行。最后，随着外部环境和内部条件的变化，管理者要对组织结构进行改革和创新，以完善组织功能。

1. 组织的定义

1）组织是为了达到个体和共同目标而一起工作的人的集合。

① 组织是人组成的集合。

② 组织适应于目标的需要。

③ 组织通过专业分工和协调来实现目标。

2）现代组织的特点：组织是一个开放的、复杂的社会技术系统。

① 组织内部除由专业技术分工形成的层次结构系统外，还包括心理、社会和管理系统。

② 组织是不断与外界发生信息与能量交换的开放系统。

③ 组织整合各子系统以及与环境的关系，使整个组织达到恰当的协调与适应，从而使投入产出达到最佳效益。

3）组织的其他概念：组织就是存在于特定社会环境中，由人群构成的，为了达到共同目标，通过权责分配和层次结构所构成的一个完整的有机体。

组织是对完成特定使命的人的系统性安排。

组织就是确定和建立完成各项任务的组织机构，并明确它们之间的相互关系。

组织是在共同目标指导下协同工作的人群社会实体单位，也是通过分工合作而协调配合人们行为的组织活动过程。其要点有：

① 组织是动态的组合活动过程。

② 组织是相对静态的人群社会实体单位。

③ 组织必须具有共同目标。

④ 组织是有一定的需要动机、情感和进取心的团体意识与精神的结合体。

⑤ 组织是一个投入产出系统。

⑥ 组织是物的系统、人的系统和社会环境系统相结合的社会技术系统。

4）组织机构的设置原则：任务目标原则；分工协作原则；统一指挥原则；有效管理幅度原则；集权与分权相结合的原则；执行、监督机构分开设置原则；权责一致原则（责权利相结合）；精干高效原则；稳定性与适应性相结合原则。

5）组织的构成要素：无论是名词的组织还是动词的组织，它的建立与构成都应包含以下几个要素。

① 人群：人群是组织的基础，一个组织要想达到某一目标，有效地完成组织任务，必须要有人来协调运转。否则，组织只是形同虚设而已。

② 目标：目标是组织的前提要素，没有目标就没有组织。作为一个组织，它应该有一个共同的总目标。我们知道，在组织中有领导层、中层职能层以及基层执行层。因此，目标也就有总目标、中层各部门目标以及基层各部门目标和个人奋斗目标。一个组织内，各层次的目标要尽力保持一致，如果出现了矛盾，要以总目标为重，从总目标出发，这是组织内每一个成员都要遵循的原则。

③ 协同：协同是组织能够快速运转起来的效率要素。组织内各个部门、各人员之间，只有协调一致，才能保证组织有效高速运转，否则，组织内部目标矛盾、信息不流畅，将严重影响组织目标的实现。组织内出现不协同的原因主要是目标的问题，具体包含以下几个方面：组织内部没有目标或者目标不够明确，致使组织内各部门以及各成员之间无法围绕目标协调各部门之间的工作以及个人之间的行为；个人目标与组织目标背离；组织内各部门、各成员之间目标不一致。

因此，要保证组织协同一致，就一定要明确目标，并尽量保证各部门目标以及各成员目标与组织目标相一致。

④ 职位：职位是组织内的一个连接点，凡是有某项工作需有专人执行并承担责任，就应设置一个职位，并应随工作任务的变化，职位也相应地变化。

⑤ 职责：职责是指组织内各职位的责任。无论是领导层还是执行层，都要有各自的岗位职责，明确岗位职责是确保工作有序开展的重要前提，同时也是企业组织管理规范化的重要内容。

⑥ 关系：关系是指企业组织中各部门以及各成员之间的相互关系。而在一般组织内的关系可以概括为三大类，即收受关系、协作关系、制约关系。在直线组织中，主要是收受关系和制约关系。例如，在企业组织中，高层主管人员把一些小事或例行之内的事情，交由下属人员处理，只需下属向他定期汇报，以了解下属的工作成果，并判断是否需要对其做出指导。在横向职能组织中，更多的是协作与制约关系。例如，在某企业承担的业务，要由下面各个部门之间分别承担某一部分，提供数据和信息，进行协作，同时各部门之间又不能孤立完成，而是互相依托，互相制约。所以，研究企业组织必须先要明确各部门之间的关系，依照关系再确定责任。

⑦ 信息：在千变万化的市场中，企业要想生存，就要掌握第一手信息，所以对信息

的收集、整理与传递在企业中就显得尤为重要。信息的表示方式有多种，如指令、情报、信号等。信息传递的方式也有很多，如口头、书面等。

2. 组织和管理

（1）管理的含义

管理是在特定的环境下，对组织所拥有的资源进行有效的计划、组织、激励、领导和控制，以达到既定组织目标的过程。

（2）组织与管理的关系

首先，任何组织都需要管理；组织组建起管理机构，这些机构的任务就是管理整个组织。一个复杂的组织，由许多部门构成，每个部门又都有众多的成员，各个部门及其成员的工作，需要协调一致。为了完成任务，要调动人力、物力、财力，要组建信息联系网络，这其中都有大量的管理工作要做。

其次，管理的目标是保证组织目标的实现；一个群体有一个大方向上的共同目标才可以称为一个组织。而要实现这个目标就需要合作。所谓合作也就是在计划过程中，如果能有比各合作个体总和更大的力量、更高的效率，就应当根据不同的工作要求和能力安排工作岗位，完善制度，使其效率最大化。所以说组织是管理的载体。而一个组织想要实现目标就需要通过管理的手段来实现协调，实现效率最大化。

再次，管理工作的效果通过组织效率和组织效能来衡量；管理是一个群体演变成组织的表现，即有了管理行为的群体才叫组织。而组织的性质又决定管理的方向，组织目标决定着组织结构的具体形式和特点。例如，政府、企业、学校等各个组织由于其目标不同，其结构也不同，当然它们的管理方法也不同。所以说管理工作的效果通过组织效率和组织效能来衡量。

最后，组织的发展演变是管理思想发展、管理技术提高的源泉。组织本身就是一项管理工作。管理工作虽然有很丰富的内容，但其中最主要的工作就是组织工作。不少管理学家在规定管理概念的含义时，从组织工作上去定义管理。例如，把管理定义为为实现目标而组织和使用各种资源的过程，或认为管理就是计划、组织、指挥、调节和控制等，管理的发展依赖于组织的发展。

3. 管理中人的因素

（1）管理的职能观

管理的职能观包括以下几个方面。

1）计划：计划工作有广义和狭义之分。广义的计划工作是指制订计划、执行计划和检查计划三个阶段的工作过程。狭义的计划工作是指制订计划，即根据组织内外部的实际情况，权衡客观的需要和主观的可能，通过科学的调查预测，提出在未来一定时期内组织所需达到的具体目标以及实现目标的方法。

2）组织：通过组织机构的建立与变革，将生产经营活动的各个要素、各个环节，从时间上、空间上科学地组织起来，使每个成员都能接受领导、协调行动，从而产生新的、大于个人和小集体功能简单加总的整体职能。

3）激励：指调整和发挥职工的积极性、主动性的功能。包括鼓励、惩罚和智力开发。激励职能贯穿于计划、组织、控制等各种职能之中。

4）领导：所有者或者经理的第四个职能是领导。领导为致力于完成企业目标的员工提供合适的引导，企业家就是领导和指引企业的人。领导职能是实现管理职能效率和效果的灵魂，是管理过程的核心环节。

5）控制：对实现目标的各种活动进行检查、监督和调节，包括确立标准、收集信息、监督检查、分析研究、采取措施、进行调节等工作。

（2）管理技能中人的因素

管理技能中人的因素包括技术技能、人际技能、概念技能。

1）技术技能：是指特殊的知识和专长，在特殊范围内使用工具设备的技术及能力。现代工业首先需要的是技术性技能，尤其在较低的管理阶层中更为重要。

2）人际技能：是指能领导一群人成为一个合作的团体，向着同一方向去努力，亦即如何“处人”，与他人共同工作的能力。具有高度人际技能的人能创造出一种无忧无惧的环境，使部属感觉能够自由地发挥及表现。人际技能是一种出自自然行为的反映，而不是矫揉造作，任何一个阶层的管理者都需要它。

3）概念技能：是指将企业视为一个整体的能力，亦即充分认识组织中各部门不同的职能及其互相依赖性，了解改变某一部分对整个企业的影响，使企业个体与环境的关系具体化的能力。而不是本位主义，企业独立于社会。任何一个决策的成败与决策者的观念性技能有着很大关系。它对高层管理者尤为重要。观念性技能不但能改变目前的一切，而且影响深远。

（3）管理中的角色

管理中的角色包括以下几种。

1）人际角色。

① 头面人物：作为头面人物，必须行使一些具有礼仪性质的角色。

② 领导者：管理者鼓励下级发挥出高水平的绩效，并有计划地培训、指导下级以促使他们发挥最大潜力，并和员工一起工作，通过员工的努力来确保组织目标的实现。

③ 联络者：对组织内外的个人和群体的行为进行协调，与组织内个人、小组一起工作，与外部利益相关者建立良好的关系所扮演的角色。管理中在组织内外充当联系者时，与信息的源头接触就成为他的主要工作。

2）信息传递角色：管理者负责确保和其一起工作的人具有足够的信息，从而能够顺利完成工作。整个组织的人依赖于管理结构和管理者，以获取或传递必要的信息，从而完成工作。

① 监控者：持续关注内外环境的变化以获取对组织有用的信息，接触下属或从个人关系网获取信息，依据信息识别工作小组和组织潜在的机会与威胁。

② 传播者：分配作为监督者获取的信息，保证员工具有必要的信息，以便切实有效完成工作。

③ 发言人：把信息传递给单位或组织以外的个人，让相关者（股东、消费者、政府等）了解并感到满意。

3）决策角色。

① 创业者：对作为监督者发现的机会进行投资，以利用这种机会。

② 混乱处理者：处理组织运行过程中遇到的冲突或问题。

③ 资源分配者：决定组织资源（财力、设备、时间、信息等）用于哪些项目。

④ 谈判者：对象包括员工、供应商、客户和其他工作小组，与他们进行必要的谈判，以确保小组朝着组织目标迈进。

1.1.2 组织行为

1. 行为的概念及要点

行为是有机体的所作所为及其活动。人的行为是指人对所处环境做出的反应。行为有广义和狭义之分。狭义的行为是指人受其生理、心理支配或客观环境的刺激而表现出能被观察到的一切外显的活动。广义的行为除包括狭义的外显行为外，还包括内隐的心理活动。

人的行为的特点如下：

1）适应性：人的行为反应既要符合环境的要求，又要满足本身的需要。

2）多样性：不同的人在不同的时间、地点条件下会做出多种多样的行为反应。

3）动态性：人的行为会随时间、地点的变化而不断发展变化。

4）可控性：人的行为可以通过各种措施消除消极行为，诱导和发挥积极行为。

人的行为实质是人的生理、心理因素与客观环境相互作用的结果和表现。

2. 组织行为

（1）组织行为的层次

1）个体行为模式：个体差异—传记特征；人格，能力，学习；工作价值观、态度，状态、意志和情感；个体心理过程—知觉，归因。

2）群体行为模式：团队管理；个人和群体决策行为；组织中的沟通行为；领导行为；冲突处理和谈判行为。

3）组织结构与行为：组织变革、发展、学习，组织技术、工作和结构、组织文化；人力资源政策，压力；未来发展趋势。

（2）组织行为学的定义

组织行为学是一个研究领域，它研究个体、群体以及组织对组织内行为的影响规律，其目的是为了应用这些知识来提高组织效率。

组织行为学是综合运用与人有关的各种知识，采用系统分析的方法，研究一定组织中人的行为规律，从而提高各级主管人员对人的行为的预测和引导能力，以便更有效地实现组织目标的一门学科。

组织行为学是系统研究组织环境中所有成员的行为，以及成员个人、群体、整个组织以及外部环境的相互作用所形成的行为规律的学科。

组织行为学是研究组织中人的心理和行为表现及其规律，提高管理人员预测、引导和控制人的行为的能力，以实现组织既定目标的学科。

这个定义有4层含义：

1）组织行为学的研究对象是人的心理和行为的规律性。组织行为学既研究人的心理活动的规律性，又研究人的行为活动的规律性，是把这两者作为一个统一体来研究的。人的行为与心理密不可分，心理活动是行为的内在依据，行为是心理活动的外在表现，因此，必须把两者作为统一体进行研究。

2）组织行为学的研究范围是一定组织中的人的心理与行为规律。这就说明组织行为学并不是研究一切人类的心理和行为的规律，而是只研究一定组织范围内的人的心理与行为的规律。这种组织范围包括工厂、商店、学校、机关、军队、医院、农村等所有的组织。研究这种组织中的人的心理和行为规律，不仅是研究单个人的心理和行为，而且还要研究聚集在一起的人的心理和行为的规律。因此又可分为个体心理与行为、群体心理与行为以及整个组织的心理与行为。

3）组织行为学采用系统分析的研究方法，综合运用心理学、社会学、经济学、人类学、生理学、伦理学和政治学等原理，说明组织中人的行为的规律性。

4）组织行为学研究的目的是在掌握一定组织中人的心理和行为规律性的基础上，提高预测、引导、控制人的行为的能力，以达到组织既定的目标。组织行为学研究一定组织中人的心理和行为规律，不是为研究而研究，而是为了通过掌握规律性来提高预测、引导、控制人的行为的能力，特别是要采取相应的措施，变消极行为为积极行为，以实现组织预期的目标，取得最佳的工作绩效。

组织行为学实质上是一门现代管理学科，是管理领域中行为学派的理论和方法的支柱。

3. 学科特点

1）边缘性（跨学科性）：边缘性主要表现为多学科相交叉性和多层次相交切性两个

方面。组织行为学是在心理学、社会学、经济学、人类学、生理学、伦理学和政治学等多种学科相交叉的边缘上所组合而成的新学科。多层次相交切性主要表现为：它是一门综合研究组织中的个体、群体和整个组织的心理与行为的发展规律，以及它们与社会环境的关系的知识系统。

2）实证性（应用性）：不是靠一般性的经验、直觉和臆断得出结论，而是运用科学的、系统的方法进行研究，用客观事实进行论证，保证研究结果的可靠性和可信性。它的直接目的是紧密联系组织管理者的工作实际，提高其工作能力，提高组织的工作绩效。

3）文化相关性（情境性）：组织行为学所研究的个体、群体和组织的行为表现和规律依赖于其所处的文化环境，在不同的文化环境中可能表现出不同的特点和规律。组织行为学的研究没有通用的最佳模式，而应该根据不同的情景采取不同的理论和对策。

4）两重性：两重性主要是由多学科性、人本身的两重性和管理的两重性决定的。

首先是由多学科性决定的。组织行为学既应用生物学和生理学等自然科学原理，又应用社会学、社会心理学和政治学等具有阶级性的社会科学原理。其次是由人本身的两重性决定的。组织中的人既是生物性自然性的人，又是社会性的人；作为劳动者的人既是生产力要素之一，又是生产关系的一个重要方面。最后是由管理的两重性决定的。管理既有作为对人们共同劳动的协调和指挥这种自然属性，又有监督劳动、反映统治意志这种社会属性和阶级性。

4. 组织行为学的内容体系

组织行为学主要研究 3 个层面的问题：

首先是个体层面，包括个人的能力、性格的差异性，以及态度和价值观的差异性规律、人的行为动力与激励措施等问题。

其次是群体层面，包括群体活动的规律和团队建设、群体内的沟通、群体的冲突与解决。

最后是组织层面，包括领导、组织设计、组织文化、组织变革和发展等。

组织行为学主要研究个人、群体和组织之间相互影响的行为规律。

1.1.3 组织行为研究的相关学科

组织行为学是一门交叉学科，是由多个领域的研究成果发展而来的主要领域是心理学、社会学、社会心理学、人类学和政治学等行为的学科，它们共同构成了组织行为学的基础，并使其成为一门独立的学科，如图 1-1 所示。

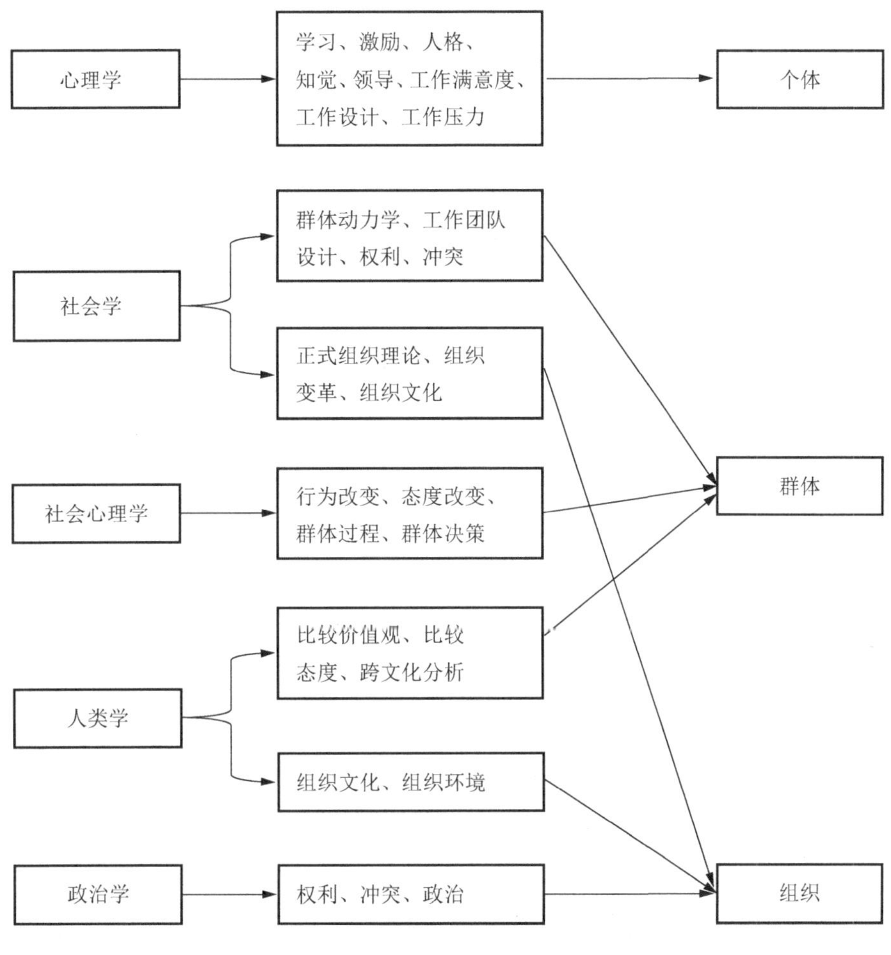

图 1-1 组织行为学的基础学科

1. 心理学

心理学主要研究与组织行为有关的人的个体特点，如动机、能力、性向等。早期的工业组织心理学家主要关注疲劳、厌倦和其他与工作条件有关的因素，这些因素妨碍了工作绩效。近期的研究已经扩展到学习、知觉、人格、情绪、培训、领导效能、需求和激励、工作满意度、决策过程、绩效评估、态度测量、员工甄选技能、工作设计及工作压力等方面。

2. 社会学

心理学关注个体，而社会学则主要研究个人在社会环境或文化中的表现。社会学家对组织行为学的贡献在于其对组织中群体行为的研究，尤其是正式的、复杂的组织。最重要的贡献是，社会学家研究了组织文化、正式组织理论和结构、组织技术、沟通、权力和冲突等。

3. 社会心理学

社会心理学通常被看作心理学的一个分支，但它是心理学和社会学相结合的产物，它关注人与人之间的相互影响。社会心理学家的重要贡献在于对态度的测量、理解和改变的研究，判别沟通模式以及建立信任等。他们对我们研究的群体行为、权力和冲突做出了巨大的贡献。

4. 人类学

人类学通过对社会的研究，了解人类及其行为。人类学家对文化和环境的研究，使得我们了解不同国家和不同组织内人们的基本价值观、态度和国家文化的差异。我们现在对组织文化、组织环境和不同国家文化差异的认识大多数来自人类学家或采用人类学方法的研究结果。

5. 政治学

政治学是一门以研究政治行为、政治体制以及政治相关领域为主的社会科学学科。狭义的政治学研究国家的活动、形式和关系及其发展规律；广义的政治学研究在一定经济基础之上的社会公共权力的活动、形式和关系及其发展规律。

1.1.4 组织行为学模型

组织行为学模型如图 1-2 所示。

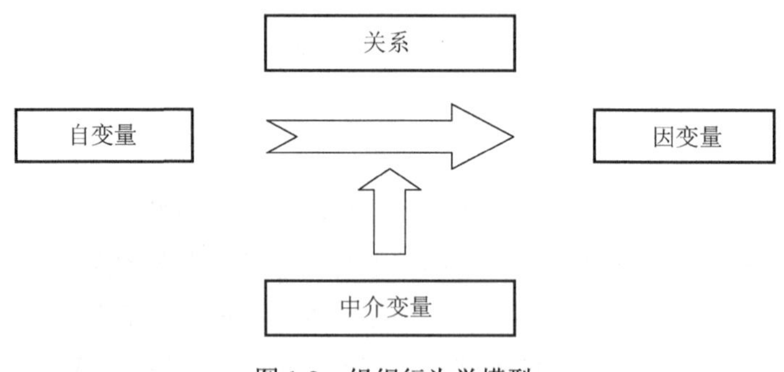

图 1-2 组织行为学模型

1. 变量

1）自变量：导致其他变量发生变化的变量。

组织行为学研究中，常见的自变量有智力、个性、经验、领导作风、沟通模式、奖励制度、人力资源政策、组织设计等。

2）因变量：受自变量影响而发生变化的反应变量。

组织行为学中，常见的因变量有生产率、缺勤率、离职率及工作满意度等。

3）中介变量：又叫干扰变量，它会削弱自变量对因变量的影响，使自变量与因变量之间的关系更为复杂。

2. 关系

关系是指变量之间的导引关系的方向性。由于 x 的变化导致了 y 的变化，那么 x 就是 y 的原因，它们之间就是因果关系。

1.1.5 研究组织行为学（应用）的意义

1）研究组织行为中的个体行为与管理，可以提高管理者知人善任、合理使用人才的水平。

2）研究组织行为中的群体行为与管理，可以使管理者改善人际关系，增强他们所管辖的群体的凝聚力和向心力。

3）研究组织行为中的领导行为与管理，可以促使管理者提高领导素质，改进领导行为，掌握领导艺术，增强领导的有效性。

4）研究组织行为学中的激励理论与应用，可以加强以人为中心的管理，充分调动各方面的积极性、主动性和创造性。

5）研究组织行为学中的组织设计与组织变革的理论与方法，可使管理者更好地适应环境的变化，进行组织的改革，增强活力，提高绩效。

6）研究组织行为学有利于管理者调适心理平衡，提高身心健康水平，从而进一步提高工作绩效。

1.2 组织行为学的发展阶段

1.2.1 “管理运动”时期的组织行为研究

1886 年，职业经理人亨利·汤针对铁路企业的管理，提出了监督流程分析管理费用，进行固定资产核算和薪酬制度设计。1889 年，他又提出“收益分享方案”。1891 年，美国机械工程师哈尔西提出“工资报酬制”，分析了计时制、计件制、分红制的优缺点，设置了“奖金分配方案”等激励措施。1895 年，泰勒提出“差别计件制”。1914 年，福特建立人事研究室。同一时期，丽莲·吉尔布雷斯提倡对工人的心理进行研究，工业心理学在德国诞生。以上做法和研究是“管理运动”时期的组织行为研究的标志性事件。

1.2.2 人群关系运动到组织行为学的产生

1924～1932 年的霍桑实验和同期“人群关系理论”的提出，使人们更加关注工人的心理方面的要求，关注非正式组织活动机制，认为生产效率主要取决于职工的工作态度以及周围的人际关系。1949 年，芝加哥大学召开了“行为科学”大会，提出了行为科学研究的三个标准，人们开始逐步关注企业性组织内人和群体的行为，指出想要提高生产率必须要创造良好的人际关系。组织行为作为一门独立的学科开始形成。

1.2.3 组织行为学的发展

近几年许多北美的组织行为学家把自 20 世纪初以来组织行为学的发展划分为三个阶段：1900～1927 年，以泰勒为代表的经典科学管理理论阶段；1927～1965 年，以霍桑实验开始的人际关系理论以及后来的 X 理论—Y 理论阶段；1965 年至今，以权变态度和方法来看待人及其组织行为的现阶段。

也有学者将组织行为学的发展分为以下三个阶段：人力资源学派（human resources school）的出现；权变观点进入管理领域——组织行为学的形成；组织文化研究的兴起——组织行为学的深入。

1.2.4 组织行为学面临的挑战

IT 应用和普及催生了 ERP（enterprise resource planning，企业资源计划）、CRM（customer relationship management，客户关系管理）和 BPR（business process reengineering，业务流程重组）管理模式的出现，组织模式和运行的网络化和扁平化日趋明显，“知识工作者”的大量出现以及经济的全球化、多元化使得组织行为学面临着巨大的挑战，这些变化对于员工和组织行为的影响日益明显。“互联网+”背景下组织行为学的发展面临着新的选择，这些课题也是学术界目前关注的热点问题。

1.3 组织行为学的研究方法

1949 年在芝加哥大学行为科学命名大会上，科学家们专门用科学方法系统研究组织行为作了 4 项决定：

1）理论的肯定和证明必须依据公众都能观察了解的客观事实，不能单凭学者个人的经验。

2）尽量用科学方式来说明假设，以便精密地测试和修正。

3）使各种论述精确，以便能用严密试验予以肯定或否定。

4）使用自然科学所惯用的“厘米、克、秒”制作为度量工具。

1.3.1 研究分类

1. 以应用广度为原则的分类

1）理论性研究：侧重从理论上阐明某种心理和行为现象，不着重强调其研究结果能否应用于实践及如何应用。

2）应用性研究：对组织中的实践工作有着重要的指导意义。

3）服务性研究：是咨询人员的研究，例如，一位专家被某公司请去做咨询人员或顾问，他的研究即为服务性研究。

4）行动研究：该研究是对某种情况所进行的调查性研究，通过调查，使人们认清问题所在，从而采取一定的战略策略，以减少和消除发生在组织结构、人员、技术或环境等方面的问题，也可把这些因素综合起来进行变革。

2. 以研究目标为原则的分类

1）描述性研究：说明客观事物的状况特点和出现频率，即只回答“是什么”，不回答“为什么”的问题，也不讨论具体的干预措施。

2）因果性研究：该研究要求说明各个因素之间的相互关系和发展趋势。

3）预测性研究：这是根据对客观规律的认识预先考虑今后可能发生的情况的方法。

3. 以研究的可控性为原则的分类

1）案例分析：通过查阅各种原始记录，或通过访问、发调查表和实地观察得到资料，如实记载并形成案例，进而分析。

2）现场研究：在现实的环境中对实际情景的研究，与实验室实验相比具有更强的逼真性。

3）实验室实验：按照周密的实验设计，在实验室中实施研究。

1.3.2 研究方法

1. 观察法

观察者以自己的眼、耳、鼻、舌和皮肤等感觉器官为工具，直接观察人们的行为，并通过对外的分析去推测人们内在的心理状态，这种方法就叫作观察法。按照观察者与被观察者的关系来分类，可把观察法分为参与观察法和非参与观察法两类。按照观察情景的差异来分类，可把观察法分为自然观察法和控制观察法两类。

2. 心理测验法

心理测验法是采用标准化的心理测量表或精密的测验仪器以及各种图表，来测量被试者有关智力、能力倾向、兴趣爱好、性格特点、成就需要等心理特征的研究方法。在运用心理测验法时，应注意将测验的信度和效度维持在一个合理范围内。测验的信度即可靠性，它是反映被测者特征的真实程度的指标，有人称之为测验的准确性，也有人把信度作为测验结果的稳定性和一致性指标。测验的效度指心理测验的有效性，即测验得到的是不是所要测定的心理与行为特征，也就是测验结果是否达到测验所预期效果的程度。

3. 案例研究法

案例研究法是对组织内的个体、群体或组织的一个或几个以至更多变量之间的关系做出描述和说明。这种方法是体现理论与实践、知识与能力、历史与现实、教学与研究、科学与艺术统一的极好方法。

4. 调查法

调查法是与系统观察法密切相联系的方法。它主要是了解被调查者对某一事物的想法、感情和满意度。一般采用下面 3 种具体的调查方法：面谈法、电话调查法、问卷调查法。其中常用的问卷调查法有 4 种形式：选择法、是否法、记分法、等级排列法。

5. 实验法

（1）实验室实验法

把实验对象的一些关键性变量，都放在特定的实验范围内进行，研究人员能够严密控制，能够随时观察他们的变化。

（2）现场实验法

把实验室方法应用到不断发展变化着的现实生活中去的方法，它比实验室研究更接近现实生活。

（3）准实验法

研究人员在不能完全控制的情景下所进行的实验叫作准实验。

1.3.3 组织行为学研究的道德问题

与以物为研究对象的学科不同，组织行为学研究人的活动，因此涉及道德问题。表现在：

1）组织行为研究的 3 个层次——个体、群体和组织，都涉及道德内容。

2）组织行为学研究规范涉及伦理道德问题。

总之，组织行为学中的道德问题是一个广泛而深刻的社会性问题，应以科学的态度对待。

本章小结

组织行为学是一门研究人在组织中的行为知识及其应用的学科，对组织行为学的研究可以改进和变革个体、群体和组织行为，来达到个体、群体和组织的目标。组织行为学可以分3个层次进行分析：个体层面、群体层面和组织层面。没有各个层面影响因素的分析是不能全面理解组织行为的。

组织行为学有跨科学性、多层面性、情境性和科学性等学科特性；组织行为学的相关学科包括心理学、社会学、社会心理学、政治学等学科。

一般来说，组织行为学的研究分类可分为：以应用广度为原则分为理论性研究、应用性研究、服务性研究、行动研究；以研究目标为原则分为描述研究、因果性研究、预测性研究；以研究可控性为原则分为案例分析、现场研究、实验室实验。其研究方法可分为观察法、心理测验法、案例研究法、调查法、实验法。

随着经济社会的发展，组织行为学在发展的过程中难免会面临一些道德法律方面的问题，也是组织所面临的挑战。

关键概念

组织；组织的行为；组织的构成要素；行为；组织行为的层次；组织行为学；组织行为学的学科特点；组织行为学的相关学科；组织行为学的发展；组织行为学的研究方法。

复习思考题

1. 说明组织行为的内涵。
2. 组织行为学产生与管理学发展有何关系？
3. 人们对组织的看法有几个不同的阶段？
4. 组织行为学产生与发展中对人的看法有哪些变化？
5. 组织行为学的研究有哪些基本类型和方法？
6. 组织行为学的研究为何会涉及道德问题？
7. 案例研究有哪些优势和不足？试举例说明。
8. 说明实验室实验和现场实验的区别。
9. 为什么统计方法在组织行为学研究中有较大用途？

阅读案例与材料

霍桑实验

位于美国芝加哥城外西方电器公司的霍桑工厂，是一家制造电话机的专用工厂，它设备完善、福利优越，具有良好的娱乐设施、医疗制度和养老金制度。但工人仍愤愤不平，生产效率也不理想。为此，1924 年美国科学院组织了一个包括各方面专家在内的研究小组，对该厂的工作条件和生产效率的关系进行了全面的考察和多种实验。这就是著名的霍桑实验。从 1924～1932 年，在将近八年的时间里，霍桑实验前后共经过两个回合。第一个回合从 1924 年 11 月～1927 年 5 月，它主要是在美国国家科学委员会的赞助下进行的。第二个回合是 1927～1932 年，主要由美国哈佛大学教授梅约主持进行研究。整个实验前后共分为四个部分。

1. 照明实验

这项实验在霍桑工厂共持续了两年半，实验是在被挑选出来的两组绕线工人中间进行的。一组是“实验组”，一组是“参照组”。在实验过程中，“实验组”不断地增加照明的强度，从 24 烛光、46 烛光、76 烛光逐渐递增，而“参照组”的照明度始终保持不变。研究者起初打算考察照明和产量之间的关系，找出一种理想的照明度，在这种照明度下工作，能使工人的生产效率达到最高标准。但出乎研究者的意料，实验的结果，两组的产量都在不断提高。后来他们又采取了相反的措施，逐渐降低“实验组”的照明强度，还把两名实验组的女工安排在单独的房间里劳动，使照明度一再降低，从 10 烛光、3 烛光一直降到 0.06 烛光，几乎和月亮光差不多的程度，这时候，也只有在这时候，产量才开始下降。研究者的结论是，工作场所的灯光照明只是影响生产的一种因素，而且是一种不太重要的因素。除照明之外一定还有其他因素影响产量。由于研究者找不到原因，感到迷惑不解，许多人都罢工了。只有该公司的检查部主任朋诺克当时推测，产量的增加，可能是由于工人被实验鼓起的工作热情所影响。后来，1927 年冬天，朋诺克在一次哈佛大学教授梅约主持的人事经理报告会上，把自己的想法告诉了梅约，并当场邀请梅约参加霍桑实验。梅约接受了邀请，并组织了一批哈佛的教授会同电器公司的人员成立了一个新的研究小组。于是开始了第二阶段的研究。

2. 继电器装配实验

为了更好地控制影响工作绩效的因素，梅约选出了 6 名女工，在单独的房间从事装配继电器的工作，并告诉女工可以保持平常的工作节奏，因为实验的目的不是为了提高产量，而是要研究各种工作条件，以找出最适宜的工作环境。在这期间，研究者在实验场所指定了一名观察者，他的任务主要是营造与工人的友好气氛，以确保她们积极合作。他还做一些管理工作，每天与女工们非正式地交谈，以消除她们对实验可能抱有的疑虑。这样与女工之间的谈话更加自由，彼此关系比过去更为亲近。在实验过程中，不断地增加福利措施，如缩短工作日、延长休息时间、免费

供应茶点等。随着生产效率的提高，研究者起初以为是这些福利措施刺激了工人生产的积极性。随后他们又撤销了这些措施，生产不但没有下降，反而继续上升。这就证明物质条件的改变并不是提高产量的唯一原因。经过对这些结果的可能原因的分析，研究者认定，管理方法的改变可能是改变工人态度和提高产量的主要原因。

3. 大规模的访谈实验

在两年多的时间里，梅约等人组织了大规模的态度调查，在职工中谈话人数达两万次以上。在访问过程中，访问者起初提出的问题，大都是一些“直接问题”，如工厂的督导工作及工作环境等，虽然访问者事先声明，将严格保守秘密，请工人放心，可是受访者在回答问题时仍遮遮掩掩，存有戒心，怕厂方知道，自己受到报复。谈话总是陈腔客套，无关痛痒。后来改用了“非直接问题”，让受访者自行选择适当的话题，这时职工在谈话中反而无所顾忌了。结果在这次大规模的访问中，搜集了有关工人态度的大量资料，经过研究分析，了解到工人的工作绩效、职位和地位既取决于个人，又取决于群体成员。人际关系是影响绩效的一个主要因素。同时，这次大规模的实验，还收到一个意想不到的效果，就是在这次谈话实验以后，工厂的产量出现了大幅度的提高。经研究者分析认为，这是由于工人长期以来对工厂的各项管理制度和管理方法有许多不满，但无处发泄，这次实验，工人无话不谈，发泄了心中的怨气，由此而感到高兴，因而使产量大幅度上升。

4. 继电器绕线机组的工作室实验

继电器绕线机组的工作室实验又称群体实验。

试验者为了系统观察在群体中人们之间的相互影响，在车间里挑选了14名男工，其中9名绕线工，3名焊接工，2名检验员，在一个专门的单独房间工作。实验开始，研究者向工人说明：他们可以尽量卖力工作，报酬实行个人计件工资制。研究者原以为，这套奖励办法会使工人努力工作，提高产量。但结果是产量只保持在中等水平，而且每个工人的日产量都差不多。根据“时间—动作”分析的理论，公司经过计算向他们提出的标准定额是每天完成7312个焊接点，但工人每天只完成6000～6600个焊接点就不干了，即使离下班还有一段时间，他们也自行停工。研究者经过深入观察，了解到工人自动限制产量的理由是：如果他们过分地努力，就可能造成其他同伴的失业，或者公司会制订出更高的生产定额。

与此同时，研究者为了了解他们之间的能力差别，还对实验组的每个人做了灵敏测验和智力测验。发现3名生产最慢的绕线工在灵敏测验上得分都高于3名最快的绕线工，其中1名生产最慢的工人在智力测验上得分排行第一，灵敏测验排行第三。测验的结果和实际产量之间的这种关系使研究者联想到群体对这些工人的重要性。1名工人可以因为他的产量提高而得到小组“工资基金”总额的较大份额，而且也减少了失业的可能性。然而这些物质上的报酬却会招来群体的非难和惩罚。因此每天只要完成群体认可的工作量大家就可以相安无事。

研究者通过观察发现，工人们之间有时会相互交换自己的工作，彼此间相互帮忙，虽然这是有违公司规定的事，但是这种行为却大大增进了他们的友谊，有时却也促进了他们彼此间的怨恨，谁喜欢谁，不喜欢谁，都可以因此表现出来。诸如此类的事情，使研究人员发现他们中间有着两个派系，即小群体，一个称为 A 派，一个称为 B 派。研究者在对他们的观察中获得了以下几点结论：

1）他们之间的派系，并非是因工作不同而形成的。例如，A 派包括 3 名绕线工，同时还有 1 名焊接工和 1 名检验员。

2）派系的形成多少受到工作位置的影响。例如，A 派的几位工人均在工作室的前端，而 B 派的几位工人均在工作室的后端。

3）实验组的成员中也有人不属于任何派系。例如，其中 1 名检验员一向受到其他成员的排斥。原因是他曾向检验科抱怨，说工作室的工人们都在偷懒，这件事后来被大家知道了，大家都与他保持一定距离，还有 1 名绕线工，总喜欢在 B 派中出风头，他虽然想加入 B 派，B 派却因此没有完全接纳他。

4）每个派系都认为自己比别派好，并有一套他们自己的行为规范。研究者在观察他们各自履行自己所订立的行为规范时发现，有的规范与限制产量有关，有的则涉及个人的品德，而就其规范对个人的影响来说，主要有以下几点：①谁也不能干得太多或太少，以免影响别人。②谁也不准向管理当局告密，做有害于同伴的事。③任何人都不得远离群体，孤芳自赏；也不得打官腔，找麻烦。④任何人不得在大家中间唠唠叨叨或自吹自擂，自以为是，一心想领导大家。这些规范主要是通过挖苦、嘲笑以及排斥于社会活动之外等一些社会制裁方法实施的。如果有谁违反这些规范，就会受到群体的制裁。小组中最受欢迎的人就是那些严格遵守群体规范的人；而受厌恶的人，则是违背群体规范，私下向工长告密的人。

研究者认为，这种自然形成的非正式群体，其职能，对内在于控制其成员的行为，对外则为保护其成员，使之不受来自管理阶层的干预，这种非正式群体一般都存在着自然形成的领袖人物。霍桑实验的结果，后经梅约整理于 1933 年正式发表，其书名为《工业文明中人的问题》。在此书中，梅约首次提出“人际关系学说”，对管理学的发展产生重大影响。

（资料来源：http://www.docin.com/p-1315571088.html.）

案例讨论：

1. 霍桑实验采用了哪几种组织行为学研究的具体方法？
2. 在对人的看法上，通过霍桑实验，你可以得出哪些不同于传统看法的结论？

第2章 个体心理与个体行为

● 学习目标

1. 掌握价值观的内涵和分类。
2. 理解价值观在员工行为管理中的作用。
3. 熟悉影响知觉准确性的因素。
4. 掌握主要的社会知觉偏见与管理方法。
5. 理解归因理论及其在管理中的应用。
6. 理解人格的概念和熟悉人格特质论。
7. 理解意志、能力、情感对组织行为的影响。

导入案例

企业应聘用有这3种人格特质的员工

成功的人多具有相同的人格特质。他们遇事沉着稳重，高情商，能处理各种突发事件。最重要的是，他们为人正直，拥有高道德标准。一份最新的研究显示，如果企业聘雇具备这3种人格特质的员工，便能让公司更容易迈向成功之途。

《哈佛商业评论》（*Harvard Business Review*）最近的一项研究建议，要看员工真正的能力，不能强调现在职位的表现，而应该着重3个重要的人格特质。

该论文作者查莫罗皮米吉克博士表示，通常拥有这些特质的领袖，并不是办公室里最吸引人或是最具信心的。但这些人多是那些可以协助部属，让他们在对的方向前行的经理人。以下3个高效领袖的人格特质，就是查莫罗皮米吉克的研究发现。

1. 平淡乏味

查莫罗皮米吉克所指的“平淡乏味”，是感情上的成熟。这些人通常心境沉稳、亲切友善，并且工作认真、尽职。他说，这些优秀的经理人通常倾向孤芳自赏。

2. 高情商

查莫罗皮米吉克说，一名高效经理人基本上是“管理人”，而不是“管理专案”。这里的“管理人”也指管理员工的情绪。这些成功人士处事冷静，所以能够适当地处理员工的不满。他们不会情绪化或是运用负面感受的肢体语言。

3. 诚信正直

诚信正直的人不容易受到外界诱惑，而做出不道德或是非法的勾当。不道德的举止会让聪明、才华洋溢的人毁了一个组织。一份研究结果显示，道德感高的CEO带给公司的收益是9.4%；而道德感差的CEO带给公司的收益则降至1.9%。查莫罗皮米吉克表示，那些值得信赖的经理人都具有高道德标准。

所以，企业应该清楚认识到，当他们在储备与培养高阶主管时，不应被那些很会自我宣传和行销的员工“蒙骗”，而是多留意那些行事态度沉着、可信赖以及正直的人，因为这些人才是真正能带领公司成功的人。

（资料来源：http://www.199it.com/archives/396926.html.）

案例思考：

企业看重以上 3 个重要的人格特质的原因是什么？

2.1 价值观与行为

价值观是一个人在长期的社会生活中形成的以他的人生观和价值观作为基础的一种对人和客观事物的评判标准。价值观影响个体态度的形成和行为的倾向性，是组织行为学研究个体行为的重要内容之一。

2.1.1 价值观的内涵与特征

所谓价值观，是指人们衡量自己行为与目标时采用的参照点与选择标准，是个人行为选择的终极原因。人总是不断按照自己的价值标准对周围事物进行评价，如对幸福、平等、自由、宗教、政治、社会风气、功名利禄、诚实等因素进行评价，以判断事物的是非、善恶、重要性等。这些因素在人们心目中又会有主次轻重之分，久而久之形成一个庞大的价值观念体系，并以此为基础进行工作和行为选择。

价值观取决于人生观和世界观。一个人的价值观是从出生开始，在家庭和社会的影响下逐步形成的。一个人所处的社会生产方式及其所处的社会地位、经济环境对其价值观的形成有决定性的影响。在特定的时间、地点、条件下，人的价值观念是相对稳定和持久的，对某种人、物、事的好坏，总有个评价和看法。在条件不变的情况下，这种评价和看法不会改变。但随着人们经济地位的改变以及人生观和世界观的改变，这种价值观也会随之而改变。价值观具有下列特征：第一，价值观因人而异；第二，价值观相对稳定；第三，价值观在特定的环境下又是可以改变的。

2.1.2 价值观的分类

价值观与社会、经济、文化的发展紧密联系，不同学者从不同的着眼点对价值观进行了分类，不同的分类方式又表现出不同的行为。

1）按人员的不同对象来划分，可分为个人价值观、集体价值观和社会价值观。集体价值观即为群体、企业、组织中人员所共同承认、接受并指导他们行为的价值观，如“顾客是上帝”“信息就是资源”等；社会价值观，即为全社会的人们所共同承认、接受，并指导他们行为的价值观，如改革开放过程中所流行的“时间就是金钱”“效率就是生命”等。

2）按有无价值的不同标准来划分，美国学者斯普兰格根据人的社会生活的 6 个方面把价值观分为以下 6 类：①理性价值观，它以知识真理作为中心；②经济型价值观，它以有效实惠为中心；③政治型价值观，它以权力和地位为中心；④社会型价值观，它以群体和他人为中心；⑤审美型价值观，它以外形协调匀称为中心；⑥宗教型价值观，它以信仰为中心。

3）按不同行为方式来划分，格雷夫斯对企业组织内各种人员表现的行为方式通过调查归纳为以下 7 类。

① 反应型：他们只对自己基本的生理需要做出反应，而不考虑其他条件，类似婴儿或脑神经受损伤的人，这类人在企业中很少见。

② 忠诚型：他们从父母和上级那里学到价值观，其忠诚带有一定的封建色彩。这类人喜欢按部就班地看问题、做工作，具有依赖性，服从习惯与权势，喜欢有一个友好而专制的监督和家庭似的和睦的集体。

③ 自我中心型：这类人性格粗犷，富有闯劲，为了取得自己所希望的奖酬，愿做任何工作，愿意尊敬严格要求的上级领导。

④ 顺从型：这类人具有传统的忠诚努力和尽职的性格，勤勤恳恳，谨小慎微，喜欢任务明确的工作，重视安全和公平的监督方式。

⑤ 权术型：这类人重视现实，好活动，有目标，喜欢成就和进展，喜欢玩弄权术，乐于奉承"有奔头"的上级。

⑥ 社交中心型：这类人重视工作集体气氛的和谐，喜欢友善和人与人之间的平等关系，把善于与人相处和被人所喜爱看得比自己的发展还重要。

⑦ 现实主义型：这类人喜欢自由、创造性的工作和灵活性的工作，重视具有挑战性的工作和学习成长的机会，把金钱和晋升看成次要的。

4）按经营管理所追求的不同目标来分，可将价值观分为以下 3 类。

① 最大利润价值观：这是一种最古老的、最简单的、局限性最大的价值观念。企业全部经营管理的决策和行为都必须服从最大利润这个目标，把它作为评价企业经营管理好坏唯一的标准。这种观念于 18 世纪至 20 世纪初，在工业发达国家普遍盛行，甚至在现有资本主义国家许多企业仍信仰和坚守这种观念。

② 委托管理价值观：从 20 世纪 20 年代开始，委托管理价值观形成，并进一步修正和补充了最大利润价值观。这种价值观是在企业规模扩大、组织复杂、投资巨额而投资者分散的条件下，管理者受投资者的委托从事经营管理而形成的价值观。它不能只顾投资者取得最大的利润这一目标，而且还要使各方面的人感到满意，包括对员工来说要取得满意的工作和工资福利，对消费者来说要取得价廉物美的商品和服务，对政府来说要取得应有的税收。

③ 工作生活质量价值观：这是 20 世纪 70 年代兴起的一种最新的经营管理价值观。它倾向在确定企业利润水平时，不仅要考虑各方面的利益，同时要考虑企业应承担的社会责任，目光不能只注意产品的质量，更应注意工作的质量和生活的质量，甚至包括影

响人们生存的环境质量，防止环境污染等。进入20世纪80年代，演变为企业文化潮流，人们一致认为成功企业的重要经验之一，就是都有一系列明确的为全体员工所共有的价值观，它包括顾客观念、市场观念、质量观念、效率观念，以及净化、美化环境观念等。

5）按照人生的终极目标和行为偏好，可将价值观分为终极价值观和工具价值观。米尔顿·罗基设计了罗基价值观调查（Rokeach va1ue survey，RVS）。RVS包括两种价值，每组包括 18 个价值条目（表 2-1）。一组叫作终极价值观，即人一生追求的目标；另一组叫作工具价值观，即实现终极价值观的方法或偏好的行为方式。按照罗基的价值观调查结果表明，不同的群体、不同年龄阶段的人们往往价值观不同。从事同一职业或同属于同一类别的人通常会持有类似的价值观。这也证明了价值观的形成是受社会文化影响的。

表 2-1　罗基价值观调查中的两种类型

终极价值观	工具价值观
舒适自在的生活	有抱负
令人兴奋的生活	心胸开阔的
有成就感	有能力
和平的世界	欢愉的
美丽的世界	干净的
平等	有勇气的
家庭安全	宽容的
自由	助人为乐
幸福	诚实的
内心的和谐	富于想象的
成熟的爱	独立的
国家安全	智慧
快乐	有逻辑
救世	有爱心的
自我尊重	服从的
社会认可	礼貌的
真挚的友谊	负责的
智慧	有自制力的

2.1.3　价值观的一致性和变化

价值观一致性是指两个或两个以上的实体有相似的价值体系。这种一致性的要求更

多地体现在个人与组织价值观的一致性。员工与组织价值观的冲突会给组织与个人带来很多不良后果。从组织的角度看，奉行与组织不同价值观的员工不可能做出与组织目标协调一致的行为。从员工的角度看，与组织不同的价值观会导致较低的工作满意感和较少的组织公民行为。另外，价值观冲突如果保持在一定水平上，也可以使组织从中受益。这是因为，不同价值观的员工在一些问题上会产生不同观点，会提供理解问题的不同视角，这在一定程度上有利于组织做出更好的决策。

近年来，随着社会的发展，组织中员工的价值观已经有了变化，并仍处于变化之中。研究结果表明：①不同组织层次上的员工所表达的看法存在着差别，人们把这种一贯存在的差别叫作“等级鸿沟”，如管理者通常比基层员工得到更大满足，他们对一些问题的看法与直线部门有很大不同。②很多员工认为他们的组织已不像过去那样是适于工作的好地方了，基层员工的不满意感似乎在不断增大，人们不满足于终身在一个组织中工作。③员工队伍中所有的人都开始公开表达他们对成就、赏识、晋升和挑战性工作的需要，而在过去，员工们则倾向于隐晦他们的成就倾向。④绝大部分员工都对他们的报酬表示认可，但是这种状况既不能抵消他们对工作的不满，也不能抵消他们对受到适当尊重的要求，他们对事物的多种价值判断是同时存在的。⑤员工们越来越期望组织能帮助他们解决一些问题，包括他们自己不能应付的工作问题和生活问题。

价值观的变化可以归因于许多不同的因素，其中之一是丰富的物质生活已满足了绝大多数人的基本需要，转而寻求满足高层次需要的方面，另一个因素是人们日益相信人的生活质量与获得物质条件是同样重要的，结果就是强调尊重需要和自我实现需要的满足。

2.1.4　价值观在员工行为管理中的作用

员工的价值观是组织行为中的重要力量，价值观是决定个体正确的行为路线的标准；价值观为决策和解决矛盾提供原则；价值观影响员工的工作动机。

首先，从员工的行为标准看，价值观帮助他们决定恰当的行为标准，为他们在组织内和组织外的行为设定制约因素。员工的行为要参考伦理标准，组织内所有层次的员工决策时都要考虑自己的行为是否正确。

在某种程度上，伦理行为受社会价值观的影响，社会规范告诉我们哪些行为是错的，而且个体自己也可决定什么是对的，什么是错的。这在人们处于伦理标准模棱两可、不太清楚的灰色区域时格外重要。在许多情况下，某一项行为不一定违法，同事和朋友对你认为正确的不一定认可，这时人们只能自己决定行为的标准。

其次，从决策和解决矛盾的角度看，价值观能成为决策和解决矛盾的指导方针。由于人们的价值观不同，在同一种客观条件下对待同一个事物就会产生完全不同的行为。因此，树立和培育健康的价值观，是促使企业、组织各项事业成功的保证之一。

崇尚人格正直的管理者不可能做出可能会对他人造成伤害的决定。同样，价值观也会影响人们解决矛盾的方法。因此，价值观可以作为招聘录用新员工、提升新的管理者的标准之一，要考核了解他们的价值观是否与企业的共同价值观相一致，因为只有个人的价值观与企业的价值观相适应，才能最充分地发挥他们的聪明才智。

最后，从员工行为动机的角度看，价值观决定追求的终极目标，进而影响员工的动机。例如，经常加班却牺牲了与家人的共处时间，人们会选择拼命工作、获得提拔，还是选择一个相对缓和的职业生涯？类似的价值观问题每天都摆在员工和管理者面前。管理者在了解每个员工的价值观差异的基础上，就能采取有针对性的措施，调动他们的工作积极性和创造性，从而提高工作绩效。

价值观是形成企业经营管理行为的基础，随着全球化经济、国际化经营管理与跨国企业的发展，在不同地区不同国家办企业，一定要对各国经营管理的价值观进行比较研究，考虑到各国价值观差异来生产产品和提供服务，建立与该地区和该国家文化相适应的管理制度和领导行为方式。

2.2 知觉与行为

感觉是心理的门户，知觉是认知过程的第一个环节，所以研究个体心理和行为要从感知开始。人对自然界和社会的认识是行为的基础，主观认识应该符合世界的本来面目。但是人的认识常常会偏离真实，出现认知偏差。认识认知规律，分析社会知觉，讨论克服社会错觉的方法，进而减少认知偏差，将有利于提高组织行为的有效性。

2.2.1 感觉与知觉

1. 感觉与知觉的概念

感觉是客观事物的个别属性在人脑中的直接反映。在日常生活中，人时刻都接触到外界的许多事物，它们直接作用于人的各种感觉器官，从而在人脑中产生各种各样的感觉。例如，人们看到的颜色、听到的声音、闻到的气味等。同样，身体的运动与姿态、体内器官的状况也能作用于有关的感觉器官，而在大脑里产生舒适、疼痛、饥渴等感觉。

知觉是客观事物的整体属性在人脑中的直接反映。客观事物的各种属性并不是各自孤立地作用于个人，而是组合成整体，同时或相继作用于人的感官，于是在大脑中就产生事物的整体映像。

2. 感觉与知觉的联系和区别

感觉和知觉的共同点在于，二者都是直接作用于感官的当前事物在人脑中的反映，所产生的主观映像都是具体的感性形象。感觉和知觉的区别在于感觉反映事物的个别属性，知觉则是对事物的各种属性、各个部分及其相互关系的综合的整体的反映。感觉和

知觉又有联系，感觉是知觉的成分，是知觉的基础；知觉是在感觉之上产生的，它依赖于人脑中储存的一系列感觉信息组合，没有感觉就不会有知觉。

知觉的基础是社会实践，检验知觉真实性的标准也只能是社会实践。随着人类社会实践向无限广度和深度的发展，人们知觉的对象更加丰富多彩，人们对如何知觉这些对象的探讨也会更加深入、更加科学。知觉是客观事物在人脑中的主观映像，因而知觉受人的各种主观意识特点的影响和制约。如一个人的知识水平、兴趣爱好、情绪体验等都直接影响着知觉过程。不同的人对同一对象的知觉的完整性和准确性往往是不相同的或不完全相同的，甚至同一个人在不同时间对于同样对象的知觉也往往是不相同的或不完全相同的。

2.2.2　知觉的组织过程

20 世纪 70 年代以来，心理学家们用信息加工的观点描述知觉过程，认为知觉是接受信息和评价、处理信息的过程。主体在杂乱无章的环境信息当中进行选择、过滤、组织、归类，理出其中的关系，并赋予它们意义。心理学家劳德提出了一个四阶段知觉模式，如图 2-1 所示。这个模型把人的大脑作为一个信息处理系统，从信息加工的角度解释知觉发生的过程。该模型还能够识别影响知觉的因素，对知觉发生偏差的现象进行描述。

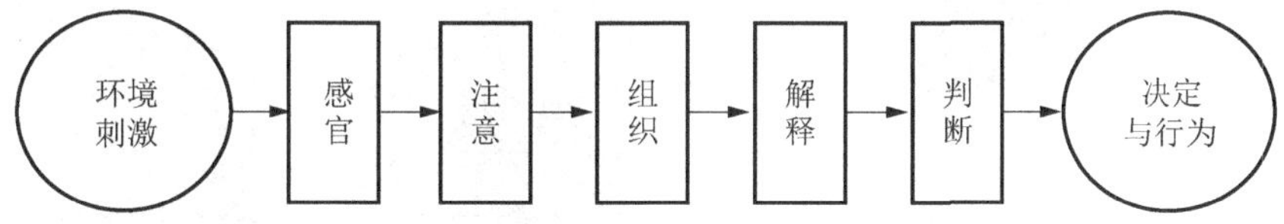

图 2-1　知觉过程模型

知觉过程模型的第一个阶段是注意，这是知觉过程的起点。人的感官从环境中接受大量的信息，但人的信息加工能力是有限的，只能对其中很小的一部分进行加工。在注意阶段，感官接触到的信息被过滤。结果只有很少量的信息被允许进入人的信息加工系统，进行进一步加工。因此，注意阶段的作用相当于一个过滤器。尽管经过过滤，进入第一阶段之后的信息仍然复杂。在第二阶段，信息被进一步简化。杂乱的信息被组合成比较有意义的模块，这样就使信息加工的要求变得比较简单。在第三阶段，个人会给这些信息赋予一定的意义，并试图确定这些信息对自己来说意味着什么。到最后一个阶段，相应的信息被用来做出个人行为决策。

在知觉过程中，信息加工有两种基本方式：控制加工与自动加工。所谓控制加工是有意识的加工过程，自动加工是无意识的加工过程。例如，绩效面谈中部门经理倾听下属工作陈述，在听的过程中会做一些记录。做记录是对信息的控制加工，经理还会知觉到下属的非言语行为，如下属避免与自己眼光接触或表情严肃等。尽管在当时没有非常清楚地意识到这些非言语行为，但这些信息仍然会通过自动加工进入大脑。这些没有书面记录的信息同样会影响经理对下属的判断和评价。

2.2.3 知觉的特征

1. 知觉的选择性

人所处的环境复杂多样。在某一瞬间，人不可能对众多事物进行感知，而总是有选择地把某一事物作为知觉对象，与此同时把其他事物作为知觉背景，这就是选择性。分化对象和背景的选择性是知觉最基本的特性，背景往往衬托着、弥漫着、扩展着，对象往往轮廓分明、结构完整。知觉的对象从背景中分离，与注意的选择性有关。当注意指向某种事物的时候，这种事物便成为知觉的对象，而其他事物便成为知觉的背景。当注意从一个对象转向另一个对象时，原来的知觉对象就成为背景，而原来的背景转化为知觉的对象。因此，注意选择性的规律同时也就是知觉对象从背景中分离的规律。

有时人可以依据自身目的进行调整，使对象和背景互换，如双关图（图 2-2）中的少女与老妪、花瓶与人脸。选择这一部分作为对象时，图片的内容是少女、花瓶；选择另一部分作为对象时，图片的内容是老妪、人脸。

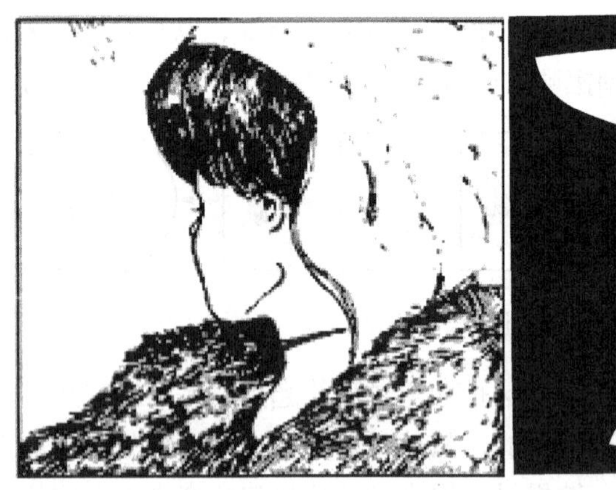

图 2-2 双关图

2. 知觉的整体性

知觉的整体性是指人们把现实对象作为一个统一的整体来知觉。知觉的对象是一个复合刺激物，它由许多部分组成，各个部分具有不同的特征，但人们在知觉它的时候，并不将它分割为孤立的部分，而是将其作为一个整体来知觉。如图 2-3，当我们观察一个“△”形状的图形时，开始就把它看成三角形，并不把它知觉为三条直线。又如我们在听音乐时候，所感知的并不是个别的音符，而是旋律。

知觉的整体性既表现于第一次知觉的对象，也表现在知觉过的对象，也就是只要知觉的对象的个别属性发生作用，主题就能对其产生完整映像。例如，对一面知觉过的五星红旗，只要看上一眼，就能感到是柔软的、长方形的、红底黄星等。虽然当时并没有接触、度量，它的属性却被包含在整体映像中了，这是因为复合刺激物的各部分所引起

的大脑皮层兴奋中心形成相互联系，有时现在的兴奋和过去的兴奋痕迹也形成联系，从而反映客观对象各种属性的关系，形成对象的完整映像。

图 2-3　知觉的整体性

3. 知觉的恒常性

知觉的恒常性是指由于知觉经验的参与，当知觉的条件在一定范围内改变时，知觉映像保持相对稳定。知觉的恒常性表现在很多方面，如形状恒常性、大小恒常性、颜色恒常性等。当人从不同角度观察同一物体时，物体在视网膜上成像的形状不断变化。但是，我们并没有知觉到物体的形状发生了改变，认为物体的形状仍然保持原来的样子。这就是形状的恒常性，如图 2-4 所示。

图 2-4　知觉的恒常性

4. 知觉的理解性

知觉的理解性是指人们凭借以往的知识经验去认识对象。例如，一个色觉正常的人在接受色盲检测时，能够从色彩缤纷的图案中准确地看出某一事物的完整形象，就是因为他曾接触过这一事物，形成了知识经验。当这一事物以图案的形式再现时，就能够立即知觉它，如图 2-5 所示。

图 2-5　斑点图

2.2.4　影响知觉准确性的因素

1. 知觉主体的主观因素

知觉者主观因素的不同会导致知觉的个体差异，即对同一事物不同的人知觉不同。这些因素主要如下。

1）兴趣和爱好。人在兴趣和爱好方面的个体差异性会影响知觉的选择性。通常，人们最感兴趣的事物最容易被知觉到，并把握更多的细节，自己不感兴趣的事物往往被排除掉。此外，兴趣和爱好相近的人也往往有相近的知觉，容易沟通，从而形成非正式群体。

2）需要和动机。人们的需要和动机的不同也在很大程度上决定人们的知觉选择。一般来说，凡是能够满足人的某种需要、合乎其动机的事物容易成为知觉的对象和注意的中心，反之，则不易被人知觉到。例如，一个干渴难忍的人，将注意力集中于面前的水和饮料，而对眼前的其他事物则不十分敏感。

3）知识和经验。个体具有的知识和经验对于知觉的选择性影响也很大。例如，对同一台戏曲节目，外行人和内行人的知觉就有区别，即所谓“外行看热闹，内行看门道”。

4）个性特征。个性也是影响知觉选择性的因素。例如，不同气质类型的人在知觉的深度和广度上存在着明显的差异。一般来讲，多血质的人知觉速度快、范围广，但不细致，粘液质的人知觉速度慢、范围窄，但比较深入细致。

此外，个人的价值观、对未来的预期、身体状况、自身条件等因素也会影响知觉的选择性。由主观因素造成的个体知觉差异性使人的知觉世界差异很大。虽然知觉反映了客体的本质属性，但在具体的反映形式和结果上，却体现着个人风格。

2. 知觉对象的特征

知觉对象的特征是影响知觉的重要因素。人们在知觉事物时，会根据对象的特征进行组织、整合。这种整合遵循一定的规则。这些规则的意义在于使知觉更为简便有效，通过对知觉对象的组织，更迅速地把握它们。

1）接近律。在时间、空间上接近的对象有被知觉为同类的倾向。例如，一个车间的两个工人同时要求辞职，人们很容易觉得他们是商量过的，其实可能仅是巧合。

2）相似律。具有相似性的对象易被知觉为一组。例如，我们总是习惯于认为女孩子都胆小。

3）闭锁律。人们能够把分散而有一定联系的知觉对象的反映综合起来，形成一个整体，这是知觉整体对象的形式和能力之一。例如，在火车车厢里面对面坐的若干乘客比背靠背坐的乘客更容易被知觉为一个单元。

4）连续律。在空间、时间上有连续性的对象，容易被知觉为一个整体。例如，在电影院售票处，人们往往把排队购票者知觉为一个整体，而对其他散乱的人则没有明晰的知觉。

3. 知觉的环境因素

知觉的环境因素通过影响人的感受性而改变知觉的效果。所谓感受性就是人的感觉灵敏度，人对外界刺激物的感觉能力，人的感受性在环境作用下发生的变化表现为下列现象。

1）适应。由于刺激对感觉器官的持续作用而引起感受性变化的现象叫适应。它可以表现为感受性的提高，也可以表现为降低。例如，白天进入熄灯的电影院，开始感觉一片漆黑，慢慢会辨别出周围物体的轮廓，这是视觉的适应现象。

2）对比。同一感觉器官接受不同的刺激而使感受性发生变化的现象称为对比。例如，吃了糖以后接着吃橘子，觉得橘子很酸，这种情况为先后对比。同时对比，也称为对象与背景的对比，对感受性和知觉的影响很大。同一事物在不同的背景下，可以使人产生不同的知觉。例如，同一个人穿横条纹的衣服会显得胖些，穿竖条纹的衣服会显得瘦些。

3）敏感化。在某些因素影响下，感受性暂时提高的现象称为敏感化。它与适应不同，适应会使感受性提高或降低；而敏感化则都是感受性的提高，由不同于适应的原因引起。例如，感觉的相互作用、人的心理活动的变化、兴奋性药物刺激等都能提高敏感性，加深人对某一事物、活动的知觉。

4）感受性降低。感受性降低与适应引起的感受性变化不同，它是由其他因素引起的。知觉的相互作用、人的生物因素和心理因素、不良嗜好（如酗酒）的作用及某些药物的刺激等都会引起感受性降低。

总之，人的知觉是知觉主体、知觉对象、外界环境因素相互作用、相互影响的结果，是一个主观反映客观的过程，它一般包括观察感觉、理解选择、组织、解释和反应等环节。由于知觉者自身具有这样或那样的局限性，知觉对象的特征也各不相同，知觉环境不断转换，就会使人的知觉产生偏差，以致形成错觉。

2.2.5 社会知觉与行为

1. 社会知觉的概念

无论是对物的知觉还是对人的知觉都服从于知觉的一般规律，但在这些一般规律的基础上，对物的知觉和对人的知觉又表现出各自的特殊规律。一般来说，对人的知觉也可称为社会知觉。社会知觉是社会心理学研究的对象，也与组织行为学有密切关系。“社会知觉”的概念，最初是由美国心理学家布鲁纳在 1947 年提出的，用以表示他对知觉的一种新观点，其主要含义是指知觉过程受社会因素所制约。但后来这个概念在社会心理学中有了新的含义，认为社会知觉是对社会对象的知觉。社会对象应包括个人、社会群体和大型的社会组织。从这种意义上来说，社会知觉不仅包括一个人对另一个人的知觉，而且包括个人对群体的知觉、群体对个人的知觉、群体对群体的知觉以及对个人间和群体间关系的知觉。

2. 社会知觉的分类

（1）对他人的知觉

对他人的知觉主要是指通过对别人外部特征的知觉，进而取得对他们的动机、情感、意图等的认识。对他人的知觉依赖于许多因素，概括地说，包括两个方面。第一，知觉对象的外部特征，包括一个人的仪表、风度、言谈和举止等。第二，知觉者的认知结构。知觉者的认知结构是指一个人在知觉别人时并不像镜子一样地反映，知觉者总是具有一定观点、态度的人，因此他的态度必然会影响他对别人的知觉。总之，对别人的知觉既受知觉对象的外部特征的影响，也受知觉者本人的认知结构的影响。

（2）人际知觉

人际知觉是对人与人之间关系的知觉。人际知觉的主要特点在于有明显的情感因素参与知觉过程。人们不仅相互感知，而且会彼此形成一定的态度。在这种态度的基础上会产生各种各样的情感。例如，对某些人反感，对另一些人同情，对第三种人喜爱等。在人际知觉过程中产生的情感决定于多种因素，例如，人们彼此之间接近的程度、交往的多少、彼此相似的程度等都对人际知觉过程中的情感产生很大的影响。一般来说，人们越是彼此接近，有较多的相似之处，彼此就越是会产生友谊、同情和好感。

（3）自我知觉

自我知觉是指一个人通过对自己行为的观察而对自己心理状态的认识。人不仅在知

觉别人时要通过其外部特征来认识其内部的心理状态，同样也要这样来认识自己的行为动机、意图等。一个人观察别人与观察自己是有区别的，这种区别在于：第一，人们观察自己时所掌握的信息要比观察别人时更多，例如，一个人虽然工作成绩并不显著，但却是做了最大的努力，这在自己看来是心中有数的，但如果别人观察他的行为就不一定能够了解。第二，观察自己与观察别人有熟悉和陌生的区别，对自己行为的知觉比对别人更熟悉，这是因为自己对自己的知识、经验和过去的经历要比对别人知道得更多些。第三，观察者与被观察者的区别，在知觉别人时自己是观察者，别人是被观察者，而在自我知觉时，自己既是观察者又是被观察者。尽管自我知觉与对别人的知觉有上述区别，但这并不是说自我知觉一定比对别人的知觉更正确，自我知觉不是在任何情况下都正确。

2.2.6　社会知觉的偏差与管理

在现实生活中，人们由于受到主客观条件的限制而不能全面地看待问题，尤其是在看待别人时，往往受各种偏见的影响而造成歪曲的社会知觉，对别人的行为做出错误的归因判断，即社会知觉过程中产生的各种偏见。

1. 第一印象效应

在人对人的知觉过程中，给人留下的第一个印象是至关重要的因素。如果一个人在初次见面时给人留下了良好的印象，就会影响人们对他以后一系列行为的解释，反之也是一样。心理学中曾经做过一个实验，给两组测试者看一个人的照片。在看这张照片之前，对一组测试者说，照片上的人是一个罪犯；对另一组说，照片上的人是一位知名学者。然后，让这两组测试者分别从这个人的外貌来说明他的性格特征。结果两组测试者对同一张照片做出了截然不同的解释。第一组测试者说，照片中人高耸的额头表明死不改悔的决心，而第二组测试者说，这个人深沉的目光表明他思想深刻。这一实验也充分说明了第一印象对于社会知觉的重要影响。了解第一印象的作用有实际意义，一方面管理人员在看待别人时要尽量避免受第一印象的影响，而对人产生错误的看法，另一方面组织领导人和管理人员也应注意在员工中留下良好的第一印象，这样对以后的工作是有利的。

2. 晕轮效应

晕轮效应也可称之为以点代面效应。这是指我们在观察某个人时，对于他的某种品质或特征有清晰明显的知觉，由于这一特征或品质从观察者的角度来看非常突出，从而掩盖了对这个人其他特征和品质的知觉。这就是说，这一突出的特征或品质起着一种类似晕轮的作用，使观察者看不到他的其他品质，从而由一点做出对这个人各个面貌的判断。晕轮效应往往在判断一个人的道德品质或性格特征时表现得最为明显。

晕轮效应的产生是由于在掌握有关知觉对象信息很少的情况下做出总体判断的结果，这也是在日常生活和工作中常见的社会心理现象。了解和研究晕轮效应，有助于克服自己看待别人时的偏见，也有助于了解其他人产生这种偏见的根源。

3. 首因效应和近因效应

首因效应是指一个人最先给人留下的印象有强烈的影响。这实质与上述第一印象的作用是相同的。近因效应是指最后给人留下的印象有强烈的影响。

心理学的研究证明，首因效应和近因效应都在人的社会知觉中起重要作用，但它们在不同条件下有不同的作用。一般来说，在感知陌生人时首因效应有更大的作用，而在感知熟悉的人时，如果在熟悉的人的行为上出现某种新异的表现，则近因效应起更大的作用。

这两种效应的研究也有重要的实际意义。它告诉我们信息出现的顺序不同会对印象的产生有重要的影响。我们也可以利用这两种效应加强对人们的影响。例如，在讲演中，可以利用这两种效应，在宣传或讲演时一开始就鲜明地提出自己的正面观点，这样可以利用首因效应加深人们对这种观点的印象，而在报告的结尾部分再次用新的论据证明自己所阐述的正面观点的正确性，这样就同时利用了首因效应和近因效应，必然能达到很好的效果。

4. 定型效应

定型效应也叫作社会刻板印象，是指在人们头脑中存在的关于某一类人的固定形象。一个人看到他人时，常常会不自觉地按其年龄、性别、职业、民族等特性对他进行归类，并根据已有的关于这类人的固定形象，作为判断其个性的依据。定型是企图在过去有限经验的基础上对他人做出结论的结果，最经常的定型是在看到某个人时把他划归到某一群体之中。人们头脑中存在的定型是多种多样的。例如，年轻人总是认为老年人是墨守成规的，并在见到某个老年人时就要把他划归到自己固有的形象中去。同样，老年人往往会认为年轻人办事不可靠，并在见到某个年轻人时把他归类到自己固有的形象之中。例如，人们谈到教授，总认为是文质彬彬的，而工人总是性情豪爽的。

定型的产生有其认识论的根源。人的思维总是从个别到一般，再从一般到个别，如果在没有充分掌握全面感性材料的基础上做出概括，就会形成关于某类人的不确切的形象。定型在某些条件下有助于人们对他人做概括的了解，它主要的积极作用在于把现实中的人们加以归类。但是如果这种归类不符合人类群体的实际特点，或者只是在对某类人的非本质特征基础上做出概括，就会形成偏见。而根据这种偏见去看待周围的人们，必然会做出错误的判断。研究各种定型产生的原因及其克服的方法，这无疑对人的管理也有重要的现实意义。

2.2.7　社会归因理论的应用

归因理论是美国心理学家海德在有关社会知觉和人际关系理论的基础上发展起来的，是属于社会心理学的内容。美国斯坦福大学的罗斯和澳大利亚的心理学家安德鲁斯等人，应用归因理论来改变人的感觉、知觉和认识，从而进行强化，最后达到改变行为的目的。

1. 归因理论的内容

归因理论是说明和推论人们活动的因果关系分析的理论。人们用这种理论来解释、预测和控制他们的环境以及随这种环境而出现的行为，因此有人把归因理论叫作认知理论，即通过改变人的自我知觉、自我思想认识来达到改变人的行为。不同的归因会直接影响人们的工作态度和积极性，进而影响随之而来的行为和工作绩效；对过去成功或失败的归因，会影响将来的期望和坚持努力的行为。一般人可做出 4 种归因：一是努力程度；二是能力大小；三是任务难度；四是运气与机会。归因理论所研究的基本问题有下列 3 个方面：第一，关于人心理活动发生的因果关系，包括内部和外部的原因。第二，社会推论问题，即根据行为及其结果对行为者的心理特征或个性差异做出合理的推论。第三，期望与预测，即从一定的过去的行为和其结果预测在某种情况下会产生什么行为。

2. 归因理论的依据和应用

罗斯、安德鲁斯等人对此问题做了不少研究，他们对归因理论的依据和应用问题提出下列看法。

（1）归因理论的依据

良好的动机是直接推动人们学习和工作的内在动力，是人们发动和维持其成就活动的一种心理状态。那么，如何有效地激发动机？如何在失败时保持甚至加强成功的期望？实践证明，归因原理在激发成就动力、促进坚持努力的行为、解决上述问题等方面有重要作用。

（2）归因理论的应用

坚持是成就行为的主要特征，对于前一段行为的因果关系的分析结论，直接影响和决定以后的行为。成就的获得有赖于对过去工作是成功或失败的不同归因。在这方面心理学家们在实验的基础上得出了如下几种看法。例如，以学习为例，第一种看法是如果学习的人把失败归于自己脑子笨和能力低这样一类稳定的内因，这样失败后则不能增强学习者今后努力行为的坚持性。第二种是假如把失败归因于自己学习不够努力这个相对不稳定的内因，则可能增强学习者更加倍努力去学习的行为的坚持性。第三种，如果把失败归因于不稳定的偶然的外因（如生病发烧），则学习者不一定会降低学习的积极性，而且能够坚持努力行为。第四种，假如把失败归因于学习任务太重、太难等稳定性的外因，则就很可能会降低学习者的自信心、成就动机和行为的坚持性。

正是因为基于把失败归因于努力与否与今后能否坚持行为有密切关系，所以，把以往的工作或学习的成功与失败的原因，归于内外因中的稳定性因素还是不稳定因素，是影响今后工作和学习的成功期望与坚持努力行为的关键。如果失败被认为由于能力低、任务难等稳定性因素所致，就会降低随后的成功期望，从而就会失去信心，并不再坚持努力行为。反之，如果把失败归于自己努力不够或粗枝大叶等不稳定性因素，就会继续保持甚至会增强能取得成功的期望，从而进一步增强信心，坚持努力行为。

至于人们何时做内部归因，何时又倾向于外部归因，美国社会心理学家凯利总结了人们在进行归因时经常使用的原则。凯利认为，人们依据 3 个因素进行归因：第一，区别性，也叫特殊性。当个体的行为反常，不同于以往的风格时，人们常做外部归因或情景归因。第二，一致性，也叫普遍性。在相同的情况下大多数人都会有同样的行为，某人也出现这种行为时，做外部归因；而当某人行为与众不同时，则做内部归因。第三，一贯性，也叫稳定性。是指一个人的某种行为在不同情景下是否一贯和稳定。为了保证归因的精确性，在能获得较多线索的情况下，应将上述 3 个方面的信息综合起来进行考察，如表 2-2 所示。

表 2-2　多线索归因原则

个体行为	区别性	一致性	一贯性
高	外部归因	外部归因	内部归因
低	内部归因	内部归因	外部归因

（3）归因偏差

同知觉一样，归因由于主客观条件的影响而发生种种失真和偏差，变现为以下几点。

1）行为者的自利性偏差，即人们倾向于把自己的成功归因于个人因素，失败归因于外部因素；而对别人的成功归因于情境因素，对别人的失败做内部归因。

2）对他人行为的归因还取决于他人行为是否与自己发生利害关系。当他人失败使自己的利益受损害时，人们对他人的失败行为归因为能力差等个人因素。

3）人们还常有“善有善报，恶有恶报”的归因倾向，因而当有人受害时，人们对受害者的责难多于同情。例如，买了假货上当受骗以后，人们也会责备“怎么那么不小心”。这种归因偏差在现实生活中经常出现。

4）对没有社会意义的现象进行拟人化的归因。对某些自然现象加以拟人化的归因是人们比较普遍存在的社会心理现象，然而这种把偶然的巧合视为必然的因果关系，其实也是一种偏见。

2.3　态度与行为

2.3.1　态度的内涵

态度是关于客观事物、人和事件喜欢或不喜欢的评价性陈述。它反映了一个人对某些事物的感受。个人之所以保持某种态度，是因为他可以从态度中得到好处。态度可帮助人将自己的知识、经验、信心组织起来，变得富有意义。它能作为一种参考框架使个人所见所闻变得确切而恰当。态度不等同于价值观，但二者确实相互关联。这可以通过考察态度的 3 种组成成分来理解这一点，即认知、情感和意向。

1. 态度的认知成分

态度的认知成分是指人对事物的看法、评价以及带评价意义的叙述。它包括个人对某一对象的理解、认识以及肯定与否定的评价。态度中包含的理解、认知是主观的，无论是否符合实际。例如，主管认为一个员工在有效进行某项操作之前，应该进行两周的培训，就反映了主管对培训的态度，实际上可能 4 天的培训就可以了。态度中包含的肯定或否定的评价是一种认知体系。例如，“歧视是错误的”就是一种信念的价值体系，与价值观有密切关系。认知成分直接或间接地涉及态度表达，例如，“提高员工工作满意度可以提高组织的工作绩效”是直接赞成的鲜明观点，而“强调数量最容易使人忽视质量”则是间接不赞成的态度。态度不等于认知，但含有认知倾向。

2. 态度的情感成分

态度的情感成分，即人对事物的好恶，带有感情色彩和情绪特征。人的喜爱或讨厌、热爱或憎恶、尊敬或蔑视、耐心或厌烦、热情或冷淡等，都反映出人的态度。例如，“我喜欢李经理，因为他平易近人。”态度与情感不能画等号，但态度含有情感倾向，情感情绪可以直接反映出态度。

3. 态度的意向成分

态度的意向成分，即人对事物的行为准备状态和行为反应倾向。态度不同于行为，但态度含有行为倾向，人的行为反映其态度。接着上面的例子，“由于我对李经理的感受，我可能会选择经常和他来往。”

态度成分之间的关系是复杂的，一般情况下三者是协调一致的。如对工作的重要意义认知清楚，在情感上就会表现为热爱工作，表现在行为上是专心致志、认真负责，甚至是废寝忘食，但两种成分之间也可能不一致。例如，往往有人说，“理智地看某一政策是正确的，但我感情上并不认同。”这就表明了三者的不协调，态度的情感成分是关键部分。

2.3.2 态度的形成

态度不同于一般的认知活动，它具有情感因素，比较持久、稳固，所以形成态度需要相当长的时间来孕育和准备。因此，态度的形成较为复杂，它需要经历模仿与服从、同化、内化等阶段。

1. 模仿与服从

态度的形成和改变始于两个方面：一是出自自愿，不知不觉地开始模仿；二是出自受到一定压力的服从。

人有模仿和认同他人的倾向，尤其倾向认同他所崇拜的人。人在模仿中，认同不同的对象而习得不同的态度。认同是指把自己类属于某个个体或群体，并在行为模式上向其看齐的过程。以模仿习得态度，作为形成自己态度的开端，这是人们形成和改变自己态度过程中最常见的一个方面，这个方面往往以不知不觉、自觉自愿的方式表现。

除了这个形式外，还有服从，又称为顺从。顺从指一个人按照社会要求、群体规范或别人的意志而做出的行为。其特征表现为：行为、观点受外界的影响而被迫发生。服从有两种情况：一种是在外力强制下被迫服从；另一种是在权威的压力下而产生的行为。总之，不管哪种服从，都是在压力的推动下，而不是心甘情愿产生的认识和行为。一般来说，态度的形成常常是在服从中开始的。由于种种压力，人们从表面转变自己的观点，从而开始形成态度。在现实生活中，人就要遵循许多行为规范，产生许多服从。

2. 同化

在这一阶段态度不再是表面改变，即自己不是被迫而是自愿接受他人的观点、信念、行为或新的信息，使自己的态度与所要形成的态度相接近。也就是说，态度在这一阶段已比服从进了一步，从被迫转入自觉接受。但在这时，新的态度还没有同自己全部态度体系相融合。

3. 内化

内化是态度形成的最后阶段，在这一阶段中人的内心已真正发生了变化，接受了新观点、新情感和新打算，并将其纳入自己的价值体系之内，成为自己态度体系的有机组成部分，形成了新态度。当态度进入这个阶段以后，就比较稳固，不易再改变。

2.3.3 态度与行为的关系

首先，态度与行为具有一致性。例如，在组织中，如果员工认为管理中的绩效评估不是依据个人的工作质量，而是依据工作的数量，那么为了得到较高的评价，他们就会尽量多干，而不一定会努力干好，这样就会使绩效评估失去价值。但态度影响行为，却不一定决定行为。例如，有的员工并不喜欢自己的工作，但这种工作态度并没有降低他的工作效率。研究表明，人会自动地在各种态度之间以及态度和行为之间寻求一致性。

人们会自行调和其分歧的各种态度，设法使态度和行为同步，以证明自己是理性的、言行一致的人。

其次，态度的概括程度对行为的调节作用各有不同。态度的对象越是具体的事物，态度也越具体，那么它与行为的相关性就越高。例如“男女平等”是笼统的、一般性的态度，而是否同意“在企业某部门同等任用女性职员”则是具体的态度。显然，主张前一种态度的人，并不一定同意后一种态度。而持后一种态度的人，必然会诉诸行动，导致态度与行为的高度一致。

然后，由于态度对象本身的矛盾和复杂性，导致个体态度的复杂性，致使态度与行为并不总是一致的。例如，对一个既聪明能干又自负骄傲的人，对一份既能施展才华而又困难重重的工作，都会使人同时产生肯定和否定的情绪，从而使行为时而接近态度对象，时而远离态度对象。

最后，个体的切身体验会加强态度与行为的一致关系。例如，一个身受吸烟危害的人，更加反对吸烟并坚决采取戒烟行动。

综上所述，尽管人们倾向于态度与行为之间有一致性关系，但这种关系还是有限度的。只有在上述几种因素的介入下，才能更客观地解释态度对行为的影响，以及根据态度预测个体行为。

2.3.4　态度的测量方法

1. 调查法

一般情况下，可以采用多种调查方法掌握人们的态度，其中有主管人员观察法、资料统计法、面谈和发调查表等。

主管人员观察法是指由于主管人员与所属职工来往关系最密切，通过彼此来往和接触最容易观察到所属的职工的态度及其变化倾向；资料统计法是由人事劳动管理部门和统计部门来收集和统计资料，为了便于分析比较，还应按单位和时间进行系统分类；面谈是指由主管人员或由其指定专人与职工进行个别谈话，为了取得更好的效果，要注意面谈对象的代表性和把面谈内容事先通知面试者，特别重要的是使面谈者直言不讳；发调查表是指由管理人员针对特定的调查目的，设计出能反映职工态度的调查表，由被调查者填写，然后对表进行逐项的和综合的分析，从而看出员工的态度和变化趋势。

2. 专业测量法

1）态度量表法，就是根据测量的需要针对特定的调查目的，由专业管理人员设计出包括若干题目的量表，由被调查者填写，根据个人对题目的反应给分，分数代表他对该事件的态度及强弱程度。根据被试者的总分，从而看出员工的态度和变化趋势。

2）自由反应法，就是要创设一定的条件让被测者自觉或不自觉地表明自己对某对象的态度。可以提供一些开放式的问题，如“你对本单位的改革有何看法？”等，由被试者自由反应。也可以提出未完成的句子，如“假如我是某长……”由被测试者完成。

3）生理反应法，是指通过个体的生理反应指标来衡量个体态度的方法。从心理学研究来看，运用一定的仪器测量人们身体的指标，由此探求身体的生理指标和个人的情绪、认知、行为的关系，生理反应测量正是从生理指标的变化来测度一个人对某问题的真实态度。

2.4 人格与行为

2.4.1 人格的概念

个人在认知、情感、意志等心理活动过程中所表现出来的相对稳定而又区别于他人的心理特点，叫作心理特征。所谓人格，是指个人所具有的各种心理特征和意识倾向的较稳定的有机组合。人格并没有被人们普遍接受的唯一的定义，关键的一点是人格代表着个人特性，这种特性导致行为始终如一的模式。在人际交往中，人们十分自然地去寻求理解这些行为模式。心理学家凯立希指出，人格是导致行为以及使个人区别于其他人的各种特征和属性的动态组合。这些特征和属性包括需要、动机、价值观和完成任务的潜力、气质、性格、情绪、自我知觉、角色行为和态度等。人格心理学家麦迪把人格定义表述为：人格是决定每个人心理和行为的普遍性和差异性的那些特征和倾向的较稳定的有机组合，它决定着人们心理行为的共同性和差异性，并且具有时间上的持续性，它也不能简单地被理解为是社会及生存压力的唯一结果。

2.4.2 人格特质论

所谓特质，是指人拥有的、影响行为的品质或者特征，它们作为一般化的、稳定而持久的行为倾向而起作用。特质是一种潜在的倾向，使个体以相对一贯的方式对刺激做出反应。特质论认为人各有其人格上的特质，而此特质不会随着情景的改变而发生变化。

1. 人格特质论

人格特质论是在人格研究中最具影响力并且获得最广泛接受的人格理论流派。人格的特质理论假设人有多种特质，每个人都不同程度地具有这些特质，人与人之间的人格差异在于人与人之间特质水平上的差异。

最早提出特质概念的是美国心理学家阿尔波特，他认为人格特质（personality traits）是指人的稳定的、经常出现的行为方式。一个偶然发生的行为不能称之为特质，因为即使最外向的人也有偶尔沉默的时候，最内向的人也可能偶然爆发。特质表现为一个人在不同的情境中经常出现的稳定行为模式。例如，一个“温和性”特质的人，在工作中对上级的命令相对服从，对其他人的错误比较容忍，在社交情境中会回避冲突等。这种在各种情境中都会表现出的相应的一致性的行为方式就是特质。

美国心理学家卡特尔在阿尔波特对特质的定义的基础上，发展了词汇学研究方法。

词汇学的基本假设是，在各种文化中自然语言都包含了所有能够描述人格的词汇，也就是说所有的人格特质都被包含到自然语言中去。卡特尔通过对描述人格的词汇进行聚类分析，得出了 35 个特质群，称其为表面特质。又对表面特质进行因素分析，得到了 16 个根源特质，他认为根源特质是构成人格的基本要素。卡特尔的 16 种人格因素测验是在组织管理情境中使用得较为广泛的一种人格测验。

2. 麦尔斯·布瑞格斯类型指标

麦尔斯·布瑞格斯类型指标（Myers Briggs type indicator，MBTI）是使用最广泛的人格框架之一，这个测验基于瑞士著名的精神分析学派心理学家荣格的心理类型学说，由一对母女麦尔斯·布瑞格斯编制而成。该测验中所测量的心理类型其实是人们在工作和生活中比较偏好的行为风格，是人们在工作和生活中逐渐形成的相对稳定的行为模式和倾向，主要集中描述以下 4 个两极性的维度。

（1）外倾（E）—内倾（I）：注意力集中的方向

这个维度主要测量的是人们倾向于将注意力集中在外部世界还是内部世界。外倾型的人较多地关注外部世界的人和事物，他们的精力是指向外部环境的，他们偏好通过交谈的方式沟通，喜欢通过实践和讨论来学习，兴趣广泛，善于社交和表达。内倾型的人则倾向于将注意力指向自身内部的观念和经验，喜欢反思、独处，不太愿意与外界交流，兴趣不广但比较深刻。

（2）感觉（S）—直觉（N）：接受信息的方式

这个维度主要测量个人是如何获取信息的。感觉型的人倾向于通过感觉器官获得真实存在的信息，他们观察力敏锐，注重细节，比较实际。直觉型的人往往依赖不太显而易见的直觉来获取信息，喜欢寻找事物发展的可能性，倾向于看到事物的整体全局和抽象性的东西，富于想象，有创造力。

（3）思维（T）—情感（F）：处理信息做出决策的方式

这个维度主要测量人们是如何处理信息做出决策的。思维型的人处理信息做出决策时依赖的是逻辑上的因果关系，他们擅长客观分析，逻辑思维，理智公正，不以感情为转移。情感型的人喜欢权衡事物对自己与他人的价值和重要性，在决策时他们容易将自己置于问题情境中，过多考虑感情因素，富于同情心，更多考虑的是人的因素而不是客观事实。

（4）知觉（P）—判断（J）：对待外部世界的方式

这个维度主要测量的是人们通常表现的对待外部世界的方式。知觉型的人喜欢用感知的功能来对待外部世界，以灵活、好奇的方式生活，容易冲动，适应性强，对事物的变化持开放态度，常常在最后 1 分钟的压力下完成工作。判断型的人喜欢用判断的方式来对待外部世界，他们生活得有计划、有秩序、擅长使用系统组织的方式解决问题，做事有条不紊，有始有终。

4 个维度都是两极性的连续体，一个人在每个维度上都是处于连续体上的某一点，多数人只是在两种对立的行为风格中相对来讲更偏向其中的一种。在此基础上，组合成

16 种人格类型。MBTI 人格测验在工商管理领域内应用非常广泛，一个重要原因在于不同的心理类型与适合从事的工作之间有着密切的关系，对于组织中人与工作的匹配很有价值，如表 2-3 所示为从各个单一维度看不同类型所适合从事的工作类型。

表 2-3　MBTI单一维度不同类型所匹配的工作特点

类型	匹配的工作特点
外倾型	要求群体交往、社交、会谈的工作，有大量的旅行、谈话和变化
内倾型	安静、独立的文案工作，少干扰，要求集中注意和思考的工作
感觉型	要求注意细节的，短期、具体、目标明确或与目标直接相关的工作
直觉型	有挑战性、非重复的工作，靠洞察力和沉思解决复杂问题
思维型	需要解决大量问题、需要逻辑推理的、有明确解决方案的工作
情感型	为他人提供服务，需要体察他人情感需要的工作
知觉型	适应新环境的工作，需要发挥创造性的任务
判断型	具有高度组织性、结构性、序惯性的工作

3. 五大人格理论

近年来，研究者们在人格描述模式上形成了比较一致的共识，提出了人格的五大模式，戈德堡称之为人格心理学中的一场革命，研究者通过词汇学的方法，发现大约有五种特质可以涵盖人格描述的所有方面。

1）外倾性（extraversion）：好交际对不好交际，爱娱乐对严肃，感情丰富对含蓄；表现出热情、社交、果断、活跃、冒险、乐观等特点。

2）神经质或情绪稳定性（neuroticism）：烦恼对平静，不安全感对安全感，自怜对自我满意；具有焦虑、敌对、压抑、自我意识、冲动、脆弱等特质。

3）开放性（openness）：富于想象对务实，寻求变化对遵守惯例，自主对顺从；具有想象、审美、情感丰富、求异、创造、智慧等特征。

4）宜人性 （agreeableness）：热心对无情，信赖对怀疑，乐于助人，合作；具有信任、利他、直率、谦虚、移情等品质。

5）尽责性（conscientiousness）：有序对无序，谨慎细心对粗心大意，自律对意志薄弱；具有胜任、公正、条理、尽职、成就、自律、谨慎、克制等特点。

2.5　能力与行为

2.5.1　能力的概念

能力是个人顺利完成某种活动所必备的心理特征。任何一种活动都要求参与者具备一定的能力。例如，从事管理工作，要具备一定的组织、宣传、说服等能力。只有在能

力上足以胜任工作，才可能取得良好的工作绩效。如果能力不具备，工作就不能顺利进行，就会影响到工作绩效。在管理领域中，一般用工作绩效来衡量能力的强弱。

2.5.2　能力的种类

1）按能力的倾向划分，有一般能力和特殊能力。智力属一般能力，它是人的认识活动中的一种具有多维结构的综合性能力。个人认识过程中的各种能力（包括感知、记忆、思维、想象、言语等）都属于智力的范围。其中抽象概括能力是智力的核心成分，创造能力是智力的高级表现。特殊能力是指在某些专业和特殊职业活动中表现出来的一般能力（智力）的某些特殊方面的独特发展，例如，数学能力、艺术表演能力、技术操作能力等都属于特殊能力。一般能力和特殊能力相互联系构成辩证统一的有机整体。

2）按能力的创造性程度，可分为再造性能力和创造性能力。再造性能力是指能使人迅速地掌握知识，适应环境，善于按照原有的模式进行活动的能力。这种能力符合学习活动的要求，如记忆力、认知能力等。创造性能力是指具有流畅、独特、变通、创新及超越平常的思考与活动的能力，这种能力符合创造活动的要求。

3）从能力测验的观点看，有实际能力与潜在能力之分。实际能力是指实际作业已能熟练到某种程度而言。通常采用成就测验来评量个人（或团体）经由某种训练（或教育）之后，在知识或技能方面达到的成就，就是考查人的实际能力的高低。潜在能力是指人将来有机会学习或接受训练时，可能达到的程度。通常采用性向测验来预测或估计个人如果接受训练可能在知识或技能方面达到的程度。

2.5.3　能力的个体差异

能力的差异在心理学中有两层意义。其一指个人之间的差异；其二指团体之间的差异，如不同年龄、不同性别、不同社会文化、不同职业之间的差异。

1. 智力的个别差异

智力中等者（包括中上与中下）IQ 在 80～120，约占全部人口的 20%；智力极优秀者 IQ 在 140 以上，约占全部人口的 1%；心智不足者 IQ 在 20 以下，约占全部人口的 3%。

人的智力差异还表现在知觉、表象、记忆、想象、思维的类型和品质等方面。在知觉方面有综合型、分析型、分析综合型之分；在表象方面有视觉型、听觉型、运动型和混合型之分；在记忆方面有记性好坏之分和形象记忆、动作记忆、情绪记忆、抽象逻辑记忆之分；在想象方面有强弱之分和再造、创造之分；在思维方面有深刻与肤浅、敏捷与迟钝、灵活与死板、再造与创造、聚合与发散、抽象与具体之分等。

2. 特殊能力的个别差异

人的特殊能力的差异是十分明显的。例如，有的人较多地显露出音乐、舞蹈等艺术型的才能，有的则表露出数学、物理等思维型的天资；有的善于技术操作，有的则表现出社交、组织管理、教育等社会活动型才能。航空机械师能精细地觉察机械正常运转或是失灵的响声；染匠可区分出数十种不同的黑色；烟、酒、茶的品尝技师的鉴别能力不是一般人能相比的。

3. 能力表现的年龄差异

每个人的能力不仅在质与量的方面有差异，而且在表现早晚上也存在差异，如我们常说的人才早熟和大器晚成。

2.5.4 能力的管理与应用

研究个体的能力结构和能力差异，有助于管理者发现人才，量才用人，提高组织活动的绩效。为此，在组织活动中要注意处理好下列问题。

1. 合理招聘人才，量才录用

一个好的管理者并不是谋求把能力最优者聚集在自己周围，而是正确确定本企业所需的能力标准，谋求适应该企业能力标准的人才。只有这样，才能既不浪费人才，又提高工作效率。

2. 人的能力要与职务相匹配

不同性质的组织工作，不同层次的管理者，需要有不同的能力。作为管理者，一般必须具备决策能力、人际关系能力、技术业务能力。但不同层次的管理者，对上述三者能力要各有侧重。担任高层职务的管理者应侧重于决策、计划、指挥、协调等组织管理能力，担任基层职务的管理者则应侧重于业务、技术、事务性能力，同时，他们又都应该兼顾协调人际关系的能力。人的能力应该与工作、职务相匹配，否则会造成管理水平低，工作效率低。

3. 能力要互补

人与人之间的能力是有类型差异的，这种差异不仅是客观的，而且是普遍的。在一个团体中，要有不同能力特点的人互相搭配相得益彰，并且使这些人才的能力形成有效的合力。

2.6 意志与行为

2.6.1 意志的内涵

在改造客观世界的过程中，人也改造了自己的主观世界。人的这种认识和变革现实的活动是自觉的行动，它指向于事先确定的目的，并根据目的来积极地调节、支配自己的行动，以克服达到目的道路上的种种困难和障碍，这叫作意志行动。例如，学生为了获得知识、发展认识能力而认真听课，刻苦学习；教师为提高教学质量、促进学生的发

展而钻研教材，探索教学方式、方法等。人在这种行动中所进行的确立目标、调节行动以及克服困难的心理活动就是意志的表现。

2.6.2　意志的特征

1. 人的意志表现在行动的意识性和目的性上

有意识、有目的、有计划的行动是意志的首要特征，这也是人类活动和动物活动的根本区别。动物虽然也有类似目的性行为，但这种行为却是无意地发生的，而且对于动物本身来说是偶然的事情。动物不可能意识到自己行为的目的和结果。人类活动则完全不同，它是有意识、有目的、有计划地进行的。人类活动的这一特点表现在：人在从事活动之前，活动的结果已经作为行动的目的而存在于他的头脑之中，他以这个目的来指引自己的行动，使之达到预期的目的。这种先形成观念而后又把观念付诸行动，使内部意识向外部动作转化的过程，是有意识地进行的。人类活动的这种意识性、目的性广泛地表现在认识自然和利用、改造自然的过程中。

2. 人的意志表现在对心理活动和行动的主动的调节作用上

人的意志活动的实质，不仅在于意识到行动的目的，而且在于积极调节行动以实现目的。意志对心理活动和行动的调节作用，一方面表现在抑制其他一切干扰任务的意图、动机和思想情绪，约束行为，控制心境和任何冲动型的动作；另一方面表现在根据情境调整自己的心理状态，选择有效的行动方法，组织一系列达到目的的手段，发动随意动作以实现预定的目的。意志的这两个方面的作用，在实际活动中是统一的。在某些情况下，意志对心理状态的调节，在整个意志行动中处于极为重要的地位。例如，当人处于危急情境中，只有先克服内心的恐惧和慌乱，稳定情绪，才可能有效地采取外部行动。

3. 人的意志表现在克服行动中的困难上

人在确定目标和实现目标的过程中，往往会遇到这样或那样的困难。人只有在实现预定的目标的过程中，遇到困难而又坚定不移加以克服时，才会显示出意志的作用。例如，写字对成年人来说是轻而易举的，谈不上意志努力，但对初学写字的儿童来说则需要付出一定的意志努力。人的意志总是在克服困难的行动中表现出来的。

2.6.3　意志品质对行为的影响

人的意志品质表现在意志活动中，不同的人存在着很大的差异。人的意志品质主要有自觉性、坚韧性、果断性和自制力。

1. 自觉性对行为的影响

自觉性是指一个人清晰地意识到自己行动的目的和意义，并且能够主动地支配自己的行动，使之符合既定目的的意志品质。一个有自觉性的人，在行动之前，总是认真思考，反复权衡目的的社会意义和社会效果，全面分析实现目的的主客观条件，深信自己所确定的目的的正确性和必要性，以及实现的可能性。

与自觉性相反的意志品质是盲从，盲从就是盲目地接受别人的暗示或影响。独断与自觉性需要进行区分，独断是指一个人盲目抗拒别人的意见或劝告，即使这些劝告、建议是正确合理的。盲从和独断从表面上看来似乎相反，而实质上都是对行动的因由、结果及意义缺乏认识的表现。

2. 坚韧性对行为的影响

坚韧性是指一个人具有坚持不懈地克服各种困难、把决定贯彻始终的意志品质。一个坚韧的人，在行动中能够持久地、不屈不挠地把已经开始的行动坚持到底，不达目的不肯罢休。有坚韧性的人在遭受挫折和失败时并不灰心丧气，相反地，会总结经验教训，再接再厉，探索新的方法和途径，实现既定目的。一个人的坚韧性突出表现在完成艰难的、历时长久的工作任务之中。与坚韧性相反的品质是动摇性。有动摇性的人或缺乏坚定的行动目的，对既定的目的持怀疑态度；或对实现目的缺乏信心和决心。必须把执拗与坚韧性区别开来。执拗的人只认定自己的意见和论据，以及据此而做出的决定，尽管事实证明这种决定是不合理的、行不通的，仍然固执己见。

3. 果断性对行为的影响

果断性是指一个人善于及时而坚定地采取有充分根据的决定，并毅然决然地去完成决定的意志品质。果断的人在情况紧急而必须立即做出决定、采取行动时，会当机立断做出合理的决策，并且毫不拖延地付诸实施。如果情况不要求他急速采取行动的话，他就会细心分析情况，周密考虑行动计划，做出有充分根据的决定。与果断性相反的意志品质是优柔寡断。优柔寡断的人思想、情感分散，没有力量克服矛盾的思想和情感，内心总是处于无休止的冲突之中。草率与果断在表面上有相似之处，但实质是不同的。草率是不全面顾及情况，不慎重考虑后果就做出决定、采取行动的行为，因而是不足取的。

4. 自制力对行为的影响

自制力是指一个人善于控制自我的意志品质。有自制力的人能够克制自己的欲望，掌握自己的心境，约束自己的言行，在任何情况下尽力不做出自己认为不应当做的或有害的行动。一个具有自制力的人，必然也是一个具有良好组织性、纪律性的人。与自制力相反的品质是冲动性。好冲动的人总是凭最初的动机来仓促做出决定，而不考虑行动的后果，对行为缺乏控制的能力。

人的意志还有其他一些品质，如英勇、果敢、刚强、守纪律等。但这些在很大程度

上是上述各种意志品质的特殊意志品质，反映一个人意志的发展水平。每一个人都具有上述全部意志品质，但它们的发展是不一致的。意志是在生活和活动过程中形成起来的。每一个人生活在一定的社会集体中，从事着各种工作、学习和其他活动。人在从事这些活动时，总会碰到这样或那样的困难障碍，为了使自己能够继续并且做完已开始的活动，人必须自觉地调节自己的行动去克服来自主观和客观的困难。这样，人就在自觉克服困难的过程中锻炼了自己的意志。

2.7　情感与行为

2.7.1　情感的类型

按情感的内容、性质和表现的不同，可把情感分为道德感、理智感和美感三种基本类型。

1. 道德感

道德感是人根据一定社会或阶级的道德需要和规范评价自己或别人的言行时所发生的情感体验。人总是生活在一定的社会关系中，并在人际交往中掌握一定的社会道德标准，转化为自己的道德需要。如果所评价的言行符合自己的道德需要，他就会产生肯定的情感，即赞赏、愉快等。如果所评价的言行不符合自己的道德需要，他就会产生否定的情感，即反对、愤怒等。义务感和责任感是道德感的核心。

2. 理智感

理智感是人根据某种认识和追求真理的需要对一定的客观事物所产生的情感。它是在人对客观世界的认识过程、科学探讨和智力活动中产生的情感，它与人的求知欲、认识兴趣及追求真理的渴望相联系。

3. 美感

美感是人根据某种美的需要对一定的客观事物进行评价时所产生的情感。美感不仅由客观事物本身的特点所决定，而且取决于人对美的需要以及人的审美能力。

2.7.2　情感对组织行为的影响

情感理论具有重要意义。首先，在组织活动中，掌握情感的特点和规律，有助于领导者对下属进行情感号召、情感联络和情感感化；其次，在组织工作中，运用情感原理培养员工对工作、顾客的肯定性情感，有助于形成敬业爱岗、顾客至上的观念；最后，在组织文化建设中，通过组织内部的各种沟通和交流，对员工进行情感激励，培养员工对同事、对组织的肯定性情感，就可以有效地改善人际关系，增强组织凝聚力，提高组织绩效。非正式组织内部的情感联络等都是情感理论有效性的运用。

在发挥情感对组织活动积极影响的同时，也必须注意抑制其消极作用。情感因素在个体、群体心理中作用不当，就会干扰人的价值判断，使个体、群体行为偏离社会的价值规范和组织目标。

2.7.3 情感的培养

1）培养高尚的积极的人生观和世界观。一个人的情感是和他的意识倾向相联系的，而人生观和世界观又是意识倾向的核心成分，因此，只有树立无产阶级的人生观和世界观，才能培养人们高尚的情操、深刻而鲜明的情感、学习和工作的热忱和革命乐观主义的精神。

2）通过多种途径，丰富人们的情感体验。首先，通过提高人们的思想认识和觉悟，不断丰富人们的情感观念；其次，充分利用文艺作品和各种丰富多彩的活动，对他们进行教育，激发人们情感上的共鸣；最后，努力引导人们从学习和个人成长上获得满足，增加愉快的情绪体验。

3）培养幽默感，养成积极的人生态度。幽默是一个极有助于个人适应环境的工具。它可以使本来紧张的情绪变得轻松，十分窘迫的场面在笑声中发现其轻松的一面，增添自己生活的乐趣；使人从光明的一面看事物，发现其积极的方面。我们应培养青少年成为逆境中不忘欢笑，从不悲观，永不丧气，总是充满信心奋力向前的一代新人。

本 章 小 结

价值观代表一系列基本的信念，价值观对于研究组织行为是非常重要，它是了解员工的态度和动机的基础，同时它也影响着人们的知觉和判断能力。

感觉和知觉既有区别又有联系。感觉反映事物的个别属性，知觉则是对事物各种属性、各个部分及其相互关系的综合的、整体的反映。影响知觉准确性的因素可以大致归为三个方面：知觉者主观因素、知觉对象的客观特征、知觉环境的影响。知觉可以分为两大类，即对自然对象的知觉和对社会对象的知觉，组织行为学研究更关注后者。人对社会对象的知觉并不总是能够如实地反映客观，会由于种种原因发生偏差，如错误理解别人的动机，不正确地评价他人的工作业绩等。归因就是人通过知觉过程，对他人或自己的行为与相关事实获得基本了解后，积极探究行为背后原因的行为过程，归因对工作行为和管理决策有重大影响。归因理论是说明和分析人们行为活动因果关系的理论。人们用它来解释、控制和预测相关的环境，以及随这种环境而出现的行为。

态度是关于客观事物、人和事件的评价性陈述——喜欢或不喜欢。它反映了一个人对某些事物的感受。态度的 3 个组成成分是认知、情感和意向。态度的形成需要经历模仿与服从、同化、内化等阶段。一个人可以有几千种态度，但是组织行为学只把注意力

集中在有限的、与工作相关的几种态度上。这些与工作有关的态度包括员工对工作环境等方面的积极或消极的评价。

人格是个人所具有的各种心理特征和意识倾向的较稳定的有机组合。人格代表着个人特性，这种特性导致行为始终如一的模式，人格理论通常描述人们之间的共同之处和差异之处。人格的特质理论假设人有多种特质，每个人都不同程度地具有这些特质，人与人之间的人格差异在于人与人之间特质水平上的差异。卡特尔的人格特质论是在人格研究中最具影响力并且获得最被广泛接受的人格理论流派；麦尔斯・布瑞格斯类型指标是使用最广泛的人格框架之一，在工商管理领域内应用非常广泛；五大人格理论则是研究者们在人格描述模式上达成的比较一致的共识。

能力是指直接影响活动效率，使活动顺利完成所必备的个体心理特征。能力依据不同的划分方法，可以分为不同的种类。能力差异表现为个体之间的差异及其团体之间差异。研究个体的能力结构和能力差异有助于管理者量才用人，提高组织活动的绩效。

意志是在生活和活动过程中形成起来的，人与人之间在意志品质上存在差异。人的意志品质主要有自觉性、坚韧性、果断性和自制力。必须自觉地调节自己的行动去克服来自主观和客观的困难，锻炼自己的意志。

情感理论在组织活动中对于增强组织凝聚力、提高组织绩效等具有重要意义，要注意在发挥情感对组织活动积极影响的同时，抑制其消极作用。

关 键 概 念

价值观；知觉；感觉；社会知觉；第一印象效应；晕轮效应；首因效应；定型效应；自觉性；人格特质；五大人格理论；归因理论；态度；人格；能力；意志；情感。

复习思考题

1. 什么是价值观？价值观如何分类？举例说明价值观对人的行为的影响。
2. 知觉有哪些特征？影响知觉准确性的因素有哪些？
3. 社会知觉的类型与行为表现有哪些？管理者应注意什么问题？
4. 如何克服社会知觉中的偏差？试举例说明。
5. 什么是归因理论？如何应用？
6. 什么是态度？态度是如何形成的？态度对行为有什么影响？
7. 什么是人格？什么是人格特质？
8. 简述麦尔斯・布瑞格斯类型指标的主要维度。
9. 简述五大人格理论的主要内容。
10. 什么是能力？如何衡量个体的能力差异？能力差异对管理有什么启示？
11. 什么是意志？它有哪些特征？意志是怎样影响人们行为的？
12. 什么是情感？情感是怎样影响组织行为的？

阅读案例与材料

谁当经理更合适

某电子电器工业公司是一个由10家小厂组成的专业公司。公司行政领导班子由1正3副共4名成员组成。总经理由于年事已高即将退休，需要物色一个合适的新总经理。该公司的上级主管部门经过一段时间的研究考察，认为现任3位副经理不宜提升，新的总经理需从其他人选中挑选。各方面的意见最后集中到在李厂长和王厂长中选一个。下面是有关他们两人的资料。

李厂长，男，39岁，大学本科（电子专业），中共党员，原是该厂技术员，高级知识分子家庭出身。他工作十分积极努力，认真学习科学文化知识，并善于把学到的知识用来指导工作，为本厂的产品开发、产品的升级换代提高质量、建立科学的检测手段等都做出了重要贡献。他从技术科长提升为厂长后，对工厂进行了一系列的改革，加强了科学管理，使工厂的面貌大为改观，大大提高了经济效益，年创利和人均创利都居本系统的首位，职工收入也大幅度增加。全厂职工精神振奋，呈现一派欣欣向荣的景象。

李厂长性格开朗，精力充沛，善言谈，好交际，活动能力很强，积极开展横向联系，在全国10多个省市开设了200多个经销点、30多个加工企业，效益都很显著。他认为要发展就要靠技术，因此千方百计、不惜重金引进人才，至今该厂已有10多位外来的高级工程师和工程师。他还很重视产品的广告，每年要花几十万元广告费，电台、电视台、路边、电车、汽车以及铁路沿线都有该厂的广告，可谓“无孔不入”。他担任了市企管协会分会的理事，在协会中活动频繁，各方面关系融洽，对厂里工作也有促进。李厂长事业心强，一心扑在工作上，早出晚归，南来北往，一年到头风尘仆仆、不辞辛苦。该厂曾被评为市企业管理先进单位，李厂长获市优秀厂长称号，该厂的产品也被评为市优质产品。

但李厂长有一个明显的缺点，就是骄傲自满、自以为是，常常盛气凌人，有时性情急躁，甚至会暴跳如雷，不太把公司的领导放在眼里，经常顶撞他们，公司的“指令”常常被他顶回去，因此公司领导对他这一点颇为不满。各科室也不大愿意和他打交道，他同公司下属的其他几个兄弟厂的关系也不融洽。这些厂的厂长们对他敬而远之，对上级表彰他颇有微词。他也不善于做思想工作，认为这是党支部的事，所以平时遇到思想问题，他都是作为“信息”告诉书记，要支部去做工作。他和几个厂长关系处理的也不太好，领导几次协调也无济于事。

王厂长，男，37岁，大专（企业管理专业），中共党员，有技术员职称，家庭出身小业主，组建该厂时就担任了厂长，至今已近10年。他经历了该厂由衰到盛、几起几落的整个过程，对电子行业的特点非常熟悉，自己又有动手设计的能力。他最大的特点是精于企业管理，在学校学了计算机原理后，他率先把计算机运用到企业管理中去。他对整个厂的机构设置、行政人员的配置、岗位责任以及各副厂长、科

长、车间主任和各级管理人员的职责都有明确的规定，每年考核两次，奖惩分明。因此，平时大家各司其职，他却显得很悠闲自在，常常去这个科室转转，到那个车间看看，以便了解情况，发现问题。公司及有关部门召开的会议，他从来不缺席，而有的厂长常常忙得脱不开身。他似乎比别的厂长“超脱”得多。厂长们都很羡慕他。

王厂长性格内向，沉稳，不喜欢大大咧咧地发议论，对什么事情总要深思熟虑，三思而后行，人们说他“内秀”。他对自己厂今后 5 年的发展有一个远景规划，听起来切实可行，也颇鼓舞人心。对一些出风头的社会活动，他不太喜欢参加，但对各科开阔思路的业务技术讲座却很感兴趣。他很善于做职工的思想工作，认为企业职工的思想问题都是在生产过程中产生的，都与生产有关，一厂之长，要抓好生产怎么能不做思想工作呢。因此，对一些老大难问题，他从不推诿，都是亲自处理。他还要求各级行政干部做员工的思想工作，并把它作为考核的内容。他和党支部、工会的关系都很好，积极支持他们的工作。他待人谦和，彬彬有礼，和本公司各方人员的关系都不错，公司有什么事，只要打一声招呼，他就帮助解决。因此，他的人缘挺好，厂里进行民意测验，几乎异口同声称赞他。和李厂长不同，他不喜欢花高价引进工程技术人员，他认为这些人中不乏见利忘义之徒，只能同甘，不能共苦。关键时刻还是要靠自己，宁愿多花些钱来培养自己厂里的技术人员，这几年来，厂里也确实培养了一批技术骨干，有些人还很拔尖。他也不喜欢高价做广告。他说自己对产品的质量有数，不能干这边排队卖，那边排队修的事。他把做广告的钱用来购买先进的技术设备，为提高质量服务。他说等产品质量到经得起“吹”的时候再做广告。但实际上他们厂的产品质量还是不错的。开箱抽查，合格率达 98%。

该厂是市企业管理先进单位。工会是区“先进职工之家”，团支部是区“先进团支部”，他本人则荣获市优秀厂长和局优秀党员称号。但也有不少人认为，王厂长缺乏开拓精神，求稳怕变，按部就班，工作没有多大起色。按厂里的基础和实力，应该发展得更快些。他们的效益比不上李厂长他们厂。和李厂长比，他显得保守、过于谨慎、处事比较圆通、不得罪人。王厂长听了这些议论，不以为然，依旧我行我素。

李厂长和王厂长谁当总经理更合适，上级领导部门至今议而未定。

（资料来源：孙成志，刘明霞. 2013. 组织行为学. 大连：东北财经大学出版社.）

案例讨论：

1. 依据有本章相关理论，对两位厂长的价值观、人格特质、能力等因素进行分析、比较。

2. 通过对他们个体行为的分析和比较，你认为谁当经理更合适呢？说出你的理由和依据。

第3章　组织承诺与个体行为

● 学习目标

1. 了解组织承诺的基本内涵、结构、测量方法以及与组织承诺类似的其他概念。

2. 了解组织承诺形成影响因素及其形成机制。

3. 了解有哪些文化因素影响了中国员工的组织承诺。

4. 掌握组织承诺对个体行为产生的影响，其中包括对离职和工作绩效等的影响，同时明确组织承诺影响个体行为的作用机制。

5. 了解组织承诺与企业的管理实践的关系，掌握如何通过招聘、内部晋升、培训和沟通培养与提升员工的组织承诺。

导入案例

小王，29岁，哈尔滨某高校本科毕业生，性格内向。毕业后被家里安排到某民办高校从事学生管理工作。小王在4年的工作中一直很安逸，没有来自工作和生活的压力，且每次考核都倒数。这期间小王所在的部门已经先后换过3个领导。就在她工作的第五个年头，部门又来了第4任领导，领导对于她这种不求上进、做事拖沓、没有主见的工作态度十分不认可，他要求学生工作者应具备独立思考、善于与人沟通、处理突发事件等能力。然而，这些要求和小王的性格相差很大，为了保住这份工作，小王不得不改变原有的工作状态，且感受到了前所未有的压力。

经过新领导一年的帮助和指导，小王逐渐学会了一些学生管理的方法和技巧，且比之前勤奋很多，经常主动加班，找学生谈话，深入学生宿舍，各项工作都能按时完成，有不懂不会的就主动向领导和同事们请教。身边的同事也看到了她的努力和变化。再加上她所带的学生在各项比赛中取得了一些好的成绩，工作变得更加开心和顺畅，她本人也有归属感和成就感。能够成为这样组织中的一员，她感到无比的幸福和满足，且愿意为这个集体的发展贡献自己的力量。

在原来工作的4年里，没有人用心的教过她、告诉她一些问题应该如何处理才是正确的，而且相反教给她的都是一些歪风邪气，因此得过且过的心理在整个组织中蔓延，更严重地影响到学生。通过新领导的帮助，她的工作技能、工作挑战性、工作满意感、工作自主性都有所提高，从而提高了她的组织承诺。

（资料来源：http://job.neau.edu.cn）

案例思考：

结合本案例，谈谈你对组织承诺的认识。

3.1　组织承诺的概念与结构

“承诺”一词在牛津大词典中意为“一种约定，这种约定庄重而有约束力，限制了个体行动的自由”。通俗地讲，承诺就是承诺人许诺将来一定会怎样怎样。但现实生活中，事物是不断发展变化的，是纷繁复杂的，未来充满了变异性、不可预见性。因此，承诺实质是个体在无限的变化世界中求得有限稳定的一种方式，是个体对一种安全、秩序生活的本性要求。显然，承诺是来自于心理学领域的一个定义，他是个体的心理现象。而在中国的汉语词典中，“承诺”是指“答应”“允诺”。中西方对承诺的理解存在较大的区别。那么“组织承诺”这一概念给人的第一感觉是“组织承诺是组织对员工的承诺”，而不是“员工对组织的承诺”，那么这个概念究竟应该如何理解呢？

3.1.1　组织承诺的概念

20世纪50年代中期，美国社会学家贝克曾经尝试用提高工作满意感的方法来提高员工的工作绩效，结果是二者没有显著的必然性。然而，贝克通过这些研究首先提出了“组织承诺”的概念。他最初把组织承诺看成是员工随着对组织的“单方投入”的增加而不得不继续留在该组织的一种心理现象。这种单方投入可以指一切有价值的东西，如精力、时间及已经掌握的只能用于特定组织的技能等。贝克尔认为个体之所以对组织产生承诺，是因为个体能从对组织的投入（时间、金钱和努力）中得到回报。由此可见，贝克主要是从经济方面强调员工承诺水平对稳定员工的重要影响。由于这些利益的获得是随着时间的延长而增加的，因此人们在组织中工作的时间越长，就越难以做出离开的决策。

虽然贝克率先提出了组织承诺的概念，但是遗憾的是，他并没有对这个概念进行深入的研究。真正带动组织承诺研究热潮的是以美国俄勒冈大学默德和波特为首的研究者。从20世纪七八十年代开始，组织承诺得到了组织行为学家的深入研究，并发现它能够稳定地预测个体的缺勤和离职行为。虽然学者们对于组织承诺尚未给出一个统一的定义，但是，组织承诺是连接员工与组织的心理纽带已经得到了普遍的认可。

1991年，加拿大学者梅耶和艾伦总结了组织承诺相关定义，认为组织承诺的定义有两个方面的特征：①是一种稳定的心理束缚力；②对个体的行为起指导作用。梅耶等还认为，组织承诺和其他激励变量（如工作投入）和态度变量（如工作满意感）是不一样的概念，它能单独影响组织中个体的行为，甚至能使个体做出一些似乎有损（或不符合）个体利益的行为。例如，在某个遭遇破产威胁的企业中，有的员工并没有受到足够的激励，对工作也不满意，但是因对企业已经形成了感情的眷恋，而选择留在企业中努力工作，和企业共渡难关。从这个角度上，他们认为组织承诺就是指“组织对员工的一种约束力，把个体约束到与保持组织成员身份相关的行动上”。这一概念成为西方广为接受的组织承诺的概念。

我国对组织承诺研究起步比较晚，系统的研究始于暨南大学的凌文铨教授，他的研究团队认为组织承诺是员工对组织的一种态度，可以解释员工留在企业里的原因，是检验员工对企业忠诚度的一种指标。刘小平和王重鸣认为组织承诺是指员工对自己所在企业在思想上、感情上和心理上的认同和投入，愿意承担作为企业的一员所涉及的各种责任和义务。因此，组织承诺可以这样来理解：组织承诺是个体在社会化的过程中，不断被灌输和强调个人对组织的一种社会责任，实际上内化为行为规范的结果，在人成长过程中受到学校教育和社会影响而逐渐形成的一种约束力。这种约束力特别约束了那些正式合同无法约束的职业角色外的行为。

组织承诺是一种约束力，对组织与员工之间的关系产生约束，同时员工对组织所表现出的态度决定了某种特定的行为。

3.1.2 组织承诺的结构

组织承诺是一个具有丰富内涵的、复杂的概念，对于其结构的研究经历了一个从单维到多维转变的过程，且分别从个体对组织的“态度”和“行为”出发，使得组织承诺的研究有了更进一步的发展。

1. 单维结构

早期的学者倾向于把组织承诺看作单因素的概念。贝克认为组织承诺是一种经济工具，员工与组织之间的关系是基于经济变换的契约关系，可以用来解释员工的离职意向及其产生的原因。随着员工对组织单方面投入的增加，他们离开该组织会遭受很大损失。由于这种直觉到的损失威胁，他们不得不留在现在的组织中，与组织保持原有关系。早期默德等也认为：组织承诺是“个体对组织的投入与认同程度”，它由 3 个部分组成：①对组织目标的认同和接受；②渴望为组织发挥作用；③维持组织成员资格的欲望。尽管如此，默德等认为组织承诺是单一因素的，主要表现为雇员对组织的一种感情依赖，这也是传统上最有影响力的一种组织承诺结构理论。默德的这一理论被奥瑞力明确称为“态度”承诺。和默德强调组织承诺中的“态度”承诺不同，夏兰希克首先对“行为”承诺进行了研究。他认为组织承诺是“个人对某一特定组织的依赖，一些相应的行为会依此表现出来”’。他进一步指出了组织承诺的 4 条行为标准：①行为的清晰性，这些行为是否明确、可见；②行为的持久性，这些行为是持久的还是短暂的；③行为的自愿性，这些行为是发自内心的，还是由于外界诱惑或其他外在压力被迫而为之的；④行为的公开性，别人是否知道该行为以及谁知道该行为。这种承诺反映了行为的意志性、公开性及其不可逆转性。

2. 多维结构

奥瑞力和柴特曼提出了组织承诺的 3 种不同的形式：服从、认同和内化。反映了组织价值观对个人不同的内化程度，而且是逐级加深的。服从反映了用来得到奖赏和回报的一种应付性的行为。认同反映了雇员因为被组织的价值和目标所吸引，而想保持与组织的关系，但是这些价值和目标可能并不为他们个人所认可。内化反映了雇员因为自己的价值观和目标与组织相一致，而主动表现出的行为。

直到 20 世纪 90 年代，加拿大学者梅耶和艾伦把已有的研究成果结合起来，对以往各学者们的研究进行了一次综合性研究。这一研究得到了广泛的认可。认为组织承诺至少存在 3 种形式的承诺：①情感承诺（affective commitment）；②持续承诺（continuance commitment）；③规范承诺（normative commitment）。具体而言，情感承诺是个体对组织目标和价值观认同的程度。员工对组织表现出的忠诚和为组织努力工作，主要是由于对组织有深厚的感情，而非受物质利益驱动。持续承诺，是个体为组织连续工作的要求，是一个累计的维度。这种承诺则建立在利益的基础上，员工在组织中工作，随着时间的增加，会得到丰厚的报酬、较高的地位及良好的人际关系等，如果离职，会带来巨大的损失。规范承诺是社会规范对个体遵从组织程度的影响。个体在社会化的过程中，不断地被灌输和强调这样一种观念或规范，员工认为留在组织中是一种责任和义务，且忠诚于组织是会得到赞赏和鼓励的一种恰当行为。组织承诺结构的含义可以理解为员工之所以留在组织中是因为他们喜欢（情感承诺），或者必须（持续承诺），或是感到应该留在组织中（规范承诺）。

3. 中国文化下的组织承诺结构

我国学者凌文铨、张治灿、方俐洛等人对国内企业员工的组织承诺进行了系统性的研究。他们采用访谈、半开放式问卷调查和结构化问卷调查等方法，编制了“中国员工组织承诺问卷”探索中国企业员工的承诺结构。他们在梅耶和艾伦三因素模型的基础上，提出了组织承诺的五因素观点。即组织承诺由感情承诺、规范承诺、理想承诺、经济承诺和机会承诺五个因素构成。该五因素结构对于指导我国企业的员工管理实践具有更加现实的意义。

3.1.3 组织承诺的测量

组织承诺的测量经常使用的是量表法。默德等设计了组织承诺问卷（organisational commitment questionnaire，OCQ）（表 3-1），由 15 条测量项目组成，其中有 6 个反向记分项目，以降低被试的反应偏差。最后以一个总的得分来反映雇员对组织的承诺程度。早期的研究支持这一单因素的观点。

表 3-1　组织承诺问卷

指导语
根据你对现在的工作的组织（公司）的感觉，通过对每一道题的打分来表达你对它们同意或是不同意的程度。打分标准采用李克特 7 点量表，1.非常反对；2.一般反对；3.有点反对；4.不反对也不同意；5.有点同意；6.一般同意；7.非常同意 注：标有 R 的题目为反向计分
1. 我愿意花比一般期望大的努力来帮助组织获得成功
2. 我会和朋友说这是一个值得为之工作的很不错的组织
3. 我几乎感觉不到对这个组织有任何忠言可言（R）
4. 我可以为了坚持为组织工作而接受任何类型的工作任务
5. 我感到自己的价值观和组织的价值观十分相似
6. 我告诉别人我是这个组织中的一员时会感到很骄傲
7. 只要工作性质差不多，我就可以同样为另一个组织工作（R）
8. 这个组织确实在工作表现方面激起了我最佳的工作状态
9. 我的离开不会对组织环境造成什么影响（R）
10. 在我刚加入这个组织时我觉得自己比别人更因选择它感到高兴
11. 无限地维护组织利益没多大好处（R）
12. 我经常感到很难同意组织中那些对涉及员工重大问题采取的政策（R）
13. 我确实很关心组织的命运如何
14. 对我而言，这是所有可能为之工作的组织中最好的一个
15. 决定为这个组织工作对我来说是一个再明显不过的错误（R）

资料来源：Fields D L.2004. 工作评价：组织诊断与研究实用量表. 阳志平，等译. 北京：中国轻工业出版社.

OCQ 量表在过去的 20 年中得到了广泛的应用。后来的一些研究则表明 OCQ 中的 6 项负向问题容易负荷于另外一个因子上。组织承诺可以解释员工为什么要留在企业，它除了受到契约法规的制约和工资福利等经济因素的影响，更多的是受到价值观体系、道德规范、感情因素及个人因素的影响，因此其决定因素具有多样性，所以组织承诺也应该是多维的。梅耶和艾伦编制了情感、规范与持续承诺量表（表 3-2），每个纬度由原来的 8 个题目修订压缩为 6 个。

表 3-2　情感、规范与连续承诺量表

测量维度	题　　目
情感承诺	我很高兴在这个组织中度过我余下的职业生涯
	我将组织的问题视为自己的问题
	我不想成为组织家庭中的一部分（R）
	我没有感到和组织有情感上的依恋关系（R）
	这个组织对我而言有着很多的个人意义
	我对组织没有一种很强烈的归属感（R）

续表

测量维度	题　　目
规范承诺	我不觉得有义务继续为我的雇主工作（R）
	即使对我有利，我也不认为现在离开我的组织是一个正确的选择
	如果我现在离开组织，我会感到内疚
	这个组织值得我为之奉献忠诚
	我不会立刻离开我的组织，因为我对组织里面的人有一种责任感
	我欠了这个组织很多
持续承诺（前 2 个为高牺牲分量表，后 4 个为缺少选择分量表）	即使我愿意，若是让我现在就离开组织也是非常困难的
	一旦我决定离开现在的组织，我生活中的很多事情就会被打乱
	目前为止，我留在组织是我所希望的也是必须的
	我的机会太少以至我不考虑离开组织这件事
	离开组织的负面影响之一就是选择的缺乏
	我继续留下来工作的一个主要原因就是离职需要做出大量的个人牺牲——其他的组织也许效益不如现在的这个

资料来源：Fields D L.2004. 工作评价：组织诊断与研究实用量表. 阳志平，等译. 北京：中国轻工业出版社.

注：带有 R 的题目为反向计分。

国内学者进行了中国职工组织承诺的研究，凌文轮、张治灿和方俐洛等开发了“中国职工组织承诺量表”。在实证研究的基础上，提出了影响中国员工组织承诺的五个因素（表 3-3）。从本质上看，该研究的感情承诺和规范承诺的内涵与梅耶和艾伦的研究基本相同，梅耶和艾伦的持续承诺被细分为理想承诺、经济承诺和机会承诺，其中，理想承诺是中国员工所特有的组织承诺结构纬度。该量表验证性因素分析表明五因素模型是最佳模型。相关分析也表明，各因素与效标的相关均达到非常显著水平。因此，量表的信度、效度良好。

表 3-3　中国企业员工的组织承诺调查问卷

组织承诺因素	定　　义	调查项目
情感承诺	对单位认同，感情深厚；愿意为单位的生存与发展做出贡献，甚至不计较报酬；在任何诱惑下都不会离职跳槽	效益差也不离开；对单位感情深；愿意做任何贡献；愿意贡献业余时间
理想承诺	重视个人的成长，追求理想的实现；非常关注个人的专长在该单位能否得到发挥，单位能否提供各项工作条件、学习提高和晋升的机会，以利实现理想	学有所用；进修机会多；晋升机会多；挑战与困难；条件利于实现理想

续表

组织承诺因素	定　义	调查项目
规范承诺	对企业的态度和行为表现均依社会规范、职业道德为准则；对组织有责任感、工作应全身心投入，对单位应忠诚热爱	对单位负有义务；跳槽不道德；对单位都应忠诚；对单位全身心投入；像爱家那样爱单位
经济承诺	因担心离开单位会蒙受经济损失，所以才留在单位	失去福利；损失太大；即便想也很难离开；花费一生；家庭损失
机会承诺	待在这个单位的根本原因是找不到满意的单位；或因自己技术水平低，没有另找工作的机会	技术低；别的单位工资不高，找适合的工作不易；找不到别的单位；条件好的不易找

资料来源：凌文辁，张治灿，方俐洛. 2000. 中国员工组织承诺的结构模型研究. 管理科学学报，3（2）：76-81.

也有些研究者采用了量表以外的其他形式，如维纳要求员工记录在业余时间与工作相关的自愿行为，通过对行为进行编码来评估组织承诺。这种方法利用实际生活中的行为，更有意义。只是这种行为的收集过程一定要有程序和规则上的保障。否则，结果的可信度就会受到影响。另外，采用这种评价方法，比较费时，对操作者的要求比较高，在实际应用中会受到限制。

3.1.4　与组织承诺相似概念

梅耶指出“广义的承诺是一种束缚力，它使个体稳定地表现出和一个或多个目标相关的行为”。因此，根据目标的不同，承诺也表现出多种多样的形式。贝克提出了承诺指向的概念，以说明成员向谁（目标）承诺。这些目标不仅包括有形的对象（如组织、职业和工会等），而且也包括抽象的对象（如绩效等）。和组织承诺一样，其他承诺形式也会对组织中的个体行为产生显著的影响，以下介绍两种重要的承诺形式：职业承诺（professional commitment）和上司承诺（supervisor commitment）。

1. 职业承诺

当承诺指向是职业时，职业承诺就发生了。同梅耶和艾伦的组织承诺三因素类似，职业承诺也可以表现为情感承诺、连续承诺和规范承诺，分别是指：对职业的认同和情感依赖；对职业的投入和转换职业的难度；受社会规范影响而不愿变更职业的程度。要想理解职业化群体中的个体行为，职业承诺是个很重要的概念。

职业承诺和组织承诺有时是一致的。当某个组织能够提供员工所需的职业发展条件的时候，职业承诺和组织承诺往往能够达到一致。例如，某个员工非常想从事某个行业，他有着很高的职业承诺，恰好某一公司可以提供给他非常好的与其喜欢从事行业相关的发展条件，那么这名员工就会对这家公司形成很高的组织承诺，这样职业承诺和组织承诺就表现出了一致性。当然，职业承诺和组织承诺有时也并不一致。例如，在西方国家职业化程度高的运动队中，队员普遍职业承诺很高，兢兢业业地打比赛，通过自觉的刻

苦训练保持竞技水平。但是其中有的人组织承诺却很低，隔一段时间就要换运动队。对于他们来说，保持自己在职业上的竞技状态是最重要的，为哪个队打比赛就显得不那么重要了。

2. 上司承诺

当承诺指向是直接上司时，上司承诺发生了。同样的，上司承诺也可以表现为情感承诺、连续承诺和规范承诺，分别是指：对上司的认同和情感依赖；变更上司会给自己带来损失；受社会规范影响而不愿变更上司的程度。

贝克认为组织承诺有多个指向，上司承诺属于其中的局部承诺，也是非常重要的一种承诺。贝克通过研究发现：组织承诺指向不同，其强度也不同。例如：员工可能对他们的直接上司有强烈的情感承诺和规范承诺，以及低水平的连续承诺，但是对组织整体却有低水平的情感承诺和规范承诺，以及高水平的连续承诺。在中国文化中，人们把承诺看作道德的基本要求，要求“诚信为本，一诺千金”，反对背信弃义。而在西方文化中，人们把信守承诺、履行承诺看作自然法的重要内容和根本要求。因此，组织承诺在西方人的眼中很容易和抽象的整体组织联系起来，而中国人则更多地加入了人情因素，往往通过对上司的局部承诺来建立对组织的承诺。可以说，在中国员工眼中，对上司忠诚或对老板忠诚要比组织承诺更容易理解。

3.2　组织承诺的形成

3.2.1　组织承诺的影响因素

国内外学者对于组织承诺的影响因素建立了很多相关模型来研究组织承诺是怎样作用于组织与组织内个体的。员工对报酬的满意度、员工的社会公平交换水平、组织的可依赖性、受教育程度、对组织的总体满意度、年龄、企业文化、团队管理、领导风格及领导成员关系对组织承诺都有相关影响。影响感情承诺的因素主要有五类：个体特征、工作特征、领导与成员关系、角色特征和组织结构特征。影响持续承诺的因素有受教育的程度、所掌握技术的应用范围、改行的可能性、投入的多少、福利因素等。影响规范承诺的因素有对承诺的规范要求、所接受的教育类型、个体经历等，年龄、资历、教育程度与组织承诺之间存在密切关系。综合学者们的研究，影响组织承诺的因素大致可以归为以下内因和外因，即个人因素和环境因素。

1. 个人因素

个人因素具体包括：从年龄来看，年龄与组织承诺之间呈正相关，这是因为年轻人对企业的依赖感不强，没有很强的归属感，离职成本低，而年老的员工更有可能对企业产生感情，且离职成本较高。从受教育程度看，与组织承诺呈负相关。低学历员工的情感承诺和持续承诺都高于高学历员工，学历越高可能工作机会越多，越不容易满足。从资历上看，组织承诺与资历的相关是因为个体在某个企业中的时间越长，可获得的资源就越多，要找到一个更有利的岗位难度越高，离职所带来的损失就越大。另外，从性别上看，女性比男性的组织承诺水平要高；从婚姻状况看，婚姻状况对员工的组织承诺影响非常显著。

2. 环境因素

环境因素十分复杂，一方面，影响因素有工作的职位和领域是否具有挑战性、个人在工作环境中扮演着何种角色、工作任务的难度等，如在劳动力市场失业率较高的情况下，个人的组织承诺水平相应要高，在竞争激烈的行业中，个人组织承诺比较低，因为在这些行业中容易找到工作，并获得更多的收益。另一方面，影响因素有组织变革、组织特性等，组织变革会影响员工对自己未来前途的担忧，此时，员工组织承诺较低。而组织特性中如企业效益、薪金福利、经营管理理念、领导风格、组织文化、组织的公平性、组织的支持措施等都会对员工组织承诺产生影响。

3.2.2 组织承诺的形成机制

早期研究员工离职的著名学者马奇和西蒙（1958）指出："在所有影响因素中，经济状况是唯一单个的，能够最准确地预报员工离职的预报器。" 已有的大部分研究认为，组织承诺是在社会交换原则的基础上形成的。组织为员工提供理想的工作环境，员工就对组织形成承诺。组织承诺与理想的工作环境呈正相关，与不理想的工作环境呈负相关，但实际情况远比这要复杂。梅耶和艾伦提出的归因过程、回顾性文饰作用、期望满足、人职匹配等机制都可以用来解释情感承诺的形成，但是对于连续承诺和规范承诺的形成机制还不是很清楚，有待于进一步的研究。

1. 员工——组织匹配

对于员工一组织匹配存在多种含义，目前还没有统一的定义。总体而言，当个人与组织的价值观和目标一致、组织工作要求与个人能力匹配，以及个人需求与组织供给匹配，这样组织承诺就会产生。员工一组织匹配包括员工与组织的能力匹配、价值匹配、认知风格匹配等多种形式。默德等认为，组织承诺是员工对组织目标的认同。如果员工的价值目标与组织的目标相匹配，组织承诺就会产生。奥瑞力等通过测量个体的价值观偏好与组织价值观，探讨了它们之间的匹配对员工组织承诺的影响。研究表明两者之间的价值观匹配程度是工作满意感、组织承诺和离职行为的有效预测指标，而个体或组织变量单独对这些结果没有预测作用。

2. 期望满足

期望理论就是说当员工进入组织后的经历与他们进入组织前的期望相匹配时，员工对组织就具有更高的承诺。研究发现，期望满足和组织承诺之间存在中等程度的正相关。与员工组织匹配相关的一个假设是，当员工进入组织后的工作经历与他们进入组织前的

期望相匹配时，员工对组织具有更高的承诺。研究发现期望满足与组织承诺之间存在中等程度的正相关，期望未满足对组织承诺有消极影响，但这种影响会由于与管理者或同事的积极关系而减弱。

3. 归因过程

归因是指人们对他人或自己的所作所为进行分析，指出其性质或推论其原因的过程，也就是把他人的行为或自己行为的原因加以解释和推测。了解原因之后就可以对行为加以预测，从而对人们的行为和所处的环境实行控制。如果员工认为正是组织才使他们具有这些积极的经历，更有可能使员工产生对组织的情感依附。已有研究发现：归因在工作经历与员工对组织、工作和直接上司的情感承诺间的确起到了中介作用。

4. 组织公平和组织支持

1）组织公平现在一般被看作多维的构思，相关的研究把它分为分配公平、过程公平和交互公平。研究发现分配公平比过程公平在工资满意感中解释了更多的方差，而过程公平对组织承诺解释了更多的方差，说明了过程公平对组织承诺影响的重要性。同时，组织中的公平可以从两个层面来理解：第一个层面为组织公平的客观状态。在这一层面上人们可以不断地改善和发展各种组织制度，建立相应的程序和措施来达到组织公平，但是绝对的、终极的组织公平是很难实现的。第二个层面为组织公平感，即在组织中成员对组织公平的主观感受。这二者有联系，但也存在差别。一个“公平的制度”如果不被员工所认识和接纳，它对员工行为的影响力就不能得到充分的发挥。因此，从组织行为学的角度上讲，组织公平感更为重要。

2）社会心理学家艾森伯格认为所谓组织支持感（perceived organizational support），是指员工对组织如何看待他们的贡献并关心他们的利益的一种总体知觉和信念。简言之，就是员工所感受到的来自组织方面的支持。这一概念有两个核心要素：一是员工对组织是否重视其贡献的感受；二是员工对组织是否关注其福利的感受。当员工对组织方面的支持产生积极的认知体验时，他们对组织本身也会产生比较正向的看法和信念。研究表明：组织支持与情感承诺、规范承诺正相关，但和持续承诺不相关。

因此，组织公平和组织支持将成为影响组织承诺的更为直接的原因。

5. 回顾性文饰作用

回顾性文饰作用指组织承诺的形成和发展是为了努力使以前的行为或决策具体化。夏兰希克指出，如果员工感到自己是自愿选择这家组织、决策不能挽回、其他人知道这个决策等，继续留在某一组织的承诺就高。这是人们为了保证行为和认知的平衡而产生的一种积极的反应。换言之，这个理论认为是行为的结果塑造了组织承诺，而不是组织承诺影响到了人们的行为。

6. 组织社会化机制

组织社会化指的是员工学会组织中的价值观、规范和行为方式，从而成为真正的组织成员的过程。琼斯等人认为，组织为主导的社会化策略可以细分为两种：制度性组织社会化和个体性组织社会化。以个体为主导的社会化策略有多种形式。

在以上的形成机制中，有些适合于解释组织承诺的某一种因素，有些可以解释多种因素。例如，员工组织匹配机制主要说明员工和组织之间价值观的匹配会使员工对组织产生情感承诺。期望满足机制不但可以解释情感承诺，也可用来解释持续承诺。这两个机制的共同点是匹配导致员工产生承诺。不同点在于前者是员工与组织之间的匹配，后者是自我工作经历与自我期望的匹配。

还有的研究者从不同的角度对组织承诺的形成过程进行了探讨。他们根据员工职业的发展，把组织承诺的形成过程分为三个阶段：就业的起始时期、参加工作的早期、职业生涯的后期。并认为在第一阶段，对组织承诺有重大影响，在第二阶段对组织承诺影响很大，而在第三阶段，组织承诺加速变强。在企业管理层次上，通过对企业文化、团队管理等因素与组织承诺的结构方程模型分析，发现这种关系受工作背景因素的影响。在外资企业背景下，企业文化对权衡承诺有显著影响，说明外资企业的企业文化与经济性交换有比较密切的关系。在国有企业背景下，企业文化对情感承诺有显著影响，说明国有企业的企业文化与社会性交换有更密切的关系。因此，在不同工作背景下，存在着强调经济性交换还是社会性交换的区别。

3.2.3 影响中国员工组织承诺的因素

组织承诺反映了员工和组织之间关系的心理状态，是一种特定的态度。虽然组织承诺的概念从西方而来，但在实践中中国组织早已有之。我国研究学者凌文铨等人提出了中国组织承诺的五因素，即经济承诺、规范承诺、情感承诺、机会承诺和理想承诺。影响着 5 种基本企业员工组织承诺类型的因素，可以归纳总结如下：①感情承诺的影响因素包括组织的可依赖性、来自组织的生活支持、员工对领导的信任度与领导的团体维系行为。②规范承诺的影响因素有员工对同事的依赖程度、员工的社会公平交换水平、员工所处团体的集体工作精神。③理想承诺的影响因素包括来自组织的工作支持、员工对领导的信任度、职位、受教育程度、领导的工作导向行为、对工作的满意度、晋升制度。④经济承诺的影响因素包括员工的社会公平交换水平、员工对领导的信任度、工龄。⑤机会承诺的影响因素包括来自组织的生活支持、改行的可能性。

研究表明：团队管理是感情承诺的预测指标，它对感情承诺有显著影响；领导风格、领导成员关系对感情承诺的影响没有达到显著性水平，但从相关分析可以看到，他们与组织承诺有较高的相关性，因此他们对感情承诺的影响可能是通过其他变量来实现的。企业中，女性较男性有更高的规范承诺水平。中国文化强调个人对社会关系的义务，强调道德主体的能动作用，因而女性规范承诺水平较高。企业员工在理想承诺上的水平高

低，说明他们都普遍重视个人理想的实现，追求能力的提高与个人的成长，可能因为伴随着人才市场竞争日趋强烈，企业员工在整体上都普遍重视个人理想的实现、自身的成长，都非常关注自身才能在企业能否得到充分发挥，企业能否提供晋升机会、各项工作条件和培训机会，能否实现自己的理想。在一些待遇和收入较低的企业，员工的经济承诺水平较低。因此，这些企业应改善员工各种福利待遇，包括学习机会和各类培训活动，善于利用物质的精神激励手段，以提高其经济承诺水平。对于处于物质水平高的大城市，就业机会较多，从而导致机会承诺也相应较低，企业应该为员工提供良好的工作环境，进一步提高员工的机会承诺。

另外，中国传统文化影响了中国员工的组织承诺。凌文铨等发现理想承诺是中国企业员工所特有的组织承诺维度，这实际上与中国传统文化的影响直接相关。中国传统文化强调理想人格，强调理想主义的自我实现精神。“修身、齐家、治国、平天下”“天生我材必有用”“三军可夺帅，匹夫不可夺其志也”等都反映了我国传统文化强调人要有理想、有抱负。在这种文化的影响下，组织承诺中就产生了理想承诺维度，能否实现个人成长、能否发挥个人才能、组织能否提供施展才能的空间等，就成为影响组织承诺的重要方面。

中国传统文化中有 4 点对于理解中国员工的组织承诺是非常重要的：①对权威的尊重。这一点造成中国员工对决策集权化和层级结构的认同。中国员工对组织的承诺表现为对某个人的承诺，在组织中寻找可以依靠的“大树”，对企业承诺的基础是对大树的承诺。员工的获益在于通过“大树”和关系获得个人价值的资源：提前得到信息；更多晋升等。在中国企业中，往往会出现，当“大树”离职，引发“集体跳槽”；②“面子”与和谐。中国式的交流模式是间接的，个体尽量减少“丢面子”和保持和谐的关系。“面子”与和谐在中国人的社会生活中是重要的方面。中国人强调在工作中达成一致，不要使人“丢面子”。“丢面子”会导致个人关系破裂。管理者向员工提供“人情”和“面子”，就会在员工心中形成知恩图报的想法，建立的承诺表现出维护管理者利益的行为，但是承诺的直接指向往往是管理者个人，间接地指向组织；③集体主义。中国文化是集体主义导向的，中国人倾向于把自己视为某一特定组、队或单元中的一部分，而且“圈内”和“圈外”是有明显区别的。个体表现出对内部群体强烈的归属感，而对外部群体却很冷漠。例如，同一水平上的合作很少在中国组织中主动发生，这主要是因为另外一组是“圈外”的。和“圈外”人相比，“圈内”人的沟通会更个人化、更开诚布公；④人际关系。中国员工的情感承诺往往和规范承诺交织在一起，强调社会性的相互回报，“滴水之恩，当涌泉相报”。中国人在人际交往中形成了一套西方人难以理解的计算公式，不仅仅是经济上的损失可以计算，而且对“人情”和“面子”也可以做量化计算。在组织中，关系的重要性体现在上下级和同事之间良好的沟通。因此，某种程度上良好关系的存在会便利管理地进行。良好的关系同时也是员工和高层经理间情感承诺建立的纽带。间接地，会有利于员工建立和组织的情感承诺。

3.3　组织承诺对个体行为的影响

3.3.1　对离职的影响

梅耶等提出：组织承诺的不同因素和离职的相关程度不同。其中，情感承诺和离职行为的相关性最强；规范承诺次之；持续承诺最弱。学者们传统上认为，员工对工作不满意会造成离职意向的增强，进而发生离职行为。斯蒂尔斯和默德将组织承诺（情感承诺）引入离职模型后，显著地增强了对离职行为的预测能力。缺勤和组织承诺的关系与离职和组织承诺的关系相类似。

多数研究发现情感承诺与离职的相关性比工作满意感与离职的相关性更强。原因可能有两个方面：①和承诺比起来，个体的工作满意度是容易波动的，会更直接地、同时性地随着工作状况的变化而改变，而情感承诺就相对比较稳定；②情感承诺的目标就是组织，而个体从对工作不满到离开组织，可能还有一个更复杂的变化过程。有的研究者就认为，工作满意感是组织承诺的前因变量，这主要是因为个体对某一工作的积极或消极态度会转移到整个组织身上。例如，当员工对自己的工作感到满意时，他们会想到这是组织给予他们的工作，因此对组织也建立起积极的承诺。

在离职的最新研究中，美国华盛顿大学商学院的李提出个体可能是按照多条路径离职的观点。传统的离职模型认为员工对工作不满意会造成离职意向的增强，进而发生离职行为，李认为实际离职中还存在其他的一些路径。例如，有的员工对他目前的工作满意，但是有猎头公司报出优厚的条件“挖”他们，他们工作满意感没有降低，但因为有更好的机会而离职。在这个例子中，路径就是指从机会直接到离职，并没有影响到工作满意感。从组织承诺的角度来看，如果员工除工作满意感外，还有很强的组织承诺，那么他们就不太可能被外界的条件所“诱惑”。组织承诺对员工的离职行为来说，就像设定了一个限制它发生的“阈值”。员工的组织承诺越高，这个“阈值”就会越高。

3.3.2　对工作绩效的影响

梅耶等人发现情感承诺和连续承诺与工作绩效之间存在不同的关系。上级对个人工作绩效和提职的评价与他们的情感承诺水平正相关，一方面提高，另一方面也会出现增长。但对于连续承诺来说，这种关系却是负相关，较高的连续承诺是与低水平的绩效和提职评价相联系的。规范承诺和情感承诺关系密切，而且都与绩效正相关，但是和情感承诺相比，规范承诺的作用是短暂的，一旦个体认知到“债务”已经还清，规范承诺对行为的影响程度就会减弱。

为什么组织承诺的不同因素对工作绩效表现出不同的影响模式？这主要是因为：情感承诺高的员工认为他们的工作包括的内容更广，甚至包括一般被认为是正式的岗位要求之外、不属于分内的工作行为。因此，情感承诺高的员工比情感承诺低的员工更可能

对这些行为产生“束缚”感。简单地说，组织中情感承诺高的员工在心理上会觉得应该完成的“活”更多。

以情感承诺为主的员工更容易主动接受指派的工作，而且对他们来说，投入地去完成工作基本上是无须考虑的。以规范承诺为主的员工会花一些时间考虑在多大程度上回报组织曾给予的恩惠。而连续承诺为主的员工会花较多的时间去计算完成工作的得与失，从而采取自己认为最“经济”的方法去完成工作。因此，不同组织承诺类型的员工对工作的投入情况是有很大差别的。

3.3.3　对个体行为的影响

承诺这种束缚力在三因素之间产生的作用是不平等的。个体因期望而产生的情感承诺会使他们产生更强的依附组织的倾向。现实组织中大量的事件会对人的行为产生影响。当个体以情感承诺为主时，他们受到的影响（干扰）会比较小，从而能够专注于自己的工作，有稳定的行为表现。而以继续承诺或规范承诺（尤其是继续承诺）为主的个体，则更可能会偏离“束缚”，表现出和承诺不一致的行为。例如，企业在经营上遇到困难而采取降薪策略时，“与企业共同发展”的个体会保持自己的工作绩效，与企业共渡难关；而“干一天活就是为了挣一天钱”的个体会降低工作质量，甚至离职。因此，与继续承诺和规范承诺相比，情感承诺具有如下的特征：①和更广泛的结果变量有显著的相关关系；②和结果变量之间的相关程度更强。

在现实组织中，每个人都是一个组织承诺多因素的混合体。即使以高、低两种水平来对每个因素做简单的划分，也会形成8种不同的组合，而且相同的组合也有可能表现出不同的行为，结果是相当复杂的。总的来看，关于组织承诺多因素之间的交互作用机理，目前还不是很清楚，有待于做进一步的研究。

传统上，对组织承诺对个体行为正面影响的研究数量远远多于对负面影响的研究。近年来，有些研究者开始重视组织承诺可能带来的负面影响。日本学者山内提出，组织情感承诺过高的个体往往伴随着高水平的工作压力、经常性的工作—家庭冲突、焦虑，甚至存在“过劳死”的现象，因此要特别关注这一群体的心理和身体健康。不仅组织承诺对个体有负面影响，过高的职业承诺或上司承诺同样可能带来不利的影响。例如，近年来在一些高水平足球队发生的队员在场上猝死的现象，就可以从高承诺的角度加以分析：在悲剧发生之前，这些队员的身体往往已有一些征兆，但是由于对球队和自己的职业存在强烈的承诺意识，他们没能及时保护自己，最终导致了突然的崩溃。

3.4　组织承诺在实践中的应用及启示

3.4.1　组织承诺在管理实践中的应用

组织承诺可以对员工的行为产生显著的影响，尤其是情感承诺高的员工能够表现出更好的工作绩效，研究者也对情感承诺的形成过程进行了深入的探讨。那么，组织在日常的管理实践中可以通过哪些途径来建设和培养员工的情感承诺呢？经过学者们的研究确定为以下几个方面。

1. 通过招聘甄选合适的员工

一个组织招聘员工时，是建立员工情感承诺的第一道环节。对那些希望和员工建立起长期稳定关系的组织来说需要考查以下几个方面。

首先，要注意鉴别出那些有频繁跳槽经历的人，详细考查他们离职的原因是什么。因为在这类群体中，有相当一部分人很难对一个组织建立起稳定的承诺关系，他们或者是为了追求一种多变的生活，或者是通过频繁的跳槽来达到薪酬的不断增加。这类群体的个性和价值观决定了他们很难保证稳定地在一个组织中工作。

其次，要考查应聘者和组织之间价值观的匹配程度。如果个体和组织之间的价值观取向差异很大，那么个体进入组织后，会觉得很难适应，也不能建立起对组织的情感承诺。当然，招聘时个体和组织之间价值观完全匹配的情况也很少，但是至少应该做到组织的核心价值观不至于让个体反感。这样个体进入组织后，还可以通过各种社会化的策略来进行价值观同化。

最后，通过现实工作预览方法来甄选那些可能建立高情感承诺的员工。面试官会在面试中将本组织的价值观通过一些具体的事例告诉应聘者，尤其是如实告诉他们将要面临的挑战。这样，一些应聘者会通过自我判断退出，而最终进入组织的员工也通过现实工作预览，对组织有了比较切实的了解和期望。这种方法有助于他们更快地适应组织中的生活，进而为建立高情感承诺打下基础。

宝洁公司非常注重通过招聘来甄选可以建立情感承诺的员工。由于没有工作经历的个体会更容易接受公司的价值观，因此宝洁公司的招聘对象基本上是大学校园中刚刚毕业的学生。在宝洁的申请表格中，专门设有考察应聘者个体价值观取向的问题。宝洁公司的面试官基本上由公司的资深员工组成，他们在一对一的面试中，也会通过一些具体的问题来考察应聘者是不是一个可以“宝洁化”的人。

2. 通过内部晋升来培养情感承诺

很多组织偏重从内部晋升来培养员工的情感承诺，在晋升标准中，明确地要求员工要全身心地融入到组织的文化中去。这样，那些在组织中工作多年，对组织有深厚感情的员工会有更大的机会得到晋升，而且他们晋升后，又起到将组织的理念进一步传承下去的中坚作用。

詹姆斯·柯林斯在《从优秀到卓越》中曾将卓越公司和对照公司进行过对比，发现大多数卓越公司的最高领导人都是一步步从公司的内部提升起来的，公司的价值观已经融入到他们的血液中。他们对自己的公司除了职业上的理性经营之外，还表现出超乎常人的热爱，这使得他们能有一种长久的内在驱动力，全身心地投入到公司的经营和管理工作中去。通用电气公司的前总裁杰克·韦尔奇就是这样一个例子：他从通用电气的一名工程师做起，经过几十年的磨砺，最终成长为一个巨型企业的掌舵人。

3. 通过培训和宣传来培养情感承诺

研究发现：在员工刚进入组织的半年之内，对周围的事物最敏感，接受新事物的可能性也最大。因此，组织在新员工加入组织不久就会开展细致的新员工培训活动，向新进入的员工输送组织的价值观、行为规范和历史传统。如果抓好这一阶段的培训工作，员工对组织的情感承诺就会有大幅度的提升。

迪斯尼公司的新员工培训特点非常鲜明，他们用一套专门的术语来营造氛围，培训新人。在培训中，员工是“演员”，顾客是“贵宾”，群众是“观众”，职务是“角色”，职务说明是“剧本”，当班是“在舞台上”等。在这种特殊的培训中，员工在好奇中接受了迪士尼灌输的理念（即“让大家快乐”），也成为真正的迪士尼人。国内的一些企业，如联想公司和平安保险公司，也开展了具有特色的新员工培训活动，联想公司还形象地把它称为“人模子”。

利用宣传公司理念的活动来培养员工的情感承诺也是常被采用的一种途径，具体的方法非常丰富。例如，日本的很多公司常利用齐唱公司歌、齐颂公司理念的方法来培养员工对公司的归属感；IBM 公司每年的庆祝大会在大型运动场举行，参会的是公司员工和家属，表现出色的员工逐个出现在场上，大家高呼这些人的名字，整个运动场沉浸在一片欢腾的气氛中，在不知不觉中强化了员工属于 IBM 公司的精英的意识；联想公司将员工符合公司理念的优秀表现制成漂亮的幻灯片、卡片，通过公司内部网络在全体员工中传阅，公开表扬这些员工的具体行为，同样也起到了培养员工情感承诺的作用。

4. 通过沟通和支持来培养组织承诺

对大多数员工而言，对组织的情感承诺是通过具体的人来建立的，因此组织中上下级间，以及同事之间的沟通和支持就显得非常重要，其中组织中各级领导对待下属的言行尤其重要。领导采用正确的沟通方式，让下属感受到来自领导的工作支持，就会增强员工的情感承诺。相反，糟糕的沟通和领导方式会大大损害员工的情感承诺。例如，联想公司推行了“不称总”运动，下级可以直呼上级的名字，拉近了上下级的距离。公司还按部门定期组织部门内的交流沟通活动，大家在轻松的氛围中讨论一周来的工作和生活，同样增强了部门的凝聚力。

3.4.2 组织承诺对中国管理者的启示

对于管理者而言，了解员工的组织承诺对于制订政策和改进管理至关重要。沃森·怀亚特公司的一份对美国 7500 名员工的调查显示，拥有高承诺员工的公司三年内对股东的总体回报（112%）要远大于员工承诺水平低的公司（76%）。可见员工对组织的承诺对于公司是何等重要。那么，如何提高中国员工的组织承诺呢？我们有如下管理建议：

1）中国文化重视经验中的情感体验成分，为了赢得员工的感情承诺，需要员工在工作实践中体会到组织的关心和厚待。因此，管理者要从员工的需要出发，悉心设计对员工的各项政策，营造适宜的工作环境，为员工能高度参与并努力达成组织目标创造条件。对员工的每一分付出，公司都要给予积极的肯定，并通过公平的分配和晋升系统给予回报。

2）做好员工职业生涯管理，建立组织内部职业生涯发展体系。为员工的发展提供更多的培训和晋升空间，满足员工的理想承诺要求，建立员工的工作愿景，帮助员工进行自我实现。

3）信任管理。要赢得员工的感情和忠诚必须给予员工信任。管理者要通过诚实与公开的沟通，与员工建立相互信赖的关系，给予员工归属感，不是通过严厉的规则而是通过教育培训来降低组织不期望行为的发生。从而消除雇佣不稳定因素对组织承诺的消极影响。我国许多著名企业家，他们都主张授权要坚持信任原则。如中国香港光大实业公司，总经理下设有许多项目经理，让这些人放手去干，在职权范围内自主处理问题，提高了员工的组织承诺，同时保障了公司的业绩。

4）通过应用“中国员工组织承诺问卷”对员工的组织承诺进行调查，了解员工的承诺状态和水平。每一位员工的组织承诺中都有上述五种承诺因子，但是他们各自的水平是不同的，只有一种或两种承诺因子占主导地位。其中以经济和机会承诺为主导的员工离职率较高。对于这类员工，可以根据他们的绩效表现和组织需要，采取有针对性的措施来挽留其中所需人才，而机会承诺者可让其自然流失。因为保持一定比率的人才流动率，对公司也是必要的。而当组织内员工总体承诺水平较低时，意味着高度的人才流失危险，要求管理者高度警觉和反省，并调整管理措施。

本 章 小 结

1）组织承诺（organizational commitment）概念由美国社会学家贝克尔最早提出。梅耶和艾伦认为组织承诺是“组织对员工的一种约束力，把个体约束到与保持组织成员身份相关的行动上”。

2）组织承诺的 4 条行为标准：①行为的清晰性；②行为的持久性；③行为的自愿性；④行为的公开性。

3）组织承诺的结构：①情感承诺（affective commitment）；②持续承诺（continuance commitment）；③规范承诺（normative commitment）。

4）国内学者研究认为组织承诺的五因素模型包括感情承诺、理想承诺、规范承诺、经济承诺和机会承诺。

5）组织承诺的测量经常使用的是量表法。

6）与组织承诺相似的概念：职业承诺、上司承诺。

7）组织承诺的形成机制主要包括：①员工—组织匹配；②期望满足；③归因过程；④组织公平和组织支持；⑤回顾性文饰作用；⑥组织社会化机制。

8）影响中国员工组织承诺的因素：①感情承诺的影响因素包括组织的可依赖性、来自组织的生活支持、员工对领导的信任度与领导的团体维系行为。②规范承诺的影响因素有员工对同事的依赖程度、员工的社会公平交换水平、员工所处团体的集体工作精神。③理想承诺的影响因素包括：来自组织的工作支持、员工对领导的信任度、职位、受教育程度、领导的工作导向行为、对工作的满意度、晋升制度。④经济承诺的影响因素包括员工的社会公平交换水平、员工对领导的信任度、工龄。⑤机会承诺的影响因素包括来自组织的生活支持、改行的可能性。

9）中国传统文化中有4点对于理解中国员工的组织承诺是非常重要的：①对权威的尊重；②“面子”与和谐；③集体主义；④人际关系。

10）组织承诺对个体行为的影响：①对离职的影响；②对工作绩效的影响；③对个体行为的影响。

11）组织承诺在管理实践中的应用：①通过招聘甄选合适的员工；②通过内部晋升来培养情感承诺；③通过培训和宣传来培养情感承诺；④通过沟通和支持来培养组织承诺。

12）中国员工组织承诺对管理者的启示：①中国文化重视经验中的情感体验成分，为了赢得员工的感情承诺，需要员工在工作实践中体会到组织的关心和厚待；②做好员工职业生涯管理，建立组织内部职业生涯发展体系；③信任管理：要赢得员工的感情和忠诚必须给予员工信任；④通过应用“中国员工组织承诺问卷”对员工的组织承诺进行调查，了解员工的承诺状态和水平。

关键概念

承诺；组织承诺；组织承诺的结构；影响组织承诺的因素；职业承诺；上司承诺；组织承诺的形成机制；组织承诺对员工离职行为和工作绩效的影响。

复习思考题

1. 如何理解组织承诺是一种“束缚力”？

2. 组织承诺在管理实践中有哪些运用？

3. 组织承诺和工作满意感有什么异同？两者之间的关系如何？

4. 试评价“更多的组织仍然保持着19世纪雇主们所信奉的观点：相对于我们需要员工，员工更需要我们”这句话，对此你持怎样的观点？

5. 试着去访谈些有实际工作经验的人，看看哪些因素显著地影响他们的组织承诺。试着在其中发现一些中国传统文化影响员工组织承诺的实例。

6. 假如你是一家公司的经理，你会如何管理员工的组织承诺？

阅读案例与材料

陈某的工作经历

五年前，陈某在众多的竞争者中脱颖而出，得到了一份大家梦寐以求的H公司的工作。H公司是一家国际知名的高科技公司，制度完善，福利健全，是大家公认的好公司。“在这里我可以学到最先进的技术，发挥我的专长，这就是我想要的工作！”陈某这样告诉自己，怀着满腔热情进入H公司。

经过密集的训练，陈某逐渐能够独当一面，开始从事客户服务的工作。经过两年的经验积累，陈某的技术能力大幅提升，而有机会被调到公司最重要的部门——技术支援中心，也就是一般所谓的“热线服务”，专门通过电话和电脑网络帮助客户解决疑难杂症。陈某非常高兴能有这个机会，因为这是对他技术能力的再次肯定，也是个人挑战技术尖端的最佳机会。对于当初选择进入H公司，他心里暗暗地感到高兴。

新工作的挑战令人印象深刻。早上到办公室，刚坐定电话就响了，远端焦急万分的客户诉说机器的问题。维修工程师已经准备上路，但没有技术支援中心明确的指示，不知道问题在哪里，即使人到了现场，也不见得能解决问题，或是关键零件未带，都有可能延误问题解决的时间。陈某早餐都来不及吃，一边忙着查资料，一边通过电话和客户继续讨论。这样的场景在这里几乎是家常便饭，有时一天下来，难得起来倒杯水或上趟厕所。即使是到了下班时间，有些问题还没解决，还要继续研究，往往要忙到晚上八九点才能回家。

这些年来，陈某也已经结婚生子，晚上回到家，大多数时候，孩子都已经睡了，陈某只能进房轻轻亲一下熟睡中的孩子，然后到客厅吃太太刚热过的晚餐。一天下来，回到家有时连讲话的力气都没有，只想摊在沙发上动都不要动。到了假日，家人兴冲冲地在安排户外活动，陈某经常不能随心所欲地参与，因为实在还有太多新东西没看，公司不断推出新产品，不及时跟上，就不知道怎么解决客户碰到的问题。平常工作已经令人疲惫不堪，每到假期，还经常留在家里“啃”硬生生的技术手册。

陈某很喜欢H公司，也很喜欢技术工作，同时他也了解，以H公司这样的工作条件，他不做，随时会有一堆人在外面等着要接手他的工作。但是经年累月下来，虽不愁吃穿，生活质量却大受影响。望着餐桌上一个人的饭菜，陈某经常会想：“这就是我要的工作吗？难道我要这样过一辈子？”他知道隔壁的业务部门在招人，但是他总觉得业务的工作技术不够深入，人际关系也很复杂，难免要应酬，他觉得跟一些认识不深的人谈一些言不及义的事，是在浪费生命，所以不愿考虑。他在T公司的同学，打电话问他想不想到T公司来。电话中谈了一下工作性质，了解到原来T公司也正想设立类似H公司的技术支持中心，看上陈某在这一方面的经验，想请他过去帮忙。陈某心想，一方面T公司是H公司的主要竞争时手，跳槽过去不太

道德；另一方面，两个公司的制度、要求大同小异，同样的工作在 T 公司也绝不会比 H 公司轻松，换了工作生活质量也不会改善，所以把他婉拒了。找不到更好的工作机会，陈某只好留下来继续工作。长期工作压力和工作负荷累积所造成的身心俱疲的结果，让陈某渐渐不再那么投入工作，对于客户的问题也不再那么挂心，甚至会刻意逃避客户的问题。

这样的表现慢慢引来客户的抱怨，连陈某自己也越来越感到困惑，自己是个非常尽责的人，总是想把每一件事情做好，但却越来越感到没有力气；逃避问题又让自己觉得对不起自己的专业，感觉工作没有意义。这样的情形又持续了好一阵子，这段时间陈某备受煎熬，经常半夜醒来，思考这个问题。直到有一天，他决定不再让现状延续，不想再硬撑下去，而手边的工作机会都跟现况大同小异，因此决定先辞掉目前的工作。

（资料来源：http://www.doc88.com/p-9935409407669.html.）

案例讨论：

1. 试分析陈某的组织承诺构成。
2. 试从组织承诺和职业承诺的角度，分析陈某在 H 公司的工作表现。
3. 如果你是 H 公司的管理者，你会从陈某的工作经历中得到什么体会？

第4章 激 励 理 论

● 学习目标

1. 了解激励的各种理论，熟知需要层次理论、期望理论、ERG 理论、成就需要激励理论、挫折理论、归因理论、双因素理论的基本概念。

2. 掌握各理论之间的区别与联系，通过激励理论分析员工行为，并应用于现代管理之中。

导入案例

Rackspace Hosting 公司的激励措施

"如果你给某人 200 美元的奖金，这并不意味着很多，"韦斯顿观察到，"当有人能够有一周时间开我的车，他们将永远不会忘记这个经历。"最佳表现的员工每个月都获得特殊待遇；他们穿着紧身衣，并将照片挂在"狂热者之墙"上。

为了满足员工社交需要和减少内部竞争带来的功能紊乱，Rackspace Hosting 公司将员工分成小组并提供每个月外出健康社交预算，如晚餐、看电影、划船旅行以及寻宝游戏。另外，由于有大量的培训以及职业发展机会，85%的员工认为工作满足了他们个人成长的需要。

Rackspace Hosting 公司还利用优势训练来激励员工。在某些办公室，每位员工的相片被挂在大板上，并列出每个人的五种主要优势。公司的 3 位创办人以及 CEO 最近在给投资者的年度信上这样写道，"我们帮助他们发挥自己的优势，而不是要求他们改变自己。我们鼓励员工谈论自己的优势，并在公司里找到能够发挥自己天赋的职位。这种方法能使员工快乐、更敬业，并期待工作。

Rackspace Hosting 公司为员工提供奖励、社会活动、优势反馈以及各种工作表现优秀的庆祝活动，是为了维持和提高员工的激励水平。由于这些激励措施，公司绩效在市场的激烈竞争中名列前茅。Rackspace Hosting 公司同时被评为最适合工作的公司之一。

案例思考：

Rackspace Hosting 公司是如何运用激励措施进行有效激励的？

4.1 基本的激励理论

激励（motivation）是指影响个人自愿行为的方向、强度和持续性的个人内在动力。受激励的员工愿意为一个特定的目标（方向）发挥更多的努力（强度）并持续更长的时间（持续性）。激励是个人行为和表现的 4 个必要的驱动力之一。

现代组织管理的核心是对人的管理。决定组织成败的关键因素是人，因为是人来完成组织内的所有资金流、物流、信息流在组织内的运作。

人的积极性影响工作绩效，激励却能很好地提高人的积极性。因此，调动成员积极性，既是管理心理学和企业管理的基本内容，也是核心内容。这一章，首先，引入西方激励理论；并进行介绍分析，其次，介绍、分析国内的激励理论；最后，对中西方的激励理论做简单的比较，指出激励理论的文化限制和文化相对性。

20 世纪 20～30 年代，在国外，许多心理学家、社会学家、管理学家从多角度、多方面进行了研究，从而提出多种理论。他们从多角度出发，进行分类、归纳、总结。本书将激励理论分为内容型、过程型、行为改造型。

4.1.1 内容型激励理论

一般认为，人们的行为主要受需要、动机两种因素推动。需要、动机也是激励的重要基础。内容型激励理论，主要研究需要主旨、内容，以及推动的原理，代表性较强的理论有成就需要激励理论、需要层次论、ERG 理论、双因素理论。

1. 需要层次论

1943 年，美国的心理、行为学家马斯洛首次提出需要层次论，见于《人的动机理论》一书中，认为人是被可预料的五层需求等级所驱使的，他没有想到，这个基于非常有限的精神病人临床研究得出的试探性建议，竟能成为管理领域最重要的思想之一。可能是因为它简明、易懂的特点及直觉的吸引力。马斯洛理论深深地影响了那些对工作行为感兴趣的人。将人的需要分成了 5 个层次，分别是生理需要、安全需要、社会需要、尊重需要、自我实现需要。1954 年，在《动机与人格》中进行了深入的论述。马斯洛的需求理论受到了广泛的认可，在近几十年来广为流传，成为科学家揭示规律的主要理论依据。马斯洛称，大多数个体都不能自觉地意识到这些需求，然而依据推测我们都在按照自下而上的顺序进行需求升级。

马斯洛将需要分成 5 个层次。

1）生理需要（physiological needs）。生理需要位于马斯洛需求层次的最底部，是人们维持生存的最基本需求，包括吃、住、穿、水、睡眠、性。如果这些基本的需求，人们都得不到满足，人类的生命及其发展都会成问题。正如马斯洛所说："在没有面包的时候，人们生存所需要的就只有面包了。但是，当今的员工在实现他们的生理需求方面几乎遇不到什么困难。打个比方说，当一个人拥有的面包足够吃的时候，吃到更多面包的诱惑是没有激励效果的。

马斯洛认为，只有满足了生理需要，使人们维持正常的生活，人们才会有更高级的需要。否则，其他的需要都不能起到激励人的作用。生理需要的激励是有限的，当人们的生理需要得到满足时，激励作用会随需要的增加而减少。

2）安全需要（safety needs）。这是人们的现实需要，包括保障人身安全、财产安全、工作稳定。它又可以分为两类：①对现在的安全需要；②对将来安全的需要。除了考虑现在的安全需要外，还要考虑预期到的安全需要，包括防止自身遭到危害、防止现在的财产、工作丢失。例如，要求失业保障或摆脱失业威胁，要求年老或病残时的生活保障，要求安全工作环境及免除职业病的危害，追求卫生有序的生活环境，希望规避战争和意外的灾害等。一个在生理上得到满足且拥有安全感的人，接下来则会着重满足自身对情感和爱的需求。这类需求是人类行为强大的动力，通常人们会力求获得一种归属感。对归属感的追求，为更高层次的需求奠定了基础。

3）社会需要（social needs）。包括友情、爱情以及归属方面的需要。是社会交往的基本要求。基于人类属性（情感性、社会性），人们希望通过交往，避免孤独，愿意同事之间和睦相处，关系融洽。通过归属于一个团体来得到友谊、忠诚、关爱、支持，并为实现这个目的不断努力。

4）尊重需要（esteem needs）。即为自尊、渴望被别人尊重。自尊表现为：希望自己有信心、有实力、有成就，并要求独立自由。受人尊重表现为：要求有名誉、威望，希望别人对自己尊重、重视、关心等。一旦这种需要被满足，人们便会对自己充满信心，觉得自己有能力，有价值。而这些需要受挫，容易产生自卑感、软弱感。自尊是尊重需求的关键，而我们的自尊常常来自于别人的尊重和接受。对于那些希望通过自己努力来帮助组织实现目标的人来说，如何让他们的尊重需求得到相对满足是很重要的。但如果一个人低层次的需求没有被满足，就不会产生这类需求。

5）自我实现需要（self-actualization needs）。这类需要，在马斯洛需求理论中是最高层次的需要，能让人最大限度地发挥潜能，完成一件工作。作家全身心地写作、画家投入地绘画，诗人执著地写诗，这些能让他们感到莫大的快乐。追求自我实现的人，他们工作的乐趣在追求结果的成功带来的喜悦，这远比其他任何报酬都重要。而无限制的自我实现需求，就是位于马斯洛需求等级最顶端。之所以说它是无限制的，是因为正如马斯洛所指出的，它反映出这样一种规律：当一个人能够实现自我价值的时候，就是拥有一切的时候。一个人可能通过努力成为一个很好的料理家务者、水暖工、摇滚歌手或者经理来满足这种需求。例如，下面就是格莱美获奖歌手和作曲家艾丽西亚·凯斯在被问及她获得成功之后的打算时告诉采访者的一段话：我必须找出我所做的每件事的真正意义所在，并且必须确保这些对我存在某种价值的东西……那就是我是如何作曲的和我是谁。我不能说：哦，让收音机唱歌吧。我唯一知道的就是，我是凭借感受和爱好来做这些事情的。据一位管理学作家所述，自我实现的管理者有以下特点：

① 亲切、热情和富有同情心。
② 能共同面对及分担负面消息和消极感受。
③ 表现出信任、开放、坦率和公正。
④ 不会通过权力、欺骗或玩弄手段来实现目标。
⑤ 不把过失归咎于他人。
⑥ 不会局限自己，能够开发利用体能、思想和意识。
⑦ 会以非常规思维去思考问题的非理性主义者。
⑧ 不会墨守成规，但能从内心约束行为。

的确，这些高标准都很难达到。但已明确的是，“一个真正能自我实现的人，不是组织环境中的惯例，而是一个例外”。因此，人们常激烈争论从事生产的组织是否需要更多能够自我实现的人。其有积极一面，即自我实现的员工可能有助于在创新的道路上突破障碍并引领组织到新的方向上。而其消极一面是，太多不按常规“出牌”的人会对为预期规划服务的标准管理体制造成破坏。

相比较而言，生理需要、安全需要是物质层次的需要，他们是较低层次的需要。社会需要、自尊需要、自我实现需要是精神层面的需要，他们是高层次的需要。低层次的需要满足人的外部需要，高层次的需要满足人的内心。

马斯洛认为，人的需要是逐层递进的，只有低层次的需要被满足后，人们才会产生高层次的需要，并能很大程度地驱动人们。低层次的需要没有被满足，高层次的需要就不会产生很大的效度。

2. 双因素理论

美国著名心理学家，弗里德里克·赫茨伯格，提出了双因素理论。像马斯洛一样，赫茨伯格试图弄清楚究竟是哪些因素激发或驱动组织中员工的行为，但与马斯洛不一样的是，他不是从个人的内在需要中去找原因，而是将目光投向了个人之外的工作条件和环境，试图直接查明哪些因素会影响员工的满意程度及其对工作的积极或消极态度。

（1）双因素理论的内容

双因素激励理论（two-factor theory）：20世纪50年代，在匹兹堡地区，赫兹伯格运用“关键事件法”，找了9个企业，选取了203个工程师、会计，进行调查访问。他问了两个问题：第一，你愿意进行你的工作的原因是什么？第二，你不愿意进行你的工作的原因是什么？经过对结果的分析，1959年，他提出了双因素理论。

双因素理论包含激励、保健两大因素，赫兹伯格通过被调查者回答问题时不同的反应，运用科学的方法分析得出来的。

1）保健因素（hygiene factors）：与工作环境、工作条件相关的因素。如果这类因素没有被满足，员工的不满会增加，积极性、工作效率也会降低。反之，如果这类需求因素得到很好的满足，能减少员工对工作的不满，但是在提高员工工作积极性方面的成效颇低。这类因素只能维持现状，起预防作用。因此这类因素被称为保健因素。赫兹伯格认为：保健因素包括政策、行政管理、技术监督系统、与监督者之间关系、与上级关系、与下级关系、工资安全性、工作安全性、个人的生活、工作环境、工作地位。

2）激励因素（motivators）：与工作内容有关的因素。通过改善或满足这类因素，能在很大程度上激励员工，使员工在工作中产生满足感；能最大程度调动员工积极性。但激励因素没有被满足，员工也不会察觉。因为这类因素能激励人们，所以被称为“激励因素”。赫兹伯格认为，激励因素包括工作本身具有挑战性、奖励、晋升、成长、负有较大的责任、成就感。

赫兹伯格认为，传统的满意与不满意的对立的观点是错误的。与满意对立的观点是没有满意。与不满意的对立的观点是没有不满意。

赫兹伯格认为，保健因素能避免人们产生不满的负面情绪，但不能直接激励员工。相反，即使企业中的保健因素得到改善，人们不满情绪消除，也不会产生积极的后果，只能维持现状稳定。只有激励因素得到改善，才能使职工的工作产生满意的积极效果。

（2）对双因素理论的简要评价

双因素理论提醒人们如果想得到令人满意的激励效果，必须要充分注重工作本身给人们带去的满足感，使人们有新认识。因此时至今日，赫兹伯格的保健、激励双因素理论在国内和国外都有很大的影响力。

但是，“金无足赤，人无完人”，双因素理论亦然，自它被提出之日起，很多专家学者对它提出了批评，指出该理论的缺陷之处。主要集中在以下 4 点：

1）缺乏代表性。①赫兹伯格只调查访问了 203 人，数量较少。②对象是工程师、会计师这类职业，他们在工资待遇、安全问题、工作条件等各方面比较优越，所以，这些因素对他们来说，不会起到有效的激励作用，但这不能代表大部分普通职工的情况。

2）问卷的方法和题目有缺陷。首先，做出好的成果归因于自己的勤奋，而把不好的结果怪罪于别人或者外部客观条件，这都是人们一般的心理状态，赫兹伯格的调查可能受这种状态的影响，不能完全反映。其次，调查没有统一的满意尺度。不同的人对满意的标准不同，并且事物都是相对的，人们对任何事物的态度不是绝对的，一个人可能对一项工作的一部分满意一部分不满意，这在他的问题中也是无法反映出来的。

3）作者认为满意程度和其劳动效率的提高有着必然的联系，但实际上，这两者并没有必然的联系，满意程度越高并不意味着劳动效率的提高。

4）作者将保健因素和激励因素分开的做法有些不恰当。实际上保健因素，激励因素，内、外部因素之间可相互联系、转化，都不是绝对的。保健因素也能够产生满意，激励因素也能够产生不满意。例如，奖金既可以是激励因素，也可以是保健因素，工作成果得不到正确的认可会使人消极怠工，产生不良情绪。

3. “ERG”理论

“ERG”理论又称“成长”理论，是 20 世纪 70 年代初，由美国心理学家奥德弗根据试验和研究，提出的一种内容型激励理论。

（1）“ERG”理论的内容

这一理论是对赫兹伯格和马斯洛需求理论的继承发展，并将其系统化，形成了一个需求新模式。的理论。他将需求简化为 3 种：生存（existence）需要、相互关系（relatedness）需要，成长（growth）需要。

1）生存需要：生存需要包括生理需要、物质需要，如衣、食、住、报酬，对工作环境、条件的各项要求等。为需求层次论中的生理需要、部分安全需要。

2）相互关系需要：人与人之间的关系、联系的需要。为马斯洛需求层次论中的部分安全需要、全部社会需要、部分尊重需要。

3）成长需要：渴望得到提高、发展。这种需要要求员工充分发挥个人潜能取得成就，

还要求员工增强创新性，不断学习开发新能力。这一需要即为马斯洛需要层次论中部分尊重需要、整个自我实现需要。

（2）“ERG”理论的主要特点

奥德弗认为，以上3个需要之间相互联系，没有明显界限，形成连续体。这一理论限制性较少，易于应用。这便是“ERG”理论的特点，对各种需要的内在联系进行了充分且必要的说明。

1）得到满足条件越少的需要，人们越渴望满足。例如，满足生存所需的工资越低，就希望有更多工资，来满足这种需要。

2）需要满足是逐层增加的，低层次需要被满足后，人们就希望高层次需要被满足。例如，当人们的生存需要被满足后，就想满足成长需要。

3）较高层次的需要没有被充分满足，就希望低层次需要得到充分满足。例如，成长的需要得到很少的满足，则人们越希望相互关系需要得到满足。

此外，“ERG”理论不仅提出了需要层次的“一旦被满足就上升”趋势，而且也指出了“不被满足就后退”的趋势。这一规律在管理中很有启发意义。在实际生活中，职工不思进取，追求低层次需要，往往是因为管理上的失策，没有给员工营造高层次需要的条件和环境，这一观点对激励理论的发展做出了重要的贡献。

自“ERG”理论提出来以后，除了奥德弗自己对理论进行过研究，几乎没有人直接研究过，也没有实例来证明或推翻这一理论。后来，大家普遍认为“ERG”理论比马斯洛需求理论更贴合实际。

4. 成就需要激励理论

成就需要激励理论是20世纪中叶，美国哈佛大学教授麦克利兰及他的学生提出来的。针对成就需要，他们做了大量研究，研究表明，成就需要具有挑战性，能引发人的快感，增强奋斗精神，是影响行为的主要因素。

（1）成就需要激励理论的主要内容

成就需要激励理论主要研究：除了生理需要，还有哪些需要能得到满足。麦克利兰认为，除了生理需要，还有3种基本的激励需要：

1）权力需要（need for power）。权力欲望较大的人，喜欢施加权力，控制他人。这样的人一般寻求领导者的地位。他们的行为特征：喜欢争辩，健谈，强有力，直率，冷静，善于提出问题、要求，喜欢教训别人，乐于讲演。

2）归属需要（need for affiliation）。希望归属需要被满足时，人们经常从人际交往中寻求乐趣，并且会想尽一切办法，避免被组织、团体拒之门外。他们的行为特征：渴望和谐、融洽的社会关系，享受亲密无间，相互谅解，喜欢安慰、帮助别人。

3）成就需要（need for achievement）。希望成就需要被满足时，人们渴望成功，惧怕失败。他们乐意甚至热衷接受各种挑战，他们经常为自己树立过高的目标；面对风险时，他们一般采取现实主义态度；他们能很好地承担工作责任，希望能掌握所进行工作的情况，并且希望能得到较快的反馈；他们一般有很强的表现自我的欲望。

（2）研究成就需要激励理论的意义

麦克利兰认为，具有高度成就需要的人在企业中和国家事务中起到重要的作用。拥有越多这样的人，企业会发展得更快，取得更高的经济效益，国家就越兴盛繁荣。据他的调查，英国在 1925 年时拥有高成就需要的人数在 25 个国家中名列第五位，而当时英国的确也发展兴旺。1950 年二次调查时，英国拥有高成就需要的人数在 39 个国家中名列第 25 位，因为第二次世界大战给英国也带来了不少影响。他还认为，通过教育培养可以造就出高成就需要的人。所以企业和国家都应该注重培养有成就需要的人，以提高整体素质。

以上几种内容型激励理论都是从人的需要方面来研究激励问题的，所以可把其称为需要理论。

4.1.2 过程型激励理论

过程型激励理论（process theories）重点研究人们要进行的行为的过程，即行为是怎样产生的，怎样向一个方向发展，如何将这行为继续下去，怎样结束行为的发展过程。其主要代表理论有期望理论和公平理论等。

1. 弗罗姆的期望理论

期望理论（expectancy theory）是由美国耶鲁大学教授、心理学家弗罗姆于 1964 年在《工作与激励》一书中首先提出的。它的出现，受到国外管理学家和管理工作者的重视。现在，人们已经把期望理论看作最主要的激励理论之一。

期望理论是一种通过考察人们的努力与于此获得的成果之间的因果关系，来说明激励过程并选择合适的行为，达到最终的奖酬目标的理论。这种理论认为，当人们对一方面越有需要，并且有很高可能到达要求时，他的积极性就会越高。激励水平取决于期望值和效价的乘积。其公式是

$$M = V \times E$$

式中，M（motive force）代表激发力量的高低，是指动机的强度，就是调动积极性，激发其内在潜力的强度，它表明人们为达到设置的目标而努力的程度；V（value）代表效价，是指目标对于满足个人需要的价值，即一个人对某一结果偏爱的强度；E（expectancy）代表期望值，是指采取某种行为可能导致的绩效和满足需要的概率，即采取某种行为去实现目标的可能性的大小。

这个公式实际上提出了在进行激励时要处理好 3 个方面的关系，这些也是调动人们积极性的 3 个条件。

1）努力与绩效的关系。人们总是希望通过一定的努力达到自己想要的结果，并实现预期的目标，如果个人主观认为自己的努力可以换来很大程度上预期目标的实现，就会充满信心，并激发出很强的工作力量。但是如果他觉得目标高不可攀，再怎么努力，实现目标的可能性也很小，就失去了内在的动力，消极怠工，产生不良情绪。

2）绩效与奖励的关系。人们总是希望在经过自己努力并取得一定成就后会得到某些

奖励，这种奖励是广义的，可以包括提高工资、多发奖金等物质方面的奖励，也包括领导表扬、自我成就感、得到同事们的信赖、提高个人威望等精神方面的奖励。如果他认为在工作取得成果后，就会获得一些物质或精神上的奖励，那他就会充满动力，努力工作争取实现目标，反之，就会有消极情绪。

3）奖励与满足个人需要的关系。人们总是希望通过自己努力所获得的奖励能满足自己某方面的需求。但是人们在年龄、性别、社会地位和经济条件等方面都存在着差异，他们对需要的满足程度也不同。所以对不同的人就要采用不同的奖励方式，如果奖励都相同，对每个人产生的效果也会大有不同。

前两方面的关系可以在弗罗姆公式中的期望值这个变量上体现出来，后一方面关系可以在弗罗姆公式中的效价这个变量上体现出来。

他表明，激发力量的大小与效价、期望值有密切的关系，效价越高，期望值越大，激发力量也越大，反之亦然。如果其中一个变量为零（毫无意义或毫无可能），激发力量也就等于零。这就说明了为什么非常有吸引力的目标，也会无人问津。这是内容型激励理论无法解释的。

2. 波特和劳勒的期望模式

波特和劳勒以期望理论为基础，导出了一种更完美的激励理论。他认为激励主要包括以下内容：

1）努力。努力是指个人所受到的激励强度和所发挥出来的能力，它和弗罗姆模式中所使用的动机“激发力量”意思相近。一个人努力的程度综合取决于个人对某项奖酬（如工资、奖金、提升、认可、友谊、某种荣誉等）的看重程度及个人努力后将会获得奖酬概率的预计。奖酬对个人的效价因人而异，取决于它对个人的吸引力。而个人每次行为最终得到的满足，又会以反馈的形式影响个人对这种奖酬的估价。同时，个人对努力可能导致奖酬的期望值的主观估计和个人的经历或经验密切相关。每一次的工作绩效也会以反馈形式影响个人对成功期望值的估计。努力还和绩效有一定的关系，但不代表努力越多就一定会获得很高的绩效，因为绩效同时还受其他更多因素的影响。

2）绩效。绩效是工作表现和实际工作成果。绩效的多少不但取决于个人努力程度，同时也受专业技能、素质（如必要的业务知识、技能等）以及外部环境的影响。

3）奖酬。奖酬是绩效所导致的奖励的报酬。其包括内在奖酬和外在奖酬，这两种奖酬和个人对奖酬的认知结合在一起，总体影响着个人的满足感。波特和劳勒认为，内在奖酬更能带来真正的满足，并与工作绩效密切相关；此外，公平感也会受到个人对工作绩效自我认知评价的影响。

4）满足。满足是个人实现某项预期目标时所体验到的满意感觉。一般人都认为，先有了满意才会有相应的绩效产生，而波特和劳勒却认为，先有绩效才能获得满足。

3. 公平理论

公平理论（equity theory）又称社会比较理论，是美国心理学家亚当斯于1956年提出的。亚当斯重点研究奖酬分配的公平性、合理性对职工生产积极性的影响。

公平理论的基本观点是：当一个人取得成果也获得一定的奖酬后，他除了关心自己所得报酬的绝对量，同时关心自己所得报酬的相对量。所以，他会综合各方面，和周围人进行多方面比较，其结果将直接影响今后工作的积极性。这种比较可以从横向比较和纵向比较两方面进行。

横向比较，即自己所获得的“报酬”（包括金钱、荣誉、领导赞赏等）与自己的“投入”（包括教育程度、所作努力、用于工作的时间、精力和其他无形损耗等）的比值。

4.1.3 行为改造型激励理论

1. 强化理论

强化理论（reinforce theory）是由一位来自美国哈佛大学研究心理学的教授斯金纳是最早提出的。从心理学角度出发，强化的定义主要是根据外界环境不断变化刺激源从而达到某种行为增强或者减弱的效果的过程。其重点突出了环境这个影响因素，认为外部环境的刺激会影响人的一切行为，人的行为会根据外部环境的变化而变化。处于管理者的角度来说，这种理论主要是应用环境的变化（主要包括改变工作目标和员工奖惩）进行改善和发挥员工的行为，将员工消极的工作态度转化为积极的工作态度。

（1）强化的类型

根据强化的性质和目的可分为 4 种类型：

1）积极强化（proactive reinforcement）。积极强化就是所谓的正强化，其本质是用物质或满足精神的需求的刺激来肯定和鼓励员工的行为，员工在这种情况下会感觉到对自己有利，从而会更积极主动重复此行为。正强化采用的方式是奖酬，常用的主要有以下几个方式：提高工资、对员工的口头表扬和奖励员工的奖品、为员工制订培训计划等。

2）惩罚（punishment）。当员工的某种行为不符合要求时，其会受到一系列的强制性行为，如予以开除处分、降低工资、对员工公开批评等。以此来达到减少或消除消极行为的目的。

3）消极强化（逃避性学习）（avoidance）。消极强化的含义是指为了预防某种不符合要求的行为引起不良的后果而允许人们尽量不去做出这些行为，通过这种方法可以规范员工的行为。为了有效规避这种情况，人们不得不按照规章制度行事。这样可以使人们增加积极行为出现的可能性。消极强化与积极强化是强化的两种不同方式，两者最终目标是一致的，但是采用的手段却是大相径庭。

4）自然消退（也称衰减）（extinction）。研究表明，行为一旦接受正强化便会反复出现，但是一旦停止对该行为的正强化，采用消极和不去关注的态度，最终会导致该行为的消失。而采用这种消极的态度就是自然消退的一种方式，从另一个角度来说，自然消退也会对该行为持否定的态度。

（2）强化的时间安排

在强化手段的应用过程中，首先要选取一种适合的方式，其次就是必须在恰当的时间应用，最后要考虑的是多久应用一次强化手段。根据员工的不同行为情况需要采用不同的强化方式，根据强化时间的频率可以将它分为两种：连续的强化和间断的强化。

1）在人们每次都做出符合要求的行为时都对其给予强化，这种情况就是连续性强化。

2）间断的强化与连续的强化恰好相反，其并不是对每次符合要求的行为进行强化。

根据强化时间的变化间隔将间断的强化分为固定间隔强化和可变间断的强化。而根据强化的比例的变化又分为固定比率强化和可变比率强化。

① 强化的时间间隔固定不变的强化类型是固定间隔强化。如计时工资、月度奖、年终分红等。

② 与固定间隔强化相对应的可变间隔强化主要是指强化没有固定的时间间隔，一些符合要求的行为随时都有可能被强化。如临时检查卫生、学生的抽查考试等。这些措施主要便于督促人们努力。

③ 固定比例强化是指按预先规定的一定比率进行强化。如计件工资等。

④ 可变比率强化是指没有完全固定的比率，对行为的强化带有较大的随机性。如分等综合奖。

2. 归因理论

一位来自美国的心理学家海德最先提出了归因理论，后来由美国斯坦福大学的罗斯等人经过更加深入的研究才使其得以发展。人的认识可以通过该理论改变进而使其行为发生改变。

归因理论认为：4 种因素（努力、能力、任务难度和机遇）影响着人们的成功和失败。根据这些因素的稳定性、可控性和内外因将其进一步分类：第一，就稳定性来说，能力和任务的难度属于稳定的因素，而不稳定因素则包括努力和机遇；第二，就可控性来说，努力属于个人可控因素，而机遇和任务的难度则不能通过主观的努力进行改变，所以属于不可控因素；第三，就内外因来说，内因包括个人的努力和能力，而外界环境因素包括任务难度和机遇。

如果一个人把失败归因于天生不聪明、能力不强这种自己难以控制的内因，他在失败几次后就不会再做同样的行为，因为他认为天生能力低是难以改变的，一切努力都是徒劳。如果一个人在失败后把失败的原因归结于自己不够努力的主观因素，那么他在失败后就会更加努力，坚持反复这类行为，最终取得成功。

如果一个人把失败的原因归结于偶然发生并且不可控制的外界因素（失败的原因可能是由于天气不好），其会在此次失败后一直坚持该行为，直到成功。因为这种偶然因素不会这么经常发生。如果一个人把失败归因于必然的不可控制的外因，例如，认为领导总是和自己作对，针对自己，他失败后就会减少可能引起失败的行为。因为他认为只要领导不下台或不离开这个单位，自己就难逃失败的命运。

而且，如果一个人认为他的成功都是因为自身因素，那么他就更容易满足。所以，如果个体将失败归因于自身，无法成功，就会避免以后出现同样的行为。但是，如果一个人认为失败只是偶尔不幸，可以成功，就可能会再次触发相同的行为。

3. 挫折理论

挫折理论专门研究人们遇到挫折后会做出怎样的反应；当员工遇到挫折时管理者应采取怎样的措施来解决问题；如何正确引导员工拜托挫折带来的不良影响，从而积极努力地对待工作。

（1）挫折的概念

挫折是指人们做一些有目标的事时遇到一些干扰和阻碍，使其需要和动机不能获得充分满足时的一种情绪状态。挫折是一种普遍存在的社会心理现象，任何人一生中都会遇到大大小小的问题，这是因为客观事物复杂多变，人们对挫折的认识与了解需要一个足够积聚力量的时间与能够充分创造条件的过程，也就是说挫折的产生是不以人的意志为转移的。人的一生中会遇到各种各样、产生影响不一的挫折，如无端遭人讥讽、夫妻争吵、受领导批评，大的挫折如高考落榜、恋爱失败、婚姻破裂、工作事业不顺等。挫折的产生来自很多原因，在此我们将这些原因分为主观、客观两个方面。

1）客观环境方面的原因。能促使挫折产生的客观因素主要有 3 种：自然环境、物质环境、社会环境背景。所谓的自然环境，是由气候变化、自然灾害引起的。物质环境因素，是指由于缺乏物质、物质故障，无法满足人们需求形成的挫折。社会环境背景包括家庭环境、员工之间的关系、社会文化背景这 3 方面的因素。

2）主观条件方面的原因。引起挫折的主观因素主要包括 4 个方面：自身能力不足；每个人追求的目标不同；个人的价值观与态度发生矛盾；对工作环境不了解。

① 个人目标的适宜性。不同的人有不同的行为是因为目的不同，正常情况下，每个人都会根据自己的能力，制订能完成的目标。但在实际中，许多人常常定的目标过高，不切实际，最后事与愿违。

② 个人本身能力因素。人经常性地因为个人知识水平、工作能力有限，导致无法完成既定目标，产生挫折。

③ 个人对工作环境了解的程度。要有效地适应环境、认真完成工作，必须对自己工作条件、周围的环境作深入全面的了解。如果一个人不够了解自己的工作条件、工作环境，会增加自己的工作难度，甚至产生不适感。

④ 个人价值观念和态度的矛盾。人们对于事物的取舍态度，是否愿意在某项事物或工作上花时间、物力，取决于其价值观念。每个人都只愿做他认为有价值的事。大多数时候，人们有多个目标需要实现，但彼此之间相互矛盾，则需要人们做出适当的取舍。

（2）挫折心理的种种表现

动机受挫随时可能产生，这种挫折，持续时间长短、严重程度不同。通常说来，一个人遭受挫折后，在生理上、心理上均会产生反应，而反应的强烈程度和方式则往往根

据所受挫折的性质、强度及当时个体自身的情况而异。也就是说，在人们受到挫折，不能达成目标、不能完成动机、不能很好地满足需要时，就会觉得自己与环境不适，内心紧张，焦虑不安，甚至陷入痛苦。为了解决困难，人们会采用防卫的对抗性行为。这种行为是把“双刃剑”，它既可能带来积极地、建设性地结果，也可能是消极的、具有破坏性的。

作为一个专业的管理者，应该深入了解员工在受挫后心里可能产生的防卫性机制，了解员工的行为。应该从多方面对员工进行心理疏导，扬长避短，避免产生消极的结果。

一般常用以下几种方法，来消除消极影响：

1）及时了解、排除形成挫折的根源。

2）提高下属和职工的挫折承受力。

3）采用“精神发泄”疗法等。

4）挫折理论提出：采用改变环境、分清是非、心理咨询等多种方法，引导人们积极面对挫折，采用积极向上的方法发展自我，避免消极、甚至是对抗的态度。

在日常管理工作中，挫折理论实用价值很大。

4.2 激励理论的应用

4.2.1 马斯洛需要层次理论的应用

1. 运用需求理论分析员工行为

马斯洛认为，第一，人的需要像阶梯一样分等分层，并呈现逐步上升的趋势。因此人的五个层次的需要是呈递进排列的。总的来说，人只有在低层次的需要被满足以后，才会更加渴望向高层次的需要前进，并且人对低层次需要的满意度与高层次需要的渴望程度是正向变动的，即满意度越高，渴望度也就会越高，反之亦然。马斯洛除了将人的需要分为五个层次外，还按照边缘等级的方式将其划分为高、低两级。低级需要主要受外部环境条件的影响，如工资能满足人们的生活，法制能保障人的安全等，因此生理需要和安全需要属于这一范围，而高级需要则是人从内向外表现出来的无止境的渴望，显然社交需要、尊重需要和自我实现需要隶属于此。因此在企业中，要想提高员工的积极性，就要了解员工的高层次需要。虽然人在同一时期可能有多种需要，但必然有一种需要占据着主导地位。第二，未被满足的需要才有激励作用。需要是引发人产生某种动机的内因，当人无欲无求时，就会失去竞争意识，失去生存的动力。相反，只要人有所需求，就会有激励存在。人生来就有这五种需求，但是受环境、文化、生理等因素的决定性影响，使得每个人对每种需求的渴望程度和表现状况不一。当然，在人的低级需要得到满足之后，这一层级就会失去吸引力，而高级需要便成为新的动力目标。纵观这 5 种需要，我们可以发现，等级越高，内容越广泛，也越不容易实现。马斯洛在 1943 年曾经探讨过，一般情况下，人可以满足 85%的生理需要和 70%的安全需要这样的低级需要，但是对于社交需要、尊重需要和自我实现需要这样的高级需要来说，可完成程度分别为50%、40%和10%。

2. 需要层次论在现代企业管理中的应用

企业可以通过对需要的层次目标的分析，来建立相关的管理制度与管理措施。

第一，处于生理需求阶段的员工需要薪资待遇、工作条件、医疗福利设备、休息时间、住宅安全保障设施。第二，处于安全需要阶段的员工要加强工作保障、五险一金保障制度的待遇。第三，社交需要阶段的员工需要良好社交关系、团体接纳协商制度、组织协调性协商制度、利润分配分红制度、集体活动制度、娱乐活动制度、教育培训制度、保障金制度。第四，尊重需要包括名声，权能，职责，地位，关于薪水的人事考核制度、提拔制度、奖励制度、选拔进修制度、参与制度。第五，自我实现需要能发挥个人长处的群体环境、决策参与制度、委员会提案制度、制订发展规划、劳资会议。

可以看出，管理者可根据马斯洛需要层次理论中的五种类型对员工的需要进行整理、归类和确认，然后从中总结出员工当前的需要以及未来的潜在需要，并采取相应的措施进行激励，同时要把握好“度”，对员工需要的满足要做到恰到好处，既不能超前，也不能落后。这就是说，当员工的低层次需要未得到满足时，不要奢望他们有更高的献身精神，应把解决他们的衣食住行问题放在首位；而当员工的低层次的需要被满足时，又不能一味地停留于用物质奖励的办法来刺激他们，应该创设更好的工作和人际环境，满足他们更高层次的需要。因此，从某种现实意义来看，一个企业或组织管理的成败在很大程度上取决于该企业或组织员工需求层次的高低，员工需求层次的高低与企业的成败呈正相关。

马斯洛需要层次理论因其垂直逻辑性强、通俗易懂而被广泛传播，尤其在管理学界，它有着举足轻重的地位，并对管理工作产生了深远持久的影响。

管理者要根据个体差异及其需要的不同来制订激励措施。马斯洛的需求层次理论具有普遍性而不具有特殊性，因为每个人对不同需要的渴望程度不同，所以需求层次并不一定完全是按照从低到高呈梯形发展的。如经济收入较低的人对衣食住行方面的需求较强烈，对个人成就不太重视。有些知识分子对穿衣和吃药要求不高，而对个人成就的欲望却很强；有些老年人，并无太大的生理需求和成就需求，但避免孤独的需求和极其渴望得到儿女陪伴、社会尊重的需求却很强烈。即使是同一人，他的需求层次也会因时间、地点等状况的不同而不同。对于管理人员来说，了解这些情况是非常重要的，应针对不同情况采取不同的激励措施。例如，对处于生理需要的员工考虑用金钱激励，对处于自我实现需要的员工，可以考虑采取具有挑战性的工作、在组织中晋升、工作成就等激励措施来对其进行激励，则此时成就、地位便成了激励因素。

3. 对需要层次论的评价

西方管理心理学对马斯洛的需要层次论进行了评价，结果各不相同。但总的来说，既重视这一理论，又指出了这一理论的不足之处。

1）马斯洛需要层次论的科学性。首先，马斯洛根据人类参差不齐的需求，经过系统的研究，将其划分为5个层次。并就5个层次的需要的内容和层次间的关系作了详细阐述，这与以往心理学所进行的零散、不系统的研究相比，无疑是前进了一大步。因此，需要层次论对心理学的需要动机理论的发展做出了巨大的贡献。其次，马斯洛提出的需要层次理论具有一定的规律性，在某种程度上需求层次及需求从低向高的发展趋向是与人类的成长曲线相符的，所以说，人的一生的发展需求是按照马斯洛的需要层次理论进行的。最后，马斯洛的需要层次理论为在企业管理中如何调动员工积极性指明了工作方向和内容。例如，任何企业都应该从物质和精神两方面去满足员工的合理需要，同时要根据不同员工不同的需要层次，针对性地采取不同的管理措施。

2）马斯洛的需要层次论的局限性。第一，马斯洛需要层次论的内容绝大部分讲的是人的自然需要，而忽视了社会因素对人的成长所具有的影响。马斯洛认为人的需要是本能的活动，是与生俱来的。人有生理需要是为了维持自己的生存；人有安全需要是出于趋利避害的本能；人有社交需要是为了享受生活的乐趣；人有尊重和自我实现的需要是为了能德才出众，光耀门楣。这样就完全否定了社会存在对人的成长的决定性影响，宣扬个人主义的实质非常明显。第二，马斯洛的需要层次具有机械性。他把人的需要层次看成是固定的程序，认为只有满足了低一级的需要层次之后，才能进入下一层次的需要，这显然带有一定的机械主义色彩。它忽视了人的主观能动性，忽视了高层次需要对低层次需要影响的一面，忽视了为了崇高理想，人可以忍受物质生活困难带来的痛苦，甚至牺牲宝贵生命的事实。

4.2.2 双因素理论的应用

1. 运用双因素理论分析员工行为

双因素理论着重强调内在激励，在组织行为学的发展历程中具有划时代的影响力，是管理者更好地激励员工工作动机的一种新思路和新方法。

1）管理者在激励员工时，要注意保健因素和激励因素的不同之处。

2）不能只注重激励因素而忽视保健因素，但也不能过分地对保健因素进行改善。原因在于如果忽视保健因素而使保健措施做得不好，会使职工产生负能量，这将大大降低工作效率；而过分对保健因素进行改善，却只能消除员工的负面情绪，对提高员工工作积极性和劳动效率并没有直接的作用力。

3）注重利用内在性的激励因素调动员工的积极性。管理者如果期望对员工的激励保持持久性和高效率，就必须根据工作分析对员工的工作内容和工作任务进行适当的设计与改变，在注重物质奖励的基础上（如职位晋升、涨工资等），也要注重精神奖励，给予适当的表扬。利用这些内在因素激励员工，才会使得他们保持长久的积极性。

2. 双因素理论对管理的启示

显然，按照双因素理论，在管理实践中，为了提高员工的满意度，充分调动员工的工作积极性，就不能只注重改善保健因素（如工作环境和企业的物质条件等），更重要的是要设法改善激励因素，为企业中的每个员工提供展示自我的机会和平台，让他们在企业中有归属感和成绩感，有奋斗前行的欲望。否则的话，即便作业的工作环境和条件再好，付出再多，也只能让员工感到没有什么不满意的，而不能让他们感到满意，因而难以起到调动员工工作积极性的作用。许多管理者已经从双因素理论中得到启示，在企业管理中，采用工作丰富化、工作扩大化和弹性工时等具体措施来调动员工的工作积极性。

需要指出的是，双因素理论是在美国的文化背景下提出来的。我国的国情、社会制度、民族传统与外国有很大的差别，尤其是美国，所以在激励因素和保健因素的划分方面，我国的标准与外国也有所不同。对于每一个人来说，激励、保健因素各不相同，同一个因素，也会因人而异。因此在实际应用中，管理者应区别不同人的保健因素、激励因素，具体情况具体分析，才能提高激励效果。

4.2.3 期望理论的应用

期望理论启示我们如何有效实施激励：

1）管理者不要选择普通的激励措施，而是要着重采取被大多数组织员工认为效果最好的激励措施。

2）设置某一激励目标时应尽量加大此目标的综合效益值。如每月的薪酬不仅代表着员工当月的收入状况，并且和今后的工作评比与职位晋升、年终分红相挂钩，从而大幅度提高综合效益值。

3）适当把不同人实际所得效价的差值加大，使公司意愿行为和非意愿行为之间的效价差值大大增加。如只奖不罚或者奖罚分明，这样带来的激励效果完全不同。

4）使期望概率和实际概率适当改变。期望概率不能过大或过小。当期望概率远远高于实际概率时，或许造成挫折，而期望概率太小时，可能会减少某一目标的促进力量。实际概率应比平均个人期望概率大，保证更多人的效价不降低。不过实际概率应该与效价一一对应，效益大，实际概率小，效价小，实际概率大。

4.2.4 波特和劳勒的期望模式的应用

波特和劳勒期望理论模型表明，管理者采取一系列相关行动，才会促进激励效果。管理者在运用这一模型来改进他们对下属的激励工作时，要做好以下几项工作：

1）尝试估计每个员工可能想要的成果及满意水平。

2）确定实现组织目标需要怎样的业绩表现，且确保所要求的业绩表现是可以达到的。

3）把员工想要的结果和其工作业绩相联系。

4）确保整个制度的公平。

5）要求职工对自己工作的期望值高，一定要让其拼搏来获得激励。

6）如果员工期待值不够，需重新设计激励手段，观察个体是怎样看待这些激励的。

4.2.5 公平理论对管理者的启示

1）报酬绝对值、报酬相对值都会对激励效果产生重大影响。

2）激励时要尽量做到客观公正，让等式成立，尽量避免偏差和严重的不公平感。

任何社会普遍都要力求公平，这是一种社会现象。个体在主观上公平时，心情就会舒畅，就会激发人的潜力，提升组织的工作效率。因此管理者必须坚持“公平公正，按劳分配”的原则，将职工的绩效与报酬紧密联系，将平均主义剔除，员工积极性才能高。合理的奖酬是以公正的考核机制为基础的，因此企业还要建立客观公正的评价体系，以公正地评价职工的劳动，建立平等的竞争机制。

3）引导员工正确进行对比，帮助其树立正确的公平观。

4.2.6 强化理论在管理中的应用

管理者运用强化理论激励下属的行为时，应注意如下方面：

1）因人制宜地采取不同的奖励方式。为获得最大化的奖励效果，就必须因人而异进行奖励。每个人生活习惯，成长环境不同，需要也不同，所以每个人对具体奖励的反应大不相同。如有的人更重视物质奖励，有的人更重视精神奖励，因此，管理者应区分情况，采用不同的奖励措施，奖人之所需，只有这样才能真正起到奖励的作用。

2）奖惩结合、以奖为主。给予适当的奖励给有正确的行为、卓有成效的个人或群体。同时，对于失误、不利于公司工作的行为要给予惩罚。事实证明，只奖不罚、只罚不奖效果并没有奖惩结合效果好。但也应注意，强调奖罚并用，并不是奖励与惩罚并重，应注重主奖辅罚，因为物极必反，惩罚过多只会带来更差的结果，所以在惩罚时要三思而后行，过多进行惩罚，员工会产生消极的心理，反而不利于企业的团结。

3）及时反馈、及时强化。及时反馈是工作者先将工作内容和工作成效传达给管理者，管理者再次反馈给执行者。在行为发生后，尽快采取恰当的改进方法。

4.2.7 归因理论

归因理论给管理者很好的启示，即当下属在工作中遭受失败后，应如何帮助他寻找原因（归因），引导他继续保持努力行为，争取下一次行为的成功。在管理工作中，管理者应尽量帮助职工做出后一种归因，即将成败归因于自己的努力，这对增强人们的积极性，对取得成功有一定的作用，特别是对科研人员的作用更明显。

本章小结

本章系统介绍了一系列著名的激励理论，分析评价了各种激励理论在实践中的指导意义，应促进企业运用相关激励，如马斯洛需求理论、双因素理论、期望理论等的具体应用，通过有关理论的学习与实践，了解员工行为，提高员工工作效率。

关 键 概 念

激励；需要层次理论；期望理论；“ERG”理论；成就需要激励理论；挫折理论；归因理论；双因素理论。

复习思考题

1. 马斯洛需要层次理论包括哪些主要内容？
2. 简述赫兹伯格的双因素理论的主要内容。
3. 简述马斯洛需要层次理论在企业中的实际应用价值。
4. 简述奥德弗的 ERG 理论的主要内容。
5. 简述期望理论的基本内容。
6. 期望理论提出在进行激励时要处理好哪些关系？
7. 公平理论的内容是什么？有什么实际意义？
8. 强化的种类有哪些？如何应用强化理论？

阅读案例与材料

第一联邦储蓄银行的营销策略

第一联邦储蓄银行（资产 8 亿美元）以前未曾有过销售文化。地区经理、副总裁普罗斯奇说：“我们没有销售代表，没有目标，定期存单只是在柜台办理。”那时的银行完全以服务为导向，销售根本不是银行目标。

这家机构创造了一种寓娱乐于销售的环境。银行每季举行雇员营销拉力赛，银行高管为优胜的分行和行员颁奖。“他们不仅希望培养欢庆的氛围，而且要对他们的工作有益。”普罗斯奇说道。他们创办了一种主题联欢，其中有食物、娱乐和奖励。拉力赛主题有：“赌场之夜”（假币，真赌桌，花哨的奖品）、“德比狂欢”（纪念肯塔基的德比）、“夏日野炊”“奇幻之年”（魔术师亲临）等。他们还举办每季顶尖 20 行员的午餐会，银行总裁亲自出席并对员工的贡献表示感谢。最近，他们还带员工出席丘吉尔当思的“百万富翁之列”的活动，以培养他们渴望获胜的心理。

普罗斯奇不仅通过季度拉力赛并且通过每周与员工的接触，让激励计划始终激动人心。他和另外一位地区经理每周要抽 3 天时间走访其他分行。“我们的方法是事必躬亲，我们想要鼓励他们所做的工作，”普罗斯奇说道。他说，如果他们发现某个员工不在状态，他们就有鼓励员工的大好机会了。在项目的实施过程中，发生了许许多多的让人激动的事情。他们让员工自我追踪他们的销售业绩，从而有助于让员工时刻贴近目标。

激励计划的大部分都是财务性质的。除了拉力赛和午餐会外，银行还颁发奖杯和奖状。此外，银行还为年度优胜者提供1000美元的旅行奖金作为获奖人美好的纪念。获奖者会记住他们的奖金休假旅行，回忆他们去过的地方。这会成为他们生活中记忆的一部分并在未来进一步激发他们积极向上。

普罗斯奇鼓励金融机构在实施激励计划前做深入的调研。他建议银行收集反馈并进行测试，以保证计划的周全。如果计划超出预算，银行要能在实施前做必要的调整。在经历这些步骤之后，银行会发现计划在某些方面需要重新修正。普罗斯奇建议，银行应当把握变更计划的选择权，如果确实有必要变更的话。

（资料来源：http:/www.docin.com/p-703834665.html.）

案例思考：

上述案例中都涉及了哪些激励理论？分别用课本所学知识进行具体分析。

第 5 章　群体心理与群体行为

● 学习目标

1. 掌握组织群体的基本内涵、类型、特征。
2. 了解群体发展阶段、群体决策的利弊。
3. 掌握群体思维与群体转移，了解群体冲突过程。
4. 掌握群体冲突的管理，了解群体行为的协调技术。
5. 掌握团队概念，了解团队类型和建设。
6. 能理论联系实际解释和解决现实中的群体行为问题。

导入案例

古往今来，流传着很多关于群体的谚语:

一个篱笆三个桩，一个好汉三个帮;

单丝不成线，单木不成林;

三个臭皮匠顶个诸葛亮;

二人同心，其利断金;

一个和尚挑水喝，两个和尚抬水喝;

一人拾柴火不旺，众人拾柴火焰高;

一根稻草抛不过墙，一根木头架不起梁;

一人难挑千斤担，众人能移万座山;

……

群体作为社会人存在的一种形式，有远高于个人的力量，这种力量不仅是 1+1=2，而是“1+1>2”的效果。任何人都不可能离开群体生活，总是隶属于一定的群体。随着社会的发展和进步，组织中的很多工作很难依靠于一个人的力量去完成，必须要借助于群体或团队的合作以及良好的群体关系。

案例思考:

谈谈你对群体的认识。

5.1　群体的概念

5.1.1　群体的定义

群体是指为了实现某个特定的目标，两个或者两个以上相互作用、相互依赖的个体的组合。在群体中，成员之间通过互动相互依存，经过共同努力完成群体目标。

群体的定义包含以下几层含义。

1. 一定的社会成员

群体成员至少有两个人，这是构成群体的主体基础。群体有一定的组织结构和分工，并且有权威人物的存在，每个群体成员都具有一定的成员资格和角色地位，并在行为上达到与角色的认同。

2. 共同的行为能力

群体成员之间有社会关系，有共同的群体目标作为行为导向，并对外界环境的挑战做出反应。在社会关系的基础上，成员之间相互联系、互相依赖，并相互影响。

3. 独特的互动关系

群体成员彼此有思想和感情等方面的交流，有经常的面对面的接触，人数不能过多，这是群体成员社会行为运行的基点。

4. 一定的行为准则

群体规范有些是明文规定的，有些则是约定俗成的，它能够保证群体有秩序、协调地开展活动。群体成员具有一致的群体意识，在行为和心理上能够认识到他人的存在。

5. 一定的持续性

任何群体都是现实的社会实体，它不仅有一定的空间位置，而且在时间上也具有一定的持续性。

从群体的定义可以看到，群体和我们一般所讲的人群是不同的概念。在社会学研究中，人群一般是指那些偶发聚集体，也就是偶然地在同一地方同一时间聚集起来的一群人，如搭乘公共汽车的乘客、电影院里观看电影的观众等。这些人群的成员之间并没有发生具有意义的社会互动，也没有共同的归属感，聚合时间也是临时的，没有持续性。因此他们不能称作群体。但有些时候即使是松散的人群，在一定条件下也会转化为我们所说的群体。例如，公共汽车上突然有乘客晕倒，这时其他乘客们就会彼此交换意见，寻求救助的办法，此时这群人就有了一定的目标，出现了朝向这个目标的社会互动，也就会形成了实际的群体。

5.1.2　群体的类型

一个人可以是一类群体的成员，也可以是许多类群体的成员。划分群体的方法有很多种。下面介绍几种主要的分类方法和群体类型。

1. 大群体与小群体

大群体和小群体是以群体的规模为标准而进行的一种分类方法。它无法用简单的群

体成员数量来划分，但它们之间确实存在一些明显的特征点可供区别。

大群体通常指规模较大、人数较多、人员之间较少直接互动的群体。典型的大群体如阶级群体这样的利益群体。这类群体人数众多，有的超出了作为实体的群体范围，在其中还可以划分出许多具有实体形式的群体。小群体通常是指那些规模较小、成员之间能够直接互动的群体。小群体成员间有面对面的联系，行为上相互作用、影响；成员在心理上彼此意识到对方，保持着直接的思想沟通，具有共同认可的群体规范。小群体是组织行为学中群体行为研究的重点。常见的小群体如班级、教研室等。

2. 成员群体和参照群体

成员群体和参照群体是以群体成员的归属为标准而进行的一种分类方法。成员群体是个体实际归属的群体，个体以本群体的规范作为自己活动的准则。成员之间在行为上互相影响。参照群体是被某一群体成员用来作为某种参照对象并试图效法的群体，也叫作“标准群体”或“榜样群体”。参照群体不是人们所属的群体，而是个人心目中想要加入或理想中的群体，它的价值观和规范体系通常参照个人的目标或标准。例如，那些想考大学的高中生的参照群体就是大学生群体。不同性质的参照群体有不同的特点，其权威性和影响力也不相同。一个人如果把一个或多个群体看作自己的参照群体，也就会自觉或不自觉地用参照群体的价值观和规范来对照自己的行为指导自己的行动。

一些研究者把参照群体概念扩大到个人对自己的社会地位、行为和评价的标准等问题上。因此，参照群体既可指个人所羡慕的群体，也可指他所属的群体；既可以指小群体，也可指大群体。有的甚至具体的个人也可能充当参照群体的角色。

3. 正式群体与非正式群体

正式群体和非正式群体是以群体的关系结构和组织功能为标准而进行分类的一种方法。

（1）正式群体

正式群体是组织正式承认的群体，一般有明确的编制和组织形式，群体成员有着明确的分工、责任、权利和义务。正式群体有规章制度、纪律、规模标准。群体成员主要从事由组织所规定的活动，受正规的奖惩制度的激励和约束，个体行为趋向组织目标。所以，正式群体也可称为工作群体，最常见的正式群体有命令型群体和任务型群体。

1）命令型群体。命令型群体是由组织结构所规定，正式的命令与服从关系所维系的，由上司和直接管辖的下属组成，他们之间总是具有直接的上下级关系。例如，军队中的一名班长和他管辖的士兵就组成了一个命令型群体；一个销售经理和他领导的营销员也构成了一个命令型群体。

2）任务型群体。任务型群体是由组织结构和组织关系所决定的，由那些为完成组织赋予的任务而在一起工作的人所组成。例如，一个项目部是一个任务型群体；一个由公司多个部门人员组成的临时“危机处理小组”也是一个任务型群体。任务型群体是工作群体的基本形式。

所有的命令型群体必然是任务型群体，但任务型群体却不一定是命令型群体。因为任务型群体可以由来自组织不同部门、不同层次的人员所组成，并非局限于直接的上、下级关系。

（2）非正式群体

非正式群体是不为组织正式承认，不是由正式组织的目标、任务和组织结构所决定的群体。非正式群体与正式群体相反，它的建立与组织正式分工、权力、责任、规范、规定等没有必然联系，而是组织中的人们为了某些需要而自然结成，成员之间的关系是非常松散的。非正式群体既可以在正式群体内部形成，也可存在于正式群体之外。非正式群体的功能是满足个人工作之外的一些心理需要、个性特征、情境和共同兴趣。在竞争日益激烈、工作压力不断加剧的今天，组织必须重视和利用非正式群体对员工的作用，要正确引导和纠正对组织不利的小团体，使其对整个组织目标的实现和员工的利益产生积极的影响。常见的非正式群体有友谊型群体、利益型群体和兴趣爱好型群体。

1）友谊型群体。这类群体是为了满足其成员的个人安全感、自尊和归属需要，寻求关照、情谊和友爱而自发结成的群体。如同学会、老乡会等。在我国，这种类型的非正式群体往往对满足人们的心理需要有很大的作用，对其工作本身也有重要的影响。

2）利益型群体。这种群体是由于人们对某类特定事物和利益共同关心，为了特定的目标共同活动而形成的群体。例如，企业中一些员工自发组成企业业余质量小组，经常在一起讨论如何改进产品质量、降低成本、提高效率，并向企业提出各种具体建议，从而得到企业的褒奖。

3）兴趣爱好型群体。这种群体是由具有共同的业余爱好和兴趣的个人自行结成的群体。如各类琴棋书画小组等。这种群体可以丰富组织成员的生活，减缓工作压力。

5.2　群体发展的阶段

从 20 世纪 60 年代中期开始，人们公认群体的发展要经过 5 个阶段的标准程序：形成阶段、震荡阶段、规范化阶段、执行任务阶段、终止阶段，如图 5-1 所示。

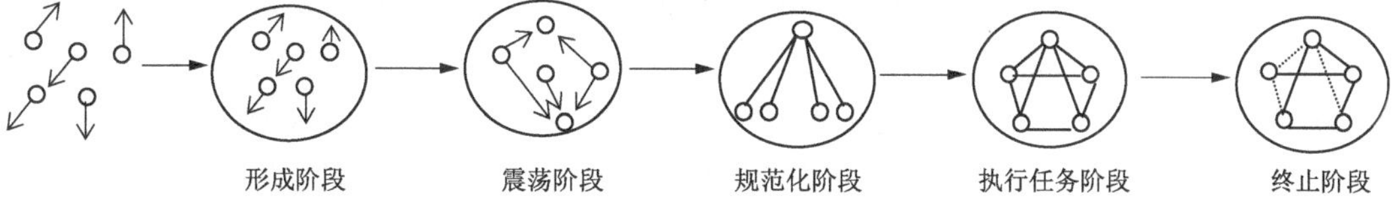

图 5-1　群体发展 5 阶段模型

第 1 阶段：形成。此阶段群体的目的、结构和领导都不确定。群体成员各自摸索群体可接受的行为规范。当群体成员开始把自己看作是群体的一员时，这个阶段就结束了。

第 2 阶段：震荡。此阶段是群体内部冲突阶段。群体成员接受了群体的存在，但对群体的约束，仍然予以抵制。而且，对于谁可以领导这个群体，还存在争议。这个阶段结束时，群体的领导层次就相对明确了。

第 3 阶段：规范化。在此阶段中，群体内部成员之间开始形成亲密的关系，群体表现出一定的凝聚力。这时会产生强烈的群体身份感，当群体结构稳定下来，群体对于成员行为达成共识时，这个阶段就结束了。

第 4 阶段：执行任务。在此阶段中，群体结构已经开始充分地发挥作用，并已被群体成员完全接受。群体成员的注意力已经从认识和理解转移到完成任务。

第 5 阶段：终止。对长期性的工作群体来说，执行任务是最后一个发展阶段，而对暂时性的委员会、团队、任务小组等工作群体来说，因为这类群体要完成的任务是有限的，因此还有一个终止阶段。在此阶段中，群体开始解散，群体成员反应差异很大：有的很乐观，沉浸于群体的成就中；有的则很悲观，惋惜在工作群体中建立起的友谊关系不能再像以前那样继续下去。

一般认为随着群体从第 1 阶段发展到第 4 阶段，群体会变得越来越有效。但使群体有效的因素远比这个模型所涉及的因素来得复杂。在某些条件下，高水平的冲突可能会导致较高的群体绩效。也可能会发现这样的情况：群体在第 2 阶段的绩效超过了第 3 阶段和第 4 阶段。群体并不总是明确地从一个阶段发展到下一个阶段。事实上，有时几个阶段同时进行，如震荡和执行任务就可能同时发生。群体甚至可能回归到前一个阶段。因此，并不是所有的群体都严格地按照五阶段或者四阶段发展。

5.3　群体的特征

群体通常应具备以下特征：

1）群体由两个或两个以上的成员构成。

2）群体成员一致认同某种特定的共同目标。

3）群体成员在实现目标过程中有一定的行为关系，并由此而相互联系、相互影响。

4）群体具有一定的关系结构及行为规范。

5）群体在开放性社会环境中，成员、目标、成员相互关系以及结构和规范均具有动态的特征，由此产生群体与群体之间的差异性特征。

群体特征的把握及提高群体行为效能在研究和管理群体过程中十分重要。例如，在共同目标方面，全体成员对实现目标的期望概率有不同认定，“一致认同”可能是以群体成员自愿、服从或者强制的方式达成。而“共同的目标”既可能是群体成员的首要目标，也可能是次要目标。在行为方面，围绕群体目标的实现过程，群体各成员的行为在分工协作的原则下表现各不相同，并形成相互沟通、相互依赖和相互制约的关系；群体关系结构显示了各成员在群体中的地位不同，在相应的群体规范中形成某些行为被群体鼓励、接受，而某些行为受到群体的限制或者约束；群体动态性特征是在相对稳定的状态下受群体内外其他特征变化影响的，影响的结果既可能向成功的方向发展，也可能向失败的方向发展。所以，群体并不是个体成员的简单相加，而是具有其特定内涵的、综合体现群体各种内外特征的复杂组合体。

认识并掌握群体特征，就可以有效利用并发挥群体特征优势资源，抑制不利于目标

发展的特征。例如，在群体沟通中，正式群体更强调规范性的指令传输；而非正式群体并不突出规范性的指令传输，更多的是适合群体成员双向沟通的传输方式。正式群体中地位较高的成员与一般成员相比，通常因其在群体活动中承担着一定的管理职权而使用群体规范的行为内容和表现方法不同。

5.4　群体内行为

5.4.1　基本概念

1. 从众的概念

群体成员往往具有跟随群体的倾向。当群体成员发现自己的行为和意见与群体中大多数人不一致时，就会感到紧张，进而产生一种压力，也就是群体压力。群体压力是当群体内部形群体规范时，而出现的一种迫使群体成员产生顺从心理或者行为的一种无形的约束力。

从众就是个体在群体压力的影响下，观念或行为朝向与多数人保持一致。压力对于群体成员个人判断和态度的影响，在阿希的经典实验中得到了充分证明。阿希把七八个被试者组成一个小群体，只有一个不知情的被试者，并让他们都坐在教室里，要求他们比较实验者手中的两张卡片。一张卡片上有一条直线，另一张卡片上有三条直线，三条直线的长度不同。这三条直线中有一条线和第一张卡片上的直线长度相同，如图 5-2 所示，线段的长度差异是非常明显的。在一般条件下，被试者判断错误的概率小于 1%，但是若其他群体成员开始时的回答都是错误的，会导致被试者改变自己的答案，以求与其他成员保持一致。

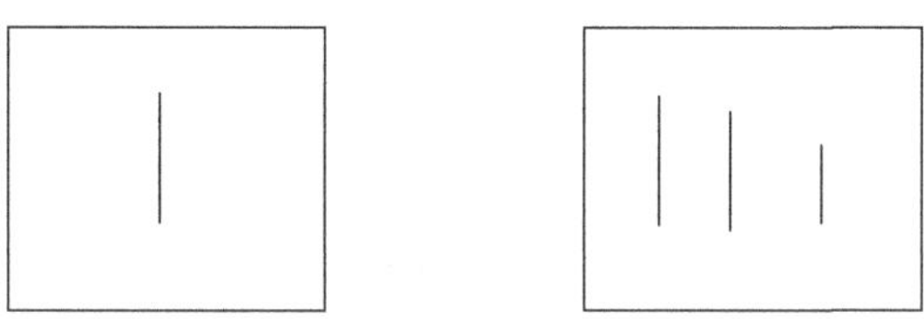

图 5-2　阿希从众实验卡片

阿希所做实验的结果表明：在多次实验中，大约有 35%的被试者放弃自己的正确判断而选择了与群体中其他成员的回答保持一致。群体规范能够给群体成员形成压力，迫使他们的反应趋向一致。个体都渴望成为群体的一员，而不愿意与众不同。

2. 从众的原因

（1）环境因素

若某群体的意见一贯比较一致，群体较为团结，或者群体气氛比较专制，那么该群体的成员就很容易在群体压力之下产生从众行为。此外，在不确定的情况下，其他多数成员的行为具有参照价值，个人往往依据这个参照做出自己的行为表现，也就是从众。

（2）个人因素

如果一个人的地位较低、情绪不稳定、缺乏自信心，在群体中经常要依赖别人，较容易产生从众行为。此外，个人为了避免偏离群体产生的孤立不安和恐惧焦虑，会倾向于做出与群体一致的行为反应。

5.4.2 群体决策

1. 群体决策的性质与特点

组织中的很多决策是由群体做出的。群体决策是群体工作中的重要活动之一，群体决策对群体效能有重要的影响。与个体决策相比，群体决策有如下优点。

1）更完全的信息和知识。通过综合资源，群体决策有更多机会诱发、利用和处理知识与信息，决策的创造性更高。

2）多种备选方案。群体决策中，通常会产生多种备选方案，以做出选择，提高决策的准确性，避免视野狭窄，影响最优方案的选定。

3）提高了决策的接受性。群体决策的结果更易得到大多数成员的理解和接受，因而在群体成员中形成对决策结果的高认可度，他们更愿承担所决定的任务和接受所需要的变革。

当然，群体决策也存在一些不足。

1）消耗时间。组织一个群体需要时间。群体产生后，群体成员之间的相互作用往往是低效率的，而且群体成员的意见经常会出现矛盾冲突，协调这些争执和矛盾需要消耗大量的时间。

2）从众压力。群体成员希望被群体接受和重视的愿望可能会导致不同意见会被压制，在做决策时，群体成员偏向追求统一的观点。

3）少数人控制。群体讨论可能会被少数个人所控制，如果控制人员水平有限，群体的运行效率就会受到不利影响。

4）责任不清。群体成员对于决策结果共同承担责任，在决策过程中往往比个体决策更为冒险和极端化，从而影响决策质量。

2. 群体决策的偏差

在群体决策中，由于受到各种因素的干扰和制约，群体决策通常会出现偏差。其中，群体思维和群体转移会影响群体决策的质量。

（1）群体思维

群体思维是指在群体决策的过程中，高凝聚力的群体会倾向于寻求一致的意见，导致阻碍了其他不同意见的发表，使得群体丧失对问题解决方案做出批判性分析和评价的能力。群体思维会使群体偏向一致而做出有偏差的判断，进而损害了群体绩效。

耶鲁大学著名的社会心理学家贾尼斯从20世纪70年代开始致力于群体思维的研究，

通过研究发现，很少受到外界影响的群体最容易出现群体思维。群体思维主要包括：

1）群体成员会对他们所做的假设合理化。不管事实与他们的假设冲突多么强烈，成员的行为都是会继续强化这种假设。

2）群体成员对那些怀疑群体共同观点或怀疑证据有效性的人施加直接压力。

3）那些持有怀疑态度或者不同看法的人，通常保持沉默，甚至降低自己看法的重要性，避免与群体观点不一致。

4）决策中存在一致性错觉，如果某个人保持沉默，大家通常认为他是表示赞成。也就是，沉默就是赞成。

5）盲目乐观情绪。群体通常会过高估计成功概率，盲目地认为决策是无懈可击的。

群体思维一方面会提高群体凝聚力和成员自我满意感；另一方面则会降低决策质量，使群体决策效果低于个人决策。在组织管理中，管理者应当采取措施防止这种现象的不利影响。在群体决策时，首先，群体领导应引导成员进行批判性评价，鼓励提出怀疑和反对意见。在决策中群体领导保持公正立场，不偏袒任何观点。其次，分组讨论议题。让大家独立思考并提出看法，充分酝酿，依靠多个分组讨论的相似意见进行决策。然后，邀请外部专家对群体决策提出意见。最后，形成预决定后，群体领导人召开会议，提供二次修订决策机会，使得群体成员能够将萦绕在心头的困惑和保留意见表达出来。只有经过广泛征求意见，多次反复讨论，最后形成的方案才是真正的集体决策。

（2）群体转移

群体转移是指在讨论可备选方案或进行决策的过程中，群体成员倾向于夸大自己最初的立场或观点。在谨慎情况下，形成保守转移。但大多数情况下是偏向激进情况，形成冒险转移。所以，群体转移又称冒险转移。许多研究表明冒险转移现象十分普遍，在大学生群体和领导群体中都可观察到这种现象。人们有多种解释关于为什么会出现冒险转移现象。主要包括以下 4 种：

1）责任分摊。责任通常引起决策人的情绪紧张、焦虑不安，而个人在群体中决策的后果由群体成员共同分担，即使决策失败，追究责任时不至于独承其咎，这样个人的心理负担就不会那么重。

2）领导人物作用。群体中的领导人物，在群体中具有较大的影响力，在决策中有较大发言权。有时为了显示自己的才能和胆略，通常会采取冒险水平高的大胆决策，而这种决策很容易被群体成员接受，变成群体决策。

3）社会比较作用。群体通常会鼓励和赞赏冒险性的意见，如果个体在群体中表现谨慎、保守，一般不会受到赞赏；反之，如果敢于冒险，则通常引来赞赏和鼓励的目光。所以，个体在参加群体决策时提出意见的冒险水平通常要高于单独决策的冒险水平。群体内成员间的相互比较可能产生冒险转移现象。

4）“文化放大”假设。一个国家或社会文化中占主导地位的价值观被“放大”，从而扩散并反映到该文化中的群体决策中来。如美国社会崇尚冒险，人们敬慕那些敢于冒险的人，群体讨论激励成员向别人表明自己至少与同伴一样愿意冒险。但目前对文化中有关冒险还是谨慎的价值观及群体与个体决策的冒险水平研究甚少，此假说还有待验证。

综上所述，这些特征能够对大多数群体转移倾向做出不同程度的解释，但也不能解释所有现象。群体决策中有冒险转移倾向，不能认为冒险转移方向是必然。影响群体转移的因素是复杂多样的，在不同情况下，可能有不同的因素在起主导作用。

群体决策转移的方向取决于群体讨论开始时多数人的偏向，如果多数人一开始就偏向冒险决策或保守，群体就容易向冒险或保守转移。所以，群体的决策结果反映了在群体讨论过程中形成的占主导地位的决策规范。

3. 群体决策方法

群体决策的最常见形式发生在面对面的互动中，互动群体会对群体成员个人形成压力，迫使他们达成从众的意见。为了集思广益，克服传统的互动群体法固有问题，头脑风暴法、名义群体法、德尔斐法以及电子会议法是有效的决策方法。

（1）头脑风暴法

头脑风暴法是克服互动群体中产生的妨碍创造性方案形成的从众压力，使个人敞开思想、畅所欲言的一种方法。

在头脑风暴法讨论中，个体围坐在一张桌子旁，群体领导用清楚明了的方式把问题说明白，让每个人都了解。在给定的时间内，大家自由发言，尽可能地想出各种解决问题的方案，任何人都不得对发言者加以评价，无论是受到别人启发的观点或稀奇古怪的观点。所有方案都记录在案，直到最后允许群体成员来分析这些建议和方案。

头脑风暴法适合于比较单一明确的问题，若涉及面很广，因素很多，则需把复杂的问题分解为单一性的小问题。这种方法的优点是解放成员思想，使其敢于大胆设想问题；缺点是整理分析意见要花费很多时间，影响决策。

（2）名义群体法

名义群体法是在决策过程中对群体成员的讨论或人际沟通加以限制，这就是名义一词的含义。群体成员出席会议，群体成员首先进行个体决策。具体方法是，在问题提出后，采取以下几个步骤：

1）群体成员聚在一起，在进行讨论前，每个群体成员写下自己对于解决这个问题的观点。

2）在这个阶段之后，每个群体成员要向群体中的其他人说明自己的一种观点，按顺序进行，每次表达一种观点，直到所有的观点都记录下来后再进行讨论。

3）群体开始讨论每个人的观点，并进一步澄清和评价这些观点。

4）每个群体成员独自对这些观点进行排序。最终决策结果是排序最靠前的那个观点。

名义群体法的优点是允许群体成员正式地聚在一起，缺点是不像互动群体那样限制个体成员的思维。

（3）德尔斐法

德尔斐法是采用匿名发表意见的方式，通过多轮调查，收集专家对某个问题的意见，汇总、修改形成专家一致的意见。在实施过程中，专家之间不能联系，避免因权威、情面或少数人影响力过大等因素对决策造成不利影响。其步骤如下：

1）在问题明确后，要求群体成员通过填写精心设计的问卷填写能解决问题的方案。

2）每个群体成员匿名独立地完成第一份问卷。

3）在另一个地点把第一次问卷调查的结果整理出来。

4）把整理和调整的结果分发给每个人。

5）在群体成员看完整理结果之后，要求他们再次提出解决问题的方案。结果通常是启发出新的解决办法，或者使原有方案得到改善。

6）重复步骤4）和步骤5），直到找到大家意见一致的解决办法为止。

德尔斐法是一种主观定性的方法。它的优点是使专家既能独立思考，又能够受到他人意见的启发，缺点是需要占用大量时间，不适用于快速决策。

（4）电子会议法

电子会议法是名义群体法与复杂的计算机技术混合的一种群体决策方法。个体围坐在马蹄形的桌子旁，面前只有一台计算机终端。问题通过大屏幕呈现给参与者，要求个体把自己的意见输入计算机终端屏幕上。个人的意见和投票都显示在会议室中的投影屏幕上。

电子会议法的优点是匿名、可靠和迅速。与会者可以采取匿名形式把自己想表达的任何想法表达出来。与会者可以随心所欲地表现自己的真实态度，不用担心受到惩罚。这种方法决策迅速，集中主题，大家在同一时间内可以互不妨碍地相互“交谈”，也不会打断别人。但这种方法也有缺点：那些打字速度快的人，与口才好但打字速度慢的人相比，能够更好地表达自己的观点；想出最好建议的人也往往得不到应有的奖励；不如面对面地沟通所能得到的信息丰富。

5.5　群体间的行为

在组织或群体中，我们与他人一起工作，个人与个人之间、个人与组织中群体之间难免因不同的立场、利益和观点而产生冲突。面临冲突时，我们该如何应对，如何管理、完善冲突，这是本节将要重点解决的问题。

5.5.1　冲突的概念及性质

1. 冲突的概念

在组织行为学中“冲突”是指目标不一致，对事实的解释存在分歧，在行为期望方面不一致等产生意见分歧、争论、冲突和对抗，使彼此间关系出现紧张状态。冲突是组织中不可避免的一种现象。实质上，冲突是指两个或者两个以上的社会单元在目标上互不相容或者互相排斥，从而产生心理上或者行为上的矛盾。冲突产生不仅会使个体体验到一种过分紧张的情绪，还会影响正常的群体内人与人之间、个体与群体之间的关系。理解冲突的概念，要把握以下 4 个关键点：

1）双方存在利益上的对立。

2）双方已经意识到了这种对立。

3）双方认为对方将要损害自己的利益或者已经损害了自己的利益。

4）双方认为对方将要采取损害自己利益的实际行动或者已经采取了这样的行为。

2. 冲突的性质

20 世纪 40 年代中期之前，大多数人认为冲突是有害无益的。冲突的存在被认为是管理不善的结果。传统观点认为应当避免冲突。近年来，人们开始改变了对冲突的看法。冲突是任何组织都不可避免的，而且是保证高绩效所必需的。这一现代观点认为，冲突可以促使组织寻求新的策略和方针，帮助克服停滞和自满情绪。所以，冲突应加以适当地处理而不是消除。成功地处理冲突，要首先确认一个合适的冲突水平，然后选择一个减少冲突的策略。当然，在冲突程度不够强烈的地方，管理者也可有意识地引起冲突。例如，在那些需要有创造性和直率讨论的场合，就需要挑起冲突。

冲突本身并无好坏之分，只有从绩效的角度，才能判别冲突的价值。任何情况下都存在一个最佳的冲突水平。冲突水平如果过高，可能导致混乱；相反，冲突水平过低则导致缺乏创新意识和低绩效。为一个具体的情境确定最佳冲突水平是具有挑战性的，这需要了解有关的个体及其工作任务的性质。而且，如何减少或者增加冲突水平也不容易。在这些方面，需要管理者有一定的创造性。

3. 冲突产生的原因

冲突产生的原因可能来自组织因素、群体因素和人际因素。

（1）组织因素

1）资源竞争。组织中很多资源都是有限的，包括资金、设备和人力资源等，甚至潜在的机会也是有限的。因此，一方与另一方的争夺是必然的，这争夺就导致了冲突的存在。

2）职责或权限不清。因为职责和权限的模糊使得管理界限不明，双方可能存在互相推卸责任或争夺权限，由此产生冲突。

3）组织变革。当组织发生变革时，必然涉及结构的重组和利益的再分配，支持变革与愿意维持现状的反对变革必然发生冲突。

（2）群体因素

1）群体之间的相互依赖关系。有些群体共享组织的公共资源，对稀缺资源的竞争会产生冲突。另外，有些群体之间存在关联或交叉关系，如仓库部与运输部的工作关

联性、市场部与开发部的信息交叉性，都有可能因双方工作进度、信息沟通障碍等发生冲突。

2）群体工作目标与利益的不一致。不同的群体在开展工作时会出现不同的目标和立场，尤其体现在直线机构与参谋机构的矛盾上。直线机构和参谋机构的职能不同，目标也不同，成员的价值观和背景不同，因此它们之间会经常产生冲突。如生产部与财务部、营销部与行政部门间的矛盾。一般说来，直线机构更加关心经营，关心近期的问题；而参谋机构善于对组织的事务提出建议批评，更关心长远的问题。由于这些差异，直线机构和参谋机构之间会有一定程度的冲突存在。

（3）人际因素

1）对潜在冲突双方的归因。冲突产生是由于个人认识到对方可能会对自己利益构成威胁，进而分析对方损害自己利益的原因。如果将损害归因于对方无意间的损害，是自己的运气不好或者组织中某些方面没有计划好，那么所产生的冲突程度会较轻或者不产生冲突；如果将损害归因于对方的故意行为，那么就容易造成强烈的冲突。这样，同一件事情由于归因的差异会造成不同的结果。

2）沟通障碍。在双方沟通的过程中，会有一些因素导致沟通的障碍，如情景干扰、个人特性等，使得信息传递无效，或者导致沟通双方所获得的信息不对称，因此造成沟通双方缺乏了解，甚至产生误解，容易产生冲突。

3）人际知觉的偏见。人与人在背景、能力、兴趣、习惯、价值观和地位等方面有着很多差异。这些差异如果能够得到正确的认识和理解，就不会导致冲突。但是，这些差异如果没有被正确认识和理解，常常会有一种将差异扩大化的倾向，并且容易形成刻板印象，从而加剧了冲突的产生。例如，一些学历不高但有丰富经验的人会习惯地认为那些学历高但缺乏经验的人是纸上谈兵，而高学历的人则认为学历低的人虽然工作经验丰富，但对很多先进的东西并不了解，因此双方都对对方的工作方法不认同，工作中就容易产生冲突。

5.5.2　冲突的管理

冲突具有客观存在性和主观知觉性作用的两重性，任何个体、群体和组织都无法避免和忽视冲突的存在与影响，因此对待冲突的态度是要正视冲突、管理冲突、趋利避害。

冲突管理有广义与狭义之分。广义的冲突管理包括冲突主体对于冲突问题的发现、认识、分析、处理、解决的全过程和所有相关工作，也就是对于潜在冲突—知觉冲突—意向冲突—行为冲突—结果冲突的全过程进行研究管理。狭义的冲突管理则着重把冲突的行为意向和冲突中的实际行为及反应行为作为研究对象，研究冲突在这两个阶段的内在规律、应对策略和方法技巧，以便有效地管理好实际冲突。我们这里所说的冲突管理立足于狭义冲突管理的范畴。

1. 管理冲突的5种基本模式

冲突管理或冲突处理的策略模式已有多种，应用最广的通用策略模式是美国行为科学家托马斯用二维空间描述的冲突模式。

模式中的横坐标维度“关心他人”表示冲突主体在追求自身利益过程中与对方的合作程度，试图使他人的关心点得到满足的程度；纵坐标维度“关心自己”表示冲突主体在追求自己利益过程中的武断程度，试图使自己的关心点得到满足或坚持己见的程度。托马斯以冲突主体的潜在行为意向为基础，通过这样的纵、横坐标轴定义了冲突行为的二维中间，并组合形成了通用的五种冲突管理基本策略。冲突管理的5种基本策略如下。

（1）竞争型

采取这种策略时一方与对方激烈竞争，寸步不让，坚持自己的利益要求。当处于紧急情况下，问题要求采取非常行动、觉得自己完全正确或对方有很大影响力时，这种策略常能奏效。

（2）回避型

采取这种策略时一方退出冲突处境，既不满足对方也不满足自己的利益。在问题为细枝末节性的、情况不太可能满足自己利益要求、冲突的解决很可能带来严重破坏或者对方能够把问题解决得较好时，可采取这种策略。

（3）体谅型

采取这种策略时一方愿意满足对方的利益，而对自己利益则不甚坚持，忍让为怀，息事宁人。这种策略用于发现自己确有不对之处、冲突的问题对对方更重要、和谐与稳定特别重要、尽量减少损失或是想让己方的人从错误中吸取有益教训时，可采取此策略。它能使自己在今后又遇到类似问题时，在公众中有较好的声誉。

（4）合作型

采取这种策略时一方强调把冲突问题解决掉，目的在于最大可能地满足双方的愿望。双方表现出的行为兼有坚持与合作两种成分。采用此策略的目的在于学习和利用多方面的信息，找到一种综合性的解决问题的方案。

（5）妥协型

这是在坚持与合作之间的一种中庸之道，双方共享对方的观点，不偏于坚持也不偏于合作的极端。此方式不能够使双方得到最大程度的满足。只有双方势均力敌，或情况紧迫，有时间压力要求速决时，才采取此策略。

2. 减少冲突的策略

（1）设置超级目标

设置超级目标可以使对立的双方减弱冲突，此时，双方必须共同把精力集中于目标的达成，从而缓解互相间的对立情绪。

（2）采取行政手段

1）改变结构来减少冲突。如把爱闹事的人调整出去。这种方法简单，但却不是处处可用，如骨干力量则不可或缺。

2）设置综合领导。如果两个部门之间存在冲突，一个可供选择的方法是选择一个让他们都接受的高级经理领导，这个经理就起到了协调的作用。

3）申诉。向上级申诉这种做法的一个主要缺点是败诉的一方未必轻易接受仲裁。所以要注意安抚败诉的一方，还要进一步使双方合作。

3. 引起冲突的策略

组织中保持适度建设性的冲突水平会使组织的运行更加有效，但必要时还要激发群体的冲突水平。要想有效地激发冲突，首先应当识别组织目前状态是否需要增加冲突水平。如果发现组织中人员流动率低，缺乏新思想和竞争意识，对改革进行阻挠等现象，管理人员就需要挑起冲突。引起冲突有如下几种方法。

（1）委任态度开明的管理者

在一些组织中，反对意见通常会被高度专制的管理者压制，因此，选派开明的管理者可以在一定程度上克服这种现象。

（2）鼓励竞争

通过增加工资、奖金，对个人和集体进行激励等增进竞争。适当的竞争可以导致积极意义的冲突。

（3）重新编组

变换班组成员、调动人事及改变沟通路线都会在组织中引起冲突。重新编组后，新成员的价值观和思维方式也可能对群体原来的陈规形成挑战。

（4）引入外员

由于群体成员的同质性过高，大家具有高度一致的态度、价值观，冲突水平较低。如果引进与原有成员的态度、观念和价值观不同的外来者，则会带来一些新的活力。因此，很多时候一些组织的构成通常要考虑成员具有不同的背景。

5.6　团 队 管 理

5.6.1　团队的概念

团队是一类特殊的群体。团队是由具有相互补充技能的人们所组成的一类群体，团队中的成员彼此承诺为他们共同负有责任的绩效目标而努力。

团队和一般意义上的群体有着很大的区别。首先，群体的绩效取决于群体中每个成员，而团队的绩效不但取决于每个成员的贡献，还应产生团队共同的工作成果。其次，在群体中，尽管群体成员将自己的资源聚集在一起来实现目标，但一般个人只为个人的工作结果承担责任，也就是说群体不会为他人承担责任，个人也不必为群体承担责任；但在团队中，工作结果的责任则被认为是团队共同的责任。然后，团队不但像一般群体一样有着共同目标，而且还要对目标做出承诺。最后，在群体中，群体成员的技能可以是相同的，也可以是不同的；但在团队中，团队成员的技能通常是互补的，成员在各自擅长的领域发挥作用，共同实现团队目标。

5.6.2　团队的类型

1. 按存在的目的和形态分类

按照团队存在的目的和形态进行分类，可以将团队划分成问题解决型团队、自我管理型团队和跨职能团队。

（1）问题解决型团队

问题解决型团队通常是为了解决组织中某些专门问题而设立的。团队成员每周利用几个小时对工作程序和工作方法等问题进行讨论并提出建议，但他们通常没有权力根据这些建议采取单方面的行动。

（2）自我管理型团队

自我管理型团队与传统的工作群体是相对的。传统的工作群体由领导者来做决策，群体成员遵循领导的指令。而自我管理型团队则承担了很多领导者承担的职责，如进行工作分配、决定工作阶段、团队的质量如何评估甚至决定谁可以加入到团队中来等。自我管理团队能够很好地提高员工的满意度，但与传统组织相比，自我管理团队的离职率和流动性偏高。

（3）跨职能团队

跨职能团队是指来由自于组织内部同一层次、不同部门或工作领域的员工组成，共同合作完成包含多样化任务的一个大型项目。跨职能团队打破了部门间的界限，使不同领域的员工能够进行交流沟通，有利于激发出新观点，协调解决复杂问题等优势。例如，波音公司新型客机的设计和生产就是由设计人员、生产人员、维修人员、客户服务人员、财务人员甚至顾客组成的跨职能团队来完成的。这样不但提高了效率，降低了成本，还使产品在设计时就充分考虑来自客户的意见。

2. 按组织中发挥的功能分类

按照团队在组织中发挥的功能进行划分，可将团队分成生产/服务团队、行动/磋商团队、计划/发展团队与建议/参与团队。

1）生产/服务团队由专职工人组成，从事的工作是按部就班的，很大程度上是自我管理的。如生产线上的装配团队、民航客机的机组人员、计算机数据处理团队等。

2）行动/磋商团队由较高技能人员组成，共同参与专门的活动，每个人都有明确的

工作界定。以任务为中心，具有不同专门技能的团队成员均对任务做出贡献。团队面临的任务是十分复杂的，有时是不可预测的。如医疗团队、运动团队、乐队以及谈判团队等。

3）计划/发展团队是由技术十分熟练的科技或专业人员组成，包含不同的专业。团队的工作时间跨度一般比较长。有时他们可能需要很多年才能完成一项发展计划，如设计一种新型汽车。有时也可能是组织中承担研究工作的永久性团队。如科研团队、生产研发团队等。

4）建议/参与团队是提供组织性建议和决策的团队。通常建议/参与团队的工作范围相对比较窄，不占用大量的工作时间，成员在组织中还有其他任务。如董事会、人事或财务专业顾问团队和质量控制小组等。

5.6.3　团队的建设

1. 避免敌视

鼓励在团队中形成一种明确的同一意识，确保团队不把自己视为不同于组织中的其他成员，甚至是对立成员。一个群体、团队或部门很容易夸大与另外一个群体、团队或部门的差异，进而忽略了他们共同拥有的东西，就会造成很难互相合作。避免敌视以保证组织成员能够互相合作，确保任何竞争都是为了获得成就而不是为了争夺资源而进行竞争。争夺资源会损害组织内部的统一意识，导致人们花费太多的时间和精力从事保护性或者防卫性的活动，牵扯了他们从事重要工作的注意力，也破坏了交流，除此之外还会极大地浪费感情资源，加重组织和个人的压力。

这并不意味着团队工作中就不存在竞争。竞争确实存在，竞争是为争取更好的工作成绩，而不是为争夺资源。团队可以为得到承认、奖励，以及其他可以说明成员对组织所做贡献的价值的事情而竞争，这种形式的竞争是健康的，并且能够在整个组织中形成一种以工作业绩为导向的文化。

2. 加强交流

使团队发挥积极作用的管理是要求在全体员工之间形成一种凝聚力及同一性意识。团队拥有明确的统一意识是有利于团队建设的，避免群体间发生冲突是形成群体凝聚力，形成社会统一意识的一种方法。例如，许多公司为员工召开定期的非正式的聚会，帮助大家形成一种同一性和团队工作意识，加深了组织中人员的相互理解。

除了形成组织凝聚力外，更为重要的是内部沟通。沟通有助于团队成员形成自己是整个组织一部分的意识，有助于他们认识到其他团队的贡献，缺乏沟通则易导致对他人价值的忽视，引起无谓的误会，从而妨碍组织的运行。确保成员都能明确地理解每个团队在组织中所起的作用，就有助于促成一种明确的同一意识及为共同目标而工作的意识。

3. 组织支持

组织可以为团队提供六种支持，使团队成为组织内部的一种积极力量，这六个领域适用于所有的团队，不管它们是新产品团队、服务团队或者是组织变革团队。作为团队管理者要充分利用这些领域，确保组织和团队保持密切的交往，保证团队能够得到组织的支持。

（1）明确的目标

第一个领域与团队的目标有关。创建团队的组织有责任说明团队的任务是什么，否则就会造成严重的后果。如果一支团队没有明确界定的任务，它就不可能恰如其分地发挥作用。团队的任务可能是不相同的，从需要在一段时期内形成的单独项目到具有一种持续目标的任务，如果团队成员不了解自己的目标，那么团队就不可能有效地运行。组织建立了团队，并为团队提供资源，组织就需要清楚地知道团队应该实现的目标。

（2）适当的资源

团队得不到所在组织提供的基本资源就不可能有效地发挥作用。资源的形式有许多种。如财政资源、人力资源等。每一个团队都有自己特殊的资源需求，这些需求在团队的整个运行期间也会发生变化。要使团队能够有效地完成自己的任务，就需要保证团队能够得到必要的资源。

（3）可靠的信息

团队运行良好需要有可靠的信息。团队的决策做到符合现实，也必须能够得到确切的信息，如果团队要知道某个问题出现的时间及出现的位置，也需要获得确切的信息。团队必须将发生在自己所在组织中的进展和变革考虑在内，这也需要获得信息。成功的团队活动不仅局限于内部过程，也会与组织的其他部分保持着十分紧密的关系，组织中发生的变化可能会对团队运行的好坏程度产生重大影响。所以，保证团队获得全面、可靠的信息，以使其能够有效地工作是组织的责任。

（4）培训与教育

在组建一支团队后，很可能会发现它所承担的任务中，有许多方面需要一些目前尚不具备的技术或知识。需要进一步的培训或教育，团队才能够更好地完成任务。团队需要接受培训的机会，以学到那些新知识、新技能。拥有恰当的培训和教育，可以使团队成员在以成员为基础发展自己的职业技能和思想意识的同时，也全身心地为完成团队任务做贡献。然而，这种教育并不是完全要采取授课的方式。它可能采取许多种不同的形式。保证团队能够获得完成工作所需的培训或教育也是组织的责任。

（5）定期反馈

团队在完成任务期间，需要得到来自组织定期的反馈。事实表明：如果新项目团队不能与组织的其他部分保持经常联系，团队就会偏离轨道甚至解体。团队需要向组织的其他部分学习，通过学习调整团队的工作方式，使自己能够更加全面地与组织的各个部分融为一体。要及时知道什么时候做什么事情；了解自己所取得的成就，以及还有哪些

事情没有做。组织的反馈有多种形式。可以是公司的相关部门所做的有关生产数字或利润的定期公告，也可以是高层管理人员的赞赏，或是由销售团队所得到的顾客满意程度等，主要取决于团队实际从事的工作。而最为主要的是组织要制订系统的途径与程序，以使团队能够获得定期的反馈。

（6）技术及方法支持

为了有效地完成任务，团队需要得到组织提供的大量技术支持。这种支持是多方面的，例如，在某项特殊生产过程中配备一位懂化学专业知识的人员，或者是聘请市场专家帮助团队解决一些关于向市场投放新产品的市场营销问题等。

本章小结

群体是为了实现某个特定的目标，两个或两个以上相互作用、相互依赖的个体的组合。群体的基本类型包括正式群体和非正式群体、命令型群体、任务型群体、利益型群体和友谊型群体。关于群体形成和发展的阶段，有两种主要的观点：一种是5阶段模型（形成、震荡、规范化、执行、终止阶段）；一种是间断—平衡模型。群体的一些重要构成变量主要包括角色、规范、地位、凝聚力、规模、群体构成等。群体行为中的典型特征有从众行为、社会惰化作用。

群体决策较个人决策有明显优点，但也存在决策偏差，如群体思维、群体转移现象。高凝聚力群体的群体思维可能导致决策的盲目乐观、决策质量低下的后果；群体转移可能倾向于保守或冒险，一般会倾向冒险转移。群体决策应该利用头脑风暴法、德尔斐法、名义群体法、电子会议法等努力发挥群体决策的优势，避免出现群体决策的偏差。

冲突是一方感知到一方对自己利益产生了消极影响或损害的过程。冲突有可能是促进性的，也可能是破坏性的。冲突产生的原因来自组织因素、群体因素和人际因素。对于冲突管理策略，一般采取回避、竞争、折中、合作和妥协等形式。

关键概念

群体；群体特征；群体思维与群体转移；群体决策；群体决策的方法；群体发展的阶段；从众；冲突；团队；团队类型。

复习思考题

1．比较正式群体与非正式群体间的区别。

2．从众行为产生的原因是什么？

3．描述群体思维的表现，分析其产生的原因可能是什么。

4．比较群体决策与个体决策。

5．托马斯的应对冲突的五种策略是怎样的？各种策略分别适合什么情况下使用？

6．讨论冲突产生的原因，如何减少组织中的冲突？

7．如果你是团队领导，如何建设团队？

阅读案例与材料

巴巴拉零售联盟组织的管理

如今，北京的高中低各档商场均以各自不同的经营形式与风格出现在首都人的面前。由于商业网络密布，致使许多零售企业的盈利下降。而此时的巴巴拉零售联盟组织的利润却大幅度上升。

巴巴拉零售联盟组织高级管理人员将这一盈利成绩归功于其相对新型的管理方法。这种方法是从日本同行那里学来的——以“集体决策”方式作为企业管理的中心。

现任董事长王先生采用协商一致的管理方法，使管理人员有足够的机会参与企业的主要决策。这样做的最大好处是可以帮助管理人员了解公司组织各个层次的工作状况。同时，集体管理的方法有利于培养管理人员。例如，某委员会的工作涉及诸如策略等政策问题时，通过集体参与，许多年轻的管理人员逐渐熟悉了公司所面临的关键问题。

尽管巴巴拉零售联盟组织的大多数管理人员认为集体管理方法很成功，但也有少数人持反对态度，马先生就是其中态度最坚决的一位。他认为管理人员参加委员会会议是浪费时间，集体决策是妥协的产物，而且最终产生的可能不是最佳决策。

然而他的同事却指出，集体管理方法打破了一些部门之间的壁垒，促进了部门之间的协调。他们承认集体制订计划可能是费时的，但计划的实施却很迅速。他们还认为，与个人决策相比，集体管理方法鼓励管理人员去探索更多的可供选择的方案，有不同年龄、不同观点的人参加，是一种极佳的投入。

马先生不同意这些意见。他指出巴巴拉集体管理之所以行得通，只是由于现任董事长的管理风格在很大程度上影响着大家。一旦他退休了，新的董事长是否会保持这一管理风格并不能肯定。到那时，巴巴拉管理人员之间的合作也就结束了。

看来巴巴拉零售联盟组织内部出现了意见分歧，要解决这一难题，使企业内部所有员工同心协力摆脱目前的僵局，他们首先需要弄清楚几个问题？请你帮助他们分析一下。

（资料来源：沈波．2008．管理学概论：理论·职能·案例．南京：东南大学出版社．）

案例讨论：

1．集体决策方法有什么优缺点？

2．请你分析马先生等人对集体决策持否定态度的原因。

第6章 组织沟通

● **学习目标**

1. 掌握沟通与有效沟通的含义。
2. 了解沟通的基本要素和过程。
3. 了解沟通的分类。
4. 了解沟通与组织绩效之间的关系。
5. 掌握克服有效沟通障碍的技巧。

导入案例

一次刻骨铭心的握手

在商业领域中，字母“P”和“L”指的是“盈（profit）”和“亏（loss）”，但玫琳·凯公司总经理玫琳·凯却说：“在我们这儿，‘P’和‘L’指的却是‘人（people）’和‘爱（love）’。”玫琳·凯公司从5000美元和9个人起家，到20年后成为年销售额超过3亿美元、拥有五千多名员工的世界知名公司，它成功的秘诀就是精通人际关系原理，懂得沟通的技巧。

当玫琳·凯还没有创办自己企业的时候，为了能同她所在公司的副总裁握手，玫琳·凯排队等候了足足3个小时。当她终于见到副总裁的时候，虽然副总裁同她握手打招呼了，但玫琳·凯注意到，副总裁的眼睛却注视着自己的身后，根本没有注视自己——副总裁是在看他需要接见的队伍还有多长！

玫琳·凯说：“直到今天，我一想起那件事就伤心。当时，我暗暗对自己说，假如有朝一日我成为人们朝圣的人，我一定要把注意力全部集中在站在我面前同我握手的人身上。”

这一天终于来到了，玫琳·凯也做到了。她总是努力使每一个人感到自身的存在，感到自身的重要。一位理论工作者曾经问玫琳·凯：“你是怎么做到这一点的？难道你不觉得累吗？”

玫琳·凯说：“当然，我往往累得筋疲力尽，但我从不改变初衷。因为我曾经亲身体验过被一个对你来说很重要的人冷落是什么滋味。所以，把精神集中到你面前的人身上永远是至关重要的。”

玫琳·凯公司沟通实践的特色：

1. 开门原则

这是玫琳·凯公司提出来的，它的做法是：总经理办公室的门每天都是敞开的，也就是说，随时欢迎想提建议的人进来。公司总经理玫琳·凯说：不应该让办公室的一堵墙、一扇门把人们隔开。“开门原则”强调的是上下通气、交流便捷，更体现了公司对“人”的重视。

2. 秘书周

“秘书周”是玫琳·凯化妆品公司的传统，在每年的这一周里，所有秘书都会获得一束鲜花和一个咖啡杯。

3. 周年纪念

每个员工加入公司届满一年之际，公司会送给他们每人一条纪念手链，那是一条镶有饰物的金手链。当进入公司3周年、6周年、9周年……的时候，他们会得到其他的纪念品。当在公司工作满15周年的时候，他们得到的是一件镶有钻石的首饰。

4. 生日纪念

公司员工过生日都会收到公司的祝福，公司会为他们准备一份免费午餐，使每个员工都能感受到公司的温暖。礼品虽轻，情意却深长，它表明公司时刻都想着员工。

5. 亲自下厨

玫琳·凯始终认为与员工进行个人接触是件非常重要的事情。为了促进沟通和交流，总经理玫琳·凯经常以普通身份邀请员工来家中做客品茶，有时还要亲自下厨烙几张小甜饼。一想到小甜饼是总裁亲手做的，所有来访的客人心情都会很舒畅，而且小甜饼的味道确实很不错。为此，玫琳·凯的助理想出了一个好主意，印刷了100张叫作《销售主任小甜饼制作方法》的小册子，里面收录了玫琳·凯最拿手的20种点心和饮料的制作方法，提供给员工们使用。有些女员工还把小甜饼带回去给孩子和手下的美容顾问，原因非常简单，因为这是玫琳·凯亲手做的。

6. 写给美容顾问家人的信

玫琳·凯认为公司帮助美容顾问取得她们家人的支持是非常重要的。每当美容顾问来到公司所在地参加培训时，玫琳·凯都要给她们家中写信，向她们的家人说明参加培训对她今后的工作大有益处。因为这些人能来参加培训，玫琳·凯首先对她们表示感谢，而且也要对她们的家人表示感谢。玫琳·凯总是在她们抵达达拉斯以后的第一个星期把信寄出去。因为这样做，可以保证信的到达时间，正好是她们家里的餐具需要洗刷、家人不得不亲自动手干活而赌气的时候。因此，这些信件都是很重要的，她都要一一签名。

7. 节日问候

每逢圣诞节、公司周年纪念日和其他节假日，公司都要给职工发信表示祝贺。员工的生日同样会收到祝贺信。玫琳·凯在每张卡片上亲自签名，并写下一句贺词。

玫琳·凯也向高级管理人员送圣诞礼物和生日礼物。有一年圣诞节，她送给销售主任每人一只“熊”小姐（一个玩具熊）。“熊”小姐的身上有一根线，拉一下这根线，“熊”小姐就会发出声音：“你们真是好样的”或者“我爱你，你了不起，你什么都能干。”

8. 家庭气氛

尽管玫琳·凯的公司规模已经非常大，但她仍然努力在公司中保持一种家庭的气氛。玫琳·凯化妆品公司中的办公室门上没有头衔标识。除了开会之外，每个人的办公室门总是敞开的。可以想见，如果门开着，常常会有人突然跑进来，打断你的工作。但是，玫琳·凯愿意公司的每个员工，无论是小姑娘还是老人都可以按照自己的愿望随时来看望自己，向自己诉说他们的抱负和梦想，诉说对公司的抱怨。

9. 崇尚礼貌

玫琳·凯非常崇尚礼貌待人。有一次，有个人直接走进了她公司的接待室，不声不响地坐在那儿，也没说要找什么人。过了一会儿，负责接待的人员走过去问他："先生，我能为你做点什么吗？""不用，"这位先生回答说，"我来这儿只是为了给汽车蓄电池充电。我一天到晚同各个公司的门卫打交道，时不时地受到呵斥，可你们完全不一样，人人都是笑脸相迎，就像来到了明媚的阳光下。我一到你们公司就感到心情非常舒畅。所以，我来这里没有别的目的，就是想感受一下这里的气氛。"

玫琳·凯相信个人接触的效力，因为它能使每个人感到自己受到了别人的赏识。正如著名领导学权威科维曾经说过的："赞赏是加快车轮转速的润滑剂"。玫琳·凯说："我们的做法在企业界中是非常罕见的。但是，我坚信个人接触对我们公司的发展是大有裨益的。"玫琳·凯坚信："与别人的接触与沟通是获得事业成功的重要保障。"

沟通对一个人到底有多重要？从玫琳·凯的个人经历和她与那位副总裁的"刻骨铭心的握手"就可以看得出来。沟通对一个组织的发展到底有多重要？从玫琳·凯公司的沟通实践中就可以看得出来。玫琳·凯公司的成功，在很大程度上与公司上下的充分沟通、亲密无间、团结协作是分不开的。

（资料来源：http://bbs.chinahrd.net/thread-824868-1-1.html.）

案例思考：

结合本例，谈谈你对沟通的认识。

6.1 沟通概述

沟通作为管理者的基本技能，自行为科学学派创立以来，就成为管理学家研究的基本问题。尽管当初并没有把管理沟通作为一门独立的教学课程加以研究，但其基本思想在行为科学理论中开始萌芽，如在行为科学理论中关于人性假设（人是社会人）理论的前提下，管理者就开始把人作为一个有差别的、不同需求的主体加以研究，管理者要充分了解和分析不同管理对象的需求，并采取相应的管理行为。后来马斯洛需求层次理论进一步要求管理者在采取激励行为时，充分尊重个体的需要特点，并从管理理论研究上提出了"管理者如何去了解管理对象的需要和动机"这样一个问题。到了20世纪70年代，明茨伯格提出了管理者的10个方面作用，认为管理者的工作内容包括头领、领导、联合、监督者、扩散者、传播者、企业家、矛盾处理者、资源协调者、谈判者等。有人把这10个方面功能综合为愿景设计者、激励者和推动者3个方面的角色，管理者作为愿景设计者，必须把自己设定的愿景转化为下属共同的愿景，这就要求以高超的沟通技巧作为前提；而管理者的愿景要能够对员工产生激励，必要条件是员工的目标能够与管理者的愿景兼容，让愿景产生内在激励，这进一步强化了沟通在管理中的功能。从以上管理经典理论看，沟通是伴随着管理理论和实践的发展而不断发展的，而且越来越成为管理研究和实践的重要内容。

对于管理沟通的教学，也有一个发展过程。一方面，从20世纪80年代中后期开始，我国高校管理类专业中陆续开设了“商务谈判”“公共关系”“谈判技巧”“推销技巧”等这样的课程。在这个阶段，开始形成管理沟通的部分具体内容，只是还没有形成专门的管理沟通课程内容体系，后来，商务谈判、公共关系等成为管理沟通技能的重要组成内容。另一方面，国外工商管理教学为我国开设这门课程提供了很好的借鉴，像哈佛商学院这样世界著名的教学机构，已经把管理沟通作为MBA培养的九门基本课程之一。正是国内管理教学的发展和国外的影响，我国MBA试点高校从20世纪90年代中期开始，开设了这门课程。

纵观目前国内外MBA管理沟通教学，教学内容设计主要有两大流派：行为学派和修辞学派，二者都正确，但单独任何一个都不能满足所有的沟通要求。每一个沟通既涉及组织又涉及个人，既涉及现场情景又涉及个人风格。

一大流派从行为科学理论来研究管理沟通问题，认为管理沟通来自于行为科学理论，管理沟通所研究的对象是一个组织或有机体如何根据受众的特点在复杂的沟通方式和类型中选择相应的沟通策略，并实现沟通。另一流派则强调有效的沟通技能和行为，认为有效的管理沟通要求掌握笔头沟通和口头沟通技巧，要求沟通者有机地把清晰的思考和清晰的沟通结合起来，在沟通语言中要强调逻辑、依据、说服力和内在想象力。这两个流派，前者强调沟通的思想和理论，后者强调沟通的技能和技巧。有效管理者要提高管理沟通的技能，首先必须转变自身的管理理念，只有在理念变化的背景下，管理者才能在自身的工作和实践中提升自身的管理沟通技能。

6.1.1 沟通的定义

复旦大学出版社苏勇主编的《管理沟通》中将沟通定义为：沟通是信息凭借一定符号载体，在个人或群体间从发送者到接受者进行传递，并获取理解的过程。

沟通有3个层次：

1）信息凭借一定符号载体，在个人或群体间从发送者到接受者进行传递——这是从技术层次来讲，所谓的沟通，就是信息的发送方通过某种方式或渠道，把某个信息发送到接收者的感觉器官，接收者只要感觉到信号（信号是信息的载体）的存在，沟通过程也就完成了。例如，我们平时打电话，只要说话的人通过话筒把信号传达到听电话的人的耳朵里，听电话的人听到了，沟通过程就完成了。毫无疑问，这样的沟通是纯粹物理意义的沟通，是最初级的沟通。

2）获取理解的过程。这是从心理层次上来讲的，也是沟通的真正意义所在。沟通的双方只是接收到物理信号还不够，还需要对信号进行解释，也就是要理解。这在谍报工作中比较好理解。接收信号的人只有理解了信号的含义，才能明白表达信息的人要表达的意思。这里的解释或理解，需要个人知识经验的参与，需要思维的活动。从这个层面上讲，沟通是双方的思维参照第共同作用的结果。

3）管理沟通。管理沟通与一般人际沟通的区别在于：沟通是一种工具，通过这种工具要达到某个管理目的（管理是有既定目标的）。从管理的角度看，沟通是对信息的理解和执行过程，有效的沟通，关键在于执行的结果。

在这个定义中，并没有提及执行这个字样，如果是讲管理沟通的定义，那么就一定要强调管理的目的，也就是要实现既定的目标，这是通过沟通这一工具实现的。

6.1.2 沟通的作用与意义

沟通的主要作用是传递信息，交流感情。这两方面是相辅相成的，组织中的正式沟通更多体现的是信息交流的作用而忽视感情的交流；非正式沟通则更多体现感情交流的功能。任何沟通都受到这两个过程交互作用的影响，非正式沟通（小道消息作为一种重要方式）是正式组织的有效补充。也可以把这个原理用于分析一个组织的管理状况：当一个组织中小道消息特别盛行时，说明这个组织的正式沟通一定缺乏感情交流的成分。

1. 沟通是个体生存的基本条件

假如一个婴儿出生之后就没有人抚慰他，情况会怎么样？心理学的研究表明，缺少了抚慰的婴儿明显缺乏安全感，表现出对周围世界的不信任感。一个人长期脱离语言环境又会怎样？从名著《鲁滨逊漂流记》中不难找到答案。没有与他人的交流，人就不再是人，而是完完全全的四脚动物。在觉醒状态下，许多人大约要花费 80%～90%的时间与他人进行沟通。人在出生后发出的第一声啼哭，就是在向这个世界宣布自己的存在。一旦人们之间发生联系，沟通活动就发生了，且这一活动一直持续到人们停止呼吸。纵使有些信息没有表达出来，人们也时时刻刻、事事处处都在有意无意地向外界传递信息。

毋庸置疑，人类的祖先能够战胜恶劣的自然灾害和凶猛动物的袭击而生存下来，一个重要的原因就是群体成员之间的协作。沟通也因此作为人类生存的基本技能之一，成为人类文化基因中的一个重要表现。作为信息加工和能量转化系统的生命有机体，必须与外部环境保持相互作用，必须接受外界的各种刺激，并对各种刺激做出适当反应，才能够维持正常的生命活动。心理学家赫隆（1957）曾经做过“感觉剥夺”实验，他将自愿参加实验的人关在一个与外界隔绝的实验室里，在里面看不到任何光线，听不到任何声音。参加实验的人身体的各个部位被包裹起来，以尽可能减少触觉体验。实验期间，除给被实验者以必要的食物以外，不允许其获得任何其他刺激。结果仅仅三天，参加实验者的整个身心就出现严重障碍，甚至不能准确地做某些大动作。

2. 沟通是个体成长的需要

人们的一切行为动力都来自于人的需要。需要的类型和强度的差异，导致了人的行为方式的差异，这是行为科学的基本观点。要理解人的行为，就必须了解人的需要。人本主义心理学家马斯洛假设每个人都存在 5 种需要，如图 6-1 所示。

1）生理需要：包括饥饿、干渴、栖身、性和其他身体需要。

2）安全需要：包括免受生理和心理伤害的需要。

3）社会需要：包括爱、归属、接纳和友谊等。

4）尊重需要：包括自尊、自主、地位、认可和他人关注等。

5）自我实现需要：追求个人能力极限的内驱力，包括成长、发挥自己潜能和自我实现。

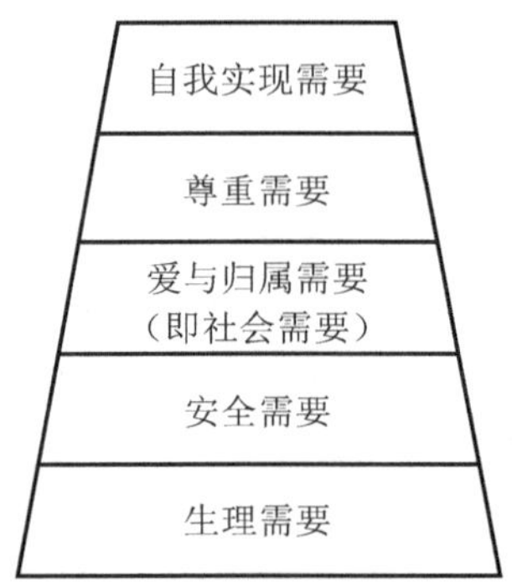

图 6-1　马斯洛的需要层次

马斯洛认为，人的需要是从低到高按照层次顺序发展起来的，低一层次的需要基本获得满足以后，人们就会关注高一层次的需要。在这个过程中，一个人得到不断的成长和完善，最终达到自我实现的需要。人的任何一种需要得不到满足的话，都难以成为一个健康的人。这个理论告诉我们，个体要想健康地成长和发展，真正成为一个社会人，就必须不断满足自己的各种需要，包括社会需要、尊重需要和自我实现的需要。所有需要的满足都离不开与外界的沟通和交流。从孩提时代开始，渴了要喝水，饿了要吃饭，这些低层次需要的满足，都要通过沟通来实现：一个人必须通过某些方式，发出某种信号，让别人知道自己渴了或者饿了，才能获得自己需要的东西。对于那些高层次的社会需要，更需要通过与人沟通来获得满足。任何一个人，无论他的精力多么充沛，他的直接经验都是有限的。人要想适应无穷无尽的、不断变化的外部世界，就必须凭借沟通，获得别人的宝贵经验。

英国作家萧伯纳有一个很好的比喻：假如你有一个苹果，我有一个苹果，彼此交换后，我们每个人都只有一个苹果。但是，如果你有一种思想，我有一种思想，那么，彼此交换后，我们每个人都有两种思想。甚至，两种思想发生碰撞，还可以产生出两种思想之外的其他思想。在情感上，人们同样是通过沟通来丰富自己的。人们欣赏绘画、摄影作品，看电影、电视，阅读散文、诗歌、小说，实际上都是在体验作者创作的情感历

程。不仅如此，受作品的激发，人们在欣赏过程中还会产生出许多作品中没有的或超越作品的情感体验和思想。在情感体验的性质上，沟通的过程使积极的情感体验加深，使消极的情感体验减弱。

3. 沟通是组织系统健康运行的润滑剂

谈到影响组织健康发展的因素时，人们往往会想起正确的战略方向、合理的管理制度与运行制度，以及优秀的员工等。但是，即使这些条件都具备了，很多组织的运营还是遇到了巨大障碍，有的甚至陷入困境，其关键是在具体的执行过程中出了问题。一个企业无论有多么正确的战略方向，多么合理的管理和运行制度，有多么优秀的员工，这些都只能说是成功的必要条件，或者说是成功的基础。真正的成功，还需要通过人与人之间的相互作用（包括领导者与被领导者、上司与下属、部门之间、合作伙伴之间等的竞争或合作行为）才有可能实现。而人与人之间相互作用的一个重要方式就是沟通。组织的所有目的、任务、活动等都是通过沟通实现的，没有沟通，任何组织目标都无法达成。因此，如果把组织看作是一台复杂的机器，战略、管理制度和人才是这台机器的关键部件，而沟通则是保持这台机器正常运行的润滑剂。

在管理活动中，沟通无处不在。首先，沟通是占用管理者时间最多的工作，没有人与人之间的沟通就不可能实行领导。事实上，企业高级经理每天所做的大部分决策事务都是围绕沟通这一核心问题展开的，与上司、下属、社会公众的交流成为高层管理者的主要任务。其次，管理沟通的作用还表现在对变革的支持。管理者要处理的重要工作之一是变革，而变革过程必然会遇到各种阻力和障碍，管理沟通的目的就在于消除这些障碍，或中立阻碍力量，甚至把不利因素转化为有利因素，有效地实现组织变革。本书将在最后一章介绍组织变革中的沟通要点。最后，管理沟通既指组织信息的正式传递，又包括人员、群体间的情感互访。沟通是技术性的，但比技术更有意义的是因此而建立起来的那种相互了解、相互尊重，这一切能增强人们彼此坦率地讨论个人情感和个人问题的信心和相互之间的信任。

著名管理学家德鲁克提出管理沟通的 4 个基本原则：①受众能感知到沟通的信息内涵。②沟通是一种受众期望的满足。人们习惯于听取他们想听的，而对不熟悉的或威胁性的内容具有排斥情绪，因此，要有一个循序渐进的过程。③沟通能够激发听众的需要。管理者要分析自己的信息是否值得受众花费时间来获取——如果我是受众，我自己是否愿意花费时间来获取这些信息？④所提供的信息必须是有价值的。沟通和信息是两个不同的概念，由于信息量非常大，受众没有必要获取所有的信息，因此沟通所提供的信息应该是有用的、重要的信息。

从个人角度来讲，有效沟通的能力往往是决定一个人能否得到提升的一个最关键的个人特征。沟通能力是一个内涵非常丰富的概念，它包括一系列广泛的活动技能：从写到说，到体态语言。尽管每项活动的能力都很重要，但对大多数管理者来说，面对面、一对一的沟通在成功管理中起着决定性的作用。从组织角度看，卡梅隆（1988）在对一个正在进行大规模调整的大型制造企业进行调研时，问了这样两个问题：①在组织调整

实施过程中遇到的最大问题是什么？②你过去进行组织调整的成功经验中，最关键的因素是什么？结果得到的答案均是沟通。被访人员中，所有的人都赞同多沟通总是优于少沟通，并认为与员工过多的沟通也还是利大于弊。因此，管理沟通技能的学习既是个体自我提升的重要途径，同时也是组织效率和绩效提升的有效途径。

6.2 沟通的过程

6.2.1 沟通过程模型

整个沟通过程由 7 个要素组成，包括信息源、信息、通道、信息接收者、反馈、障碍或噪声、背景等。这 7 个要素之间的相互关系，在图 6-2 中可以一目了然。

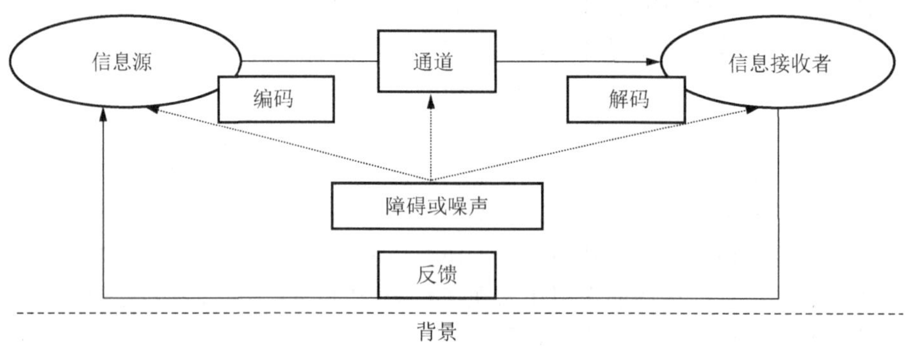

图 6-2 沟通过程模型

6.2.2 沟通要素

1. 信息源

信息源是具有信息并试图进行沟通的人。他们引发沟通过程，决定以谁为沟通对象，并决定沟通的目的。沟通的目的可以是为了提供信息，也可以是为了影响别人，使别人改变态度，还可以是为了与人建立某种联系或纯粹为了娱乐。作为信息源的沟通者，在实施沟通前，必须首先在自己丰富的记忆里，选择出试图沟通的信息，并进行恰当的组织。

另外，信息源的态度、技能、情绪状态等都可能影响沟通的效果。

2. 信息

编码：将想法转化为有意义的符号的过程。

译码：接收者对于发送者传递的符号的解释。

从沟通意向的角度说，信息是沟通者试图传达给别人的观念和情感。但个人的感受不能直接为信息接收者所接受，因而它们必须转化为各种不同的、可为别人所觉察的信

号。也就是把意义转化为信息接收者可以接受的形式，如文字、口头语言或表情等，这个过程叫作编码。所谓编码，是指选择某种符号来代表信息表达者试图表达的内容，而这种符号是能被信息接收者理解的，即前文所说的“符号象征”。一个简单的例子就是人们与计算机对话时，必须采用计算机能接收的符号系统，人们所有的思想和感情只能通过键盘来告诉计算机。成年人跟孩子说话，就必须选择孩子能够接受的语言来表达，而不是根据成年人自己的语言来表达。这个编码的过程，在很大程度上会决定沟通的有效性。在各种符号系统中，最为重要的是语词。一方面，语词沟通是以共同的语言经验为基础的。没有相应的语言经验，语词的声音符号就成了无意义的音节，形象符号也成了无意义的图画。如果你对不懂中文的人讲汉语，那对方就不能从你的声音符号里面获得意义，沟通也就不能实现。另一方面，即使是使用同一种语言的人，对于同一个语词，不同的人在理解上也常常是有区别的。因为对于任何一个语词的意义，不同的人都有不同的经验背景。在偏僻的乡村，“富有”也许只是指家有自行车、缝纫机、电视机；而在经济发达地区，家有汽车、摄像机、计算机也不能算“富有”。城里人很少见到老鼠，所以见到几两重的家鼠也惊呼“大老鼠”；而常见到老鼠的农民，就是见到成斤重的老鼠，也不会大惊小怪。由于不同的人对同一个词语的理解存在差异，实际上完全对应的沟通是很少的，更多的沟通都发生在大致对应的水平上。日常生活中人们时常出现对沟通的误解，也往往是由于对于同一个语词的理解不一致引起的。

3. 通道

通道指信息传递的渠道。沟通渠道很多，如面对面谈话、电话、电子邮件、小会、大会、现场直播、录像、信件、小道消息等。

通道所指的是沟通信息所传达的方式。人们的 5 种感觉器官都可以接收信息，但最大量的信息是通过视听途径获得的。日常生活中所发生的沟通也主要是视听沟通。

通常的沟通方式不仅有面对面的沟通，还有以不同媒体为中介的沟通。电视、广播、报纸、电话等，都可被用作沟通的媒体。但是，心理学家的研究发现，在各种方式的沟通中，影响力最大的，仍是面对面的沟通。面对面沟通时，除了语词本身的信息外，还有沟通者整体心理状态的信息，这些信息使得沟通者与信息接收者可以发生情绪的相互感染。此外，在面对面沟通的过程中，沟通者还可以根据信息接收者的反馈，及时调整自己的沟通过程，使其变得更加适合于信息接收者。正是由于面对面的沟通能够更有效地对信息接收者发生影响，因此，即使是在通信技术高度发达的美国，每当总统大选时，候选人也总是不辞劳苦地奔波各地去演讲，目的在于通过面对面的沟通，提高沟通的有效性。

4. 信息接收者

信息接收者指信息源发出的信息的接收人。信息接收者在接收携带信息的各种特定音形符号之后，必须根据自己的已有经验，将其转译成信息源试图传达的知觉、观念或情感。这是一个复杂的过程，包括一系列注意、知觉、转译和储存心理动作，这个过程叫解码（decoding）。所谓解码，就是给符号赋予某种意义。由于信息源和信息接收者是两个不同但又具有相当共同经验的心理世界，因此，信息接收者转译后的沟通内容，与信息源原有内容之间的对应性是有限的。但在通常情况下，这种有限的对应足以使沟通的目的得以实现。

信息接收者个人的知识、经验、心态、倾听技巧、身份等，对于所接收的信息具有筛选、过滤和加工的作用。

在面对面的沟通过程中，信息源与信息接收者的角色是不断转换的。前一个时限的信息接收者，可能成为下一个时限的信息源。在日常生活中，每一个人都必须很好地了解如何才能有效地理解别人和让别人理解，了解沟通过程中信息的转译和传递机制，只有这样，才能提高沟通的有效性和准确性。

5. 障碍或噪声

人类的沟通经常发生障碍，因此，分析沟通过程不能不分析障碍问题。人类的沟通系统好比电话回路，任何一个环节出现问题，都可能对沟通形成障碍，从而影响沟通的效果。信息源的信息不充分或不明确（如得相思病而整日坐立不安的人，会认为自己病了而不会认为自己爱上了某一个人），信息没有被有效或正确地转换成可以沟通的信号（如爱的感受没有被转换成让被爱者可以理解的语词表达），误用沟通方式（如以不适当的讨好来表达爱慕），信息接收者误解信息（如将爱慕者表达的关怀和帮助，解释成他希望通过这种方式得到自己帮助）等，都会对沟通造成障碍。

此外，沟通者之间缺乏共同的经验，彼此也难以建立沟通。来自两个完全不同的文化背景的沟通者，是很难有效地交流信息的。有一个故事，讲一个外国旅游者在一个乡村小店想喝牛奶，在纸上画了一头牛，结果店主真的牵来一头大水牛。其实，即使在同一个国家，由于不同地区、不同民族有其独特的文化背景，类似的笑话也是经常发生的。由此不难得出结论：足够的共同经验，是沟通得以实现的必要前提。

噪声：在沟通过程中干扰信息发送者和信息沟通者之间交流的因素。

噪声主要来源：情绪状态与环境情景、双方个性特点、价值标准与认知水平的不同、地位级别所造成的心理落差和沟通距离、编码和译码时所采用的信息符号系统的差异、信息通道本身的物理干扰（如增大音量可以克服）。

6. 背景

背景是指沟通发生的情境。它影响沟通的每一个因素，同时也是影响整个沟通过程的关键因素。在沟通过程中，许多意义是由背景提供的，甚至语词的意义也会随背景而改变。同样一句“你真够坏的！”，如果是亲密朋友在家里亲切交谈的背景，那么这句话并不是谴责的意思，而意味着欣赏、赞美。可以设想，如果将这句话用于其他情景，其意义会是什么，其所指的对象会做出怎样的反应。

心理背景是指沟通双方的情绪和态度，包括两个方面的内涵：沟通者的心情、情绪（兴奋、悲伤、焦虑等）；沟通者对对方的态度（是敌视还是关系冷漠，会出现偏差）。

物理背景即沟通发生的场所。

社会背景一方面指沟通双方的社会角色关系。如上下级、朋友。(上级可以拍下级的肩交代工作：要以厂为家；你不可以拍上级，告诫他要公而忘私，要保持距离。人们都有一定的沟通方式预期，只有符合预期，才能被接纳，但这种社会关系也往往成为沟通障碍：如下级对上级投其所好，报喜不报忧，上级就要主动改变，消除这种角色预期的负面影响。另一方面，还包括沟通情境中对沟通发生影响但不直接参与沟通的其他人。如配偶（上司、竞争对手）在场与否，人们与异性沟通方式是不一样的。

文化背景指沟通者长期的文化积淀，也是沟通者较稳定的价值取向、思维模式、心理结构的总和。当文化碰撞时，这种背景才明显。

7. 反馈

反馈的作用是使沟通成为一个交互过程。在沟通过程中，沟通的每一方都在不断地将信息回馈另一方，这种回馈过程就称作反馈、反馈可以告诉信息发送者、信息接收者接收和理解每一信息的状态。如果反馈显示信息接收者接收并理解了信息，这种反馈称为正反馈。如果反馈显示，信息源的信息没有被接收和理解，则称为负反馈。若显示信息接收者对于信息源的信息反应为不确定状态的信息，则叫作模糊反馈。模糊反馈往往意味着来自信息源的信息尚不够充分。成功的沟通者对于反馈都十分敏感，并会根据反馈不断调整自己的信息发送。

反馈不一定来自对方，人们也可以从自己发送信息的过程或已发出的信息获得反馈。当人们发现所说的话不够明确，或写出的句子难以理解时，自己就可以做出调整。与外来反馈相对应，这种反馈称为自我反馈。

6.3 沟通的类型

6.3.1 言语沟通与非言语沟通

按照信息载体划分，沟通可以分为言语沟通与非言语沟通。

1. 言语沟通

言语沟通是指以语词符号实现的沟通，可以分为口头言语沟通与书面言语沟通。口头言语沟通是指借助于口头语言实现的沟通，是日常生活中最为常见的沟通形式，同时也是保持整体信息最好的沟通方式。平时的交谈、讨论、开会等都离不开口头语言的沟通。在变革的年代，企业管理者也都意识到这种沟通方式的有效性。通过面对面的沟通，管理者可以和员工进行坦诚、开放的交流，使员工觉得领导者理解自己的需求和兴趣点，从而增强员工对组织的认同感。

书面言语沟通是指借助于书面文字材料实现的信息交流。书面沟通可以修正内容，因而是一种准确性较高的沟通方式，但这并不是说书面语言就不会出现信息传递失真的情况。例如，1930 年 5 月，蒋介石与冯玉祥、阎锡山大战中原时，冯、阎曾商定会师河南北部的沁阳，以集中兵力聚歼驻守在那里的蒋军。可是，冯玉祥手下的作战参谋在拟订作战命令时，却把“沁（QIN，4）阳”写成了“泌（BI，4）阳”（注：该地在河南南部，与沁阳相距近千里）。一字之差，使冯军误入泌阳，失去了聚歼蒋军的有利战机，反而使蒋军坐得了战争的主动权。书面沟通的另外一个优点是具有持久性，它使沟通过程超越了时间和空间的限制，人们不仅可以通过文字记载来研究古人的思想，也可以将当代人的成就传给后代。但是，书面沟通缺乏信息源背景信息的支持，信息接收者感受不到信息源自身的人格和情感因素的影响，因而对信息接收者的影响力有限。

2. 非言语沟通

在沟通过程中，非言语沟通传递了大约 55%的信息。然而，相对于言语沟通，人们往往会忽视非言语沟通的重要性，因而在不知不觉中使沟通的效果大打折扣。非言语沟通的实现一般有 3 种方式。

第一种方式为身体语言沟通，包括动态的身体语言和静态的身体语言两种。动态的身体语言是通过动态无声性的目光、表情动作、手势语言和身体运动等实现沟通；静态身体语言是通过无声性的身体姿势、空间距离及衣着打扮等实现沟通。

第二种非言语沟通方式为副言语沟通，它是通过非语词的声音，如重音、声调的变化、哭、笑、停顿等来实现的。心理学家称非语词的声音信号为副语言（paralanguage）。一句话的含义常常不是决定于其字面的意义，而是决定于它的弦外之音，俗话说的“听话听声，锣鼓听音”就是这个意思。语言表达方式的变化，尤其是语调的变化，可以使字面相同的一句话具有完全不同的含义。如一句简单的口头语“真棒”，当音调较低、语气肯定时，表示由衷的赞赏。而当音调升高，语气抑扬，说成“真棒”时，则有可能变成了刻薄的讥讽和幸灾乐祸。

心理学研究发现，低音频是与愉快、烦恼、悲伤的情绪相联系的，而高音频则表示恐惧、惊奇或气愤。副语言研究者迪保罗 1982 年的研究还发现，鉴别别人说谎的最可靠线索就是声调。一般的说谎者，说谎时会低头或躲避别人的视线。老练的说谎者则可以有意识控制这些慌乱行为，说谎时不仅不脸红、不低头，还能有意识地以安详的表情迎接别人的目光。但是，说谎时声调的提高，却是不自觉的，它可以有效地透露说谎者言不由衷的心态。

第三种非言语沟通的方式为物体操纵，包括环境的布置、辅助仪器与设备的使用等。例如，在教师日常的讲课过程中，很少会使用教鞭或者电子教鞭，但如果是公开课，或者是参加教学比赛等重要场合，就会经常使用这些设备。这种设备的使用除了方便教学之外，还传递了另外一种信息：这是一个非常重要的场合，大家都非常重视这次活动。在日常生活中，有很多现象都可以从这个角度来解释。例如，人们在不同场合会穿不同款式或颜色的衣服，因为着装能表现一个人的某些特点，所以，人们经常会根据一个人的衣着来判断其职业甚至人品。在正式的宴会上，座位的安排也是表达某种信息的重要手段。在组织环境中，不同职业的人的办公室布置的风格是不同的，专业人士和管理人

员的办公室一般是庄重和严肃的，而秘书的办公桌则可能布置得比较活泼一些。另外，办公室的位置和地点是表明一个人地位和身份的重要信息源。沟通的分类如图 6-3 所示。

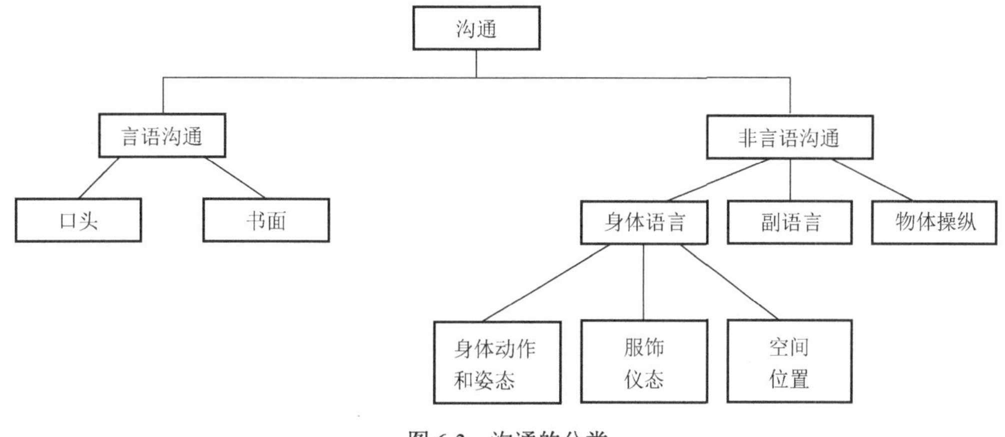

图 6-3　沟通的分类

6.3.2　正式沟通与非正式沟通

根据途径的异同分为正式沟通和非正式沟通。

1. 正式沟通

正式沟通是在组织系统内部，根据组织原则与组织管理制度进行的信息传递与交流，包括组织对内对外的公文来往、会议、命令等。正式沟通一般以书面沟通为主，是受到管理人员重视的传统方式。组织中的正式沟通一般体现的是信息交流的功能。

正式沟通对内建立在组织内部管理制度之上，对外则依据社会主流的交往规则（如道德、法律），其优点是沟通效果比较好，比较严肃，约束力强，易于保密，可以使公共关系保持权威性。重要的信息和文件的传达、组织的决策一般都采用正式沟通的渠道。其缺点是各层次层层传递，显得呆板而缺乏灵活性，沟通的速度比较缓慢。也存在着信息失真或扭曲的可能。另外，正式沟通很难做到双向沟通，因此沟通效果也比较差。

2. 非正式沟通

在群体内部和群体之间，除了正式沟通之外，非正式沟通也是一条非常重要的沟通渠道。所谓非正式沟通，是指组织成员私下的交谈、传闻和“小道消息”等。非正式组织是由于组织成员的感情和动机上的需要而形成的。其沟通途径是通过组织内的各种社会关系，这种社会关系超越了部门、单位以及层次。非正式沟通一般体现的是感情交流的功能。非正式沟通与正式沟通的区别有 3 点：首先，它不受社会层级的控制；其次，大多数人相信通过非正式沟通获得的信息更可靠；最后，非正式沟通在很大程度上与人们的切身利益休戚相关。

行为科学家认为，非正式沟通的目的不总是有关人员故意搬弄是非，或者为了满足传播“小道消息”者的好奇心。非正式沟通至少可以达到以下 4 个目的：①缓解情绪，建构个体的安全感。信息不对称是滋生“小道消息”的土壤，当人们处于不确定的信息环境时，往往会通过传播和获取“小道消息”而保持心态的平衡。②使支离破碎的信息能够自圆其说。③将群体成员（甚至包括局外人）组织成一个整体。④满足信息发送者地位和权力的需要。

同正式沟通相比，非正式沟通的优点是：沟通形式灵活，直接明了，速度快，省略许多烦琐的程序，容易及时了解到正式沟通难以提供的信息，真实地反映员工的思想、态度和动机。非正式沟通能够发挥作用的基础，建立团体中良好的人际关系，能够对管理决策起重要作用。

非正式沟通的缺点主要表现在：非正式沟通难以控制，传递的信息不确切，容易失真、被曲解，并且，它可能促进小集团、小圈子的建立，影响员工关系的稳定和团体的凝聚力。如果能够对企业内部非正式的沟通渠道加以合理利用和引导，就可以帮助企业管理者获得许多无法从正式渠道取得的信息，在达成理解的同时解决潜在的问题，从而最大限度提升企业内部的凝聚力，发挥整体效应。

6.3.3 下向沟通、上向沟通、横向沟通、斜向沟通和外向沟通

按信息流向的不同，又可细分为下向、上向、横向、斜向、外向沟通等。

1. 下向沟通

下向沟通提供指导、控制，对业绩进行反馈，解释政策和程序。

这是在传统组织内最主要的沟通流向。一般以命令方式传达上级组织或其上级所决定的政策、计划、规定之类的信息，有时颁发某些资料供下属使用。如果公司的结构包括有多个层次，则通过层层转达，其结果往往使下向信息发生歪曲，甚至遗失，而且过程迟缓，这些都是在下向沟通中所经常发现的问题。

2. 上向沟通

给予高层管理者提供反馈或建议。

主要是下属依照规定向上级所提出的正式书面或口头报告。除此以外，许多机构还采取某些措施鼓励向上沟通，如意见箱、建议制度以及由公司组织举办的征求意见的座谈会或态度调查等。有时某些上层主管采取所谓“门户开放”政策，使下属人员可以不经层次向上报告。但这种沟通由于人事利害关系，往往使沟通信息发生与事实不符合或压缩的情形。

3. 横向沟通

与完成工作有关的交流。主要是同层次、不同业务部门之间的沟通。在正式沟通系统内，一般机会并不多，若采用委员会和举行会议方式，往往所费时间、人力甚多，而

达到的沟通效果并不很大。因此，公司为顺利进行其工作，必须依赖非正式沟通，以辅助正式沟通的不足。

4. 斜向沟通

斜向沟通是一种特殊形式的沟通，包括群体内部非同一组织层次上的单位或个人之间的信息沟通和不同群体的非同一组织层次之间的沟通。

5. 外向沟通

外向沟通是指组织成员旨在向公司外部收集信息和表现形象的沟通活动。

6.3.4 口头沟通与书面沟通

口头沟通的优点是具有亲切感，快速传递，反馈及时且作用明显。

其缺点是口说无凭，沟通的内容有时会走样。

书面沟通的优点是传播内容不易被歪曲，而且可以永久保留；其缺点是反馈的速度较慢，容易降低问题的重要性。根据研究结果发现，有效的组织沟通最好同时使用书面沟通和口头沟通两种方式。

6.3.5 单向沟通与双向沟通

单向沟通：没有反馈的沟通。如电话通知、书面指示、电视、电话会议等。对当面沟通，有人认为属于双向沟通，也有人认为属于单向沟通，如下达指示、做报告等。严格说来，当面沟通信息，总是双向沟通。因为，虽然沟通者有时没有听到接收者的语言反馈，但从接收者的面部表情、聆听态度等方面就可以获得部分反馈信息。

优点：传达信息速度快、容易控制，发送信息的人不会受到攻击（发送信息不会受到另一方的挑战，能保持发送信息者的威严。）

缺点：有一方是完全被动的，有时难辨是非，准确性差，信息接收者易产生挫折与抗拒心理。

双向沟通：有反馈的沟通。如讨论、面谈等。在双向沟通中，沟通者可以检验接收者是如何理解信息的，也可以使接收者明白其所理解的信息是否正确，并可要求沟通者进一步传递信息。

优点：准确性高、接受信息的人更有信心（有反馈的机会，对自己的判断更有信心，并有参与感和光荣感）。

缺点：费时费力，信息接收者有心理压力，传递信息速度慢，易受干扰，并缺乏条理性。

单向与双向沟通在企业管理中有不同的作用。一般情况下，在要求接收者接受的信息准确无误时，或处理重大问题时，或做出重要决策时，宜用双向沟通。而在强调工作速度和工作秩序，或者执行例行公务时，宜用单向沟通。

二者相比，在处理人际关系和加强双方紧密合作方面有着更为重要的作用。因而现代企业的沟通，也越来越多地从单向沟通转变为双向沟通。因为双向沟通更能激发员工参与管理的热情，有利于企业的发展。

管理者在促进双向沟通时，要注意以下 2 点。

1. 平衡心理差异

上下级之间由于权力的差异导致的心理上的差异有可能严重影响双向沟通的效果，部属不敢在主管面前畅所欲言，担心自己的语言可能会损害自己在领导心目中的形象。作为管理者应努力地消除部属的心理不适，创造一种民主、和谐、轻松、随便的沟通气氛，这样才能得到部属的真实看法和意见。

2. 增加容忍度

双向沟通时，不同意见、观点、建议的出现是正常现象。作为管理者不应该因反对意见的猛烈而大发雷霆、恼羞成怒，而应该心平气和地与员工交换自己的思想和看法，以求达成共识，共同做好工作。

6.3.6 自我沟通、人际沟通与群体沟通

根据沟通者的数目，可以将沟通分为自我沟通、人际沟通与群体沟通。在自我沟通中，信息的发送者和接收者是由一个人来完成的；人际沟通是指两个人之间的信息交流过程；群体沟通是指 3 个及以上的个体之间进行的沟通。

1. 自我沟通

沟通不仅可以在个人与他人之间发生，也可以在个人自身内部发生。这种在个人自身内部发生的沟通过程，就是自我沟通。个人内部神经系统，就是由信息传入和传出两个系统构成的。自言自语是最明显的、自觉的个人内部沟通过程。一个人在做事时常常自己对自己不断发出命令，自己再接受或拒绝命令。例如，小孩搭积木时，口中常念念有词：“这一块应该放这。不对，应该放这。对，就是放这。”这是典型的自我沟通过程。当成年人完成比较困难的任务，如开发出新的产品或编写完新的软件时，也会出现自言自语式的自我沟通。

自我沟通过程是人际沟通与群体沟通的基础。当人们在对别人说出一句话或做出一个举动前，就已经经历了复杂的自我沟通过程。不过，只有在必须对一句话进行反复斟酌，或对一个举动反复考虑时，人们才能清楚地意识到这种过程的存在。自我沟通过程是其他形式的人与人之间成功沟通的基础。

2. 人际沟通

广义的人际沟通包括一切人与人之间发生的各种形式的沟通。而狭义的人际沟通则

特指两个人之间的信息交流过程，这是一种与人们的日常生活关系最为密切的沟通。每个人与家人、朋友、上级、下属和同事之间关系的建立和持续，都必须通过这种沟通来实现。

3. 群体沟通

群体沟通可以分为4种不同情况。

（1）小群体沟通（group communication）

小群体通常指具有某种特殊职能，3个人以上、13个人以下的群体，如班组、家庭、最高决策集团等。以小群体为背景的沟通就是小群体沟通。与人际沟通不同，小群体沟通有许多新的特点，即出现了沟通网络结构、沟通的群体效益、沟通对群体士气的影响等新问题。心理学研究发现，小群体潜在的沟通网络结构有以下5种，如图6-4所示。

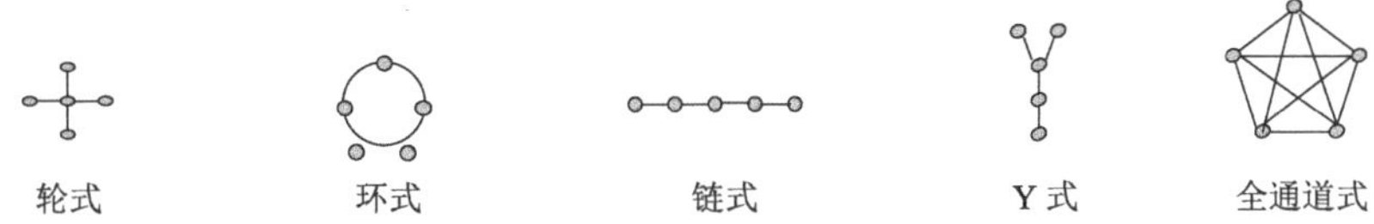

图6-4 小群体潜在的沟通网络结构

按沟通形态的不同，正式沟通一般可以分为5种：链式、轮式、Y式、环式与全通道式沟通。

1）链式沟通。这是一个平行网络，其中居于两端的人只能与内侧的一个成员联系，居中的人则可分别与两人沟通信息。在一个公司系统中，它相当于一个纵向沟通系统，代表一个等级层次，逐渐传递，信息可自上而下或自下而上进行传递。在这个网络中，信息经层层传递，容易失真，各个信息传递者所接受的信息差异很大，平均满意程度有较大差距。此外，这种网络还可表示组织中主管人员和下级部属之间中间管理者的组织系统，属控制结构。

在管理中，如果某一组织系统过于庞大，需要实行分权授权管理，那么，链式的沟通网络是一种行之有效的方法。

2）环式沟通。此形态可以看成是链式形态的一个封闭控制结构，表示5个人之间依次联络和沟通。其中，每个人都有可以同时与两个人沟通信息。在这个网络中，组织的集中化程度和领导人的预测程度都较低，畅通渠道不多，组织中成员具有比较一致的满意度，组织士气高昂。如果在组织中需要创造出一种高昂的士气来实现组织目标，环式沟通是一种行之有效的措施。

3）Y式沟通。这是一个纵向沟通网络，其中只有一个成员位于沟通内的中心，成为沟通的媒介。在组织中，这一网络大体相当于组织领导、秘书班子再到下级主管人员或一般成员之间的纵向关系。这种网络集中化程度高，解决问题速度快，组织中领导人员预测程度高。除中心人员外，组织成员的平均满意程度较低。此网络适用于主管人员的工作任务十分繁重，需要有人选择信息，提供决策依据，节省时间，而又要对组织实行有效的控制。但此网络易于导致信息曲解或失真，影响组织中成员的士气，阻碍组织提高工作效率。

4）轮式沟通。属于控制型网络，其中只有一个成员是各种信息的汇集点与传递中心。在组织中，大体相当于一个主管领导直接管理几个部门的权威控制系统。此网络集中化程度高，解决问题的速度快。沟通的渠道很少，组织成员的满意程度低，士气低落。轮式网络是加强组织控制、争时间、抢速度的一个有效方法。如果组织接受紧急任务，要求进行严密控制，则可采取这种网络。

5）全通道式沟通。这是一个开放式的网络系统，特别是在互联网和内联网应用日益广泛的今天。其中每个成员之间都有一定的联系，彼此了解。此网络中组织的集中程度很低。由于沟通渠道很多，组织成员的平均满意程度高且差异小，所以士气高昂，合作气氛浓厚。这时于解决复杂问题、增强组织合作精神、提高士气均有很大作用。但是，由于这种网络沟通渠道太多，易造成混乱，且又费时，影响工作效率。

上述 5 种沟通形态和网络，都有其优缺点。作为一名主管人员，在管理中实践中，要进行有效的人际沟通，就需发挥其优点，克服其缺点，使组织的管理工作水平提高。

一般认为，轮式沟通是最有利于群体问题解决的沟通网络。但其形成了一个信息控制中心，不利于群体成员之间的人际沟通，因而群体成员的满意程度较低。全通道式的沟通保证了群体成员的人际交往，有利于彼此之间关系的建立和维持，但这种网络模式解决问题的速度慢，也不容易领导。相对地，这两种典型的网络结构在实际生活中较为少见。其他网络的特性居于轮式与环式中间。心理学家发现，不同网络模式的沟通适合于不同性质的群体。生产型群体，即需要尽快决策并保持有效领导的群体，采取轮式沟通为佳；娱乐群体，旨在促进群体成员沟通和情感联系的群体，则以环式和全通道式沟通为佳。

（2）公众沟通（public communication）

公众沟通是一种重要的群体沟通方式。公众沟通是指一个演讲者与许多听众的沟通。在公众沟通过程中，听众并不是简单地、被动地充当信息接收者，而是积极参与沟通过程，发生反馈。不过，演讲者对于沟通过程具有更大的控制力量。典型的公众沟通包括记者招待会、公开演说、培训等。

（3）大众沟通（mass communication）

大众沟通也称大众传播，即通过广播、互联网、电视、报纸、杂志等大众媒介实现的信息交流。大众沟通的一个特点，是沟通以信息的传播为主导，对于信息接收者的反馈，则是通过预测将其考虑到信息传播的过程之中。有时则是依据信息接收者对前一沟通过程的各种途径的反馈，而修正后一信息的传播过程。大众沟通还有另外一个显著特点，那就是其影响广泛而深远。生活于当代社会的每一个人，几乎都要受到大众沟通的影响。人们的政治态度、商品选择、文化娱乐，都首先受大众沟通的影响。心理学家发现，电视、互联网络的兴起，已经在世界范围内深刻地改变了人们的生活方式。

（4）组织沟通（organizational communication）

组织沟通是另外一种群体沟通的方式，是在社会组织内发生的沟通。发生在公司、

学校、政府机构及自发组织内的沟通，都属于组织沟通。组织管理中典型的组织沟通包括集体谈判、商务谈判等。一般情况下，组织沟通是多层次的。组织的最高领导者之间，如公司总裁和副总裁之间常常保持密切的正式和非正式的人际沟通；而组织的各级决策群体中间，则常常保持着小群体沟通性质的联系；在领导者与组织的普通成员之间，则往往以公众沟通的形式保持联系。较大的组织机构，以大众沟通的形式，通过各种本组织的大众媒介保持自身机构的一体化。

6.4 克服组织沟通的障碍

目前，管理沟通中存在的主要问题如表6-1所示，组织沟通的障碍主要来自员工和组织机制。

表6-1 主要的沟通问题

企业中的管理者70%的时间用于沟通，但是企业中70%的问题是由于沟通障碍引起的	
企业的问题	员工的问题
员工缺乏对企业的统一认识	沟通过程带有明显的个人色彩
企业不了解员工的需求	希望谋求职业生涯的高效沟通技巧
企业内部沟通渠道单一或不完善	存在对下属的沟通和激励困难
上行沟通在沟通中占主要比例	存在与上司的诉求与交流障碍
缺乏横向沟通和交叉沟通	语言交流能力弱
存在信息过滤和信息扭曲	不擅长非语言沟通技巧
沟通反馈机制不健全	书面交流能力不足
主要借助于非正式沟通	不擅长处理特殊情况的沟通难题

6.4.1 员工的沟通障碍

1）文化、价值观等意识层面的问题。

2）教育层次、学识、地位等阶层性问题。

3）心理和情绪因素。好的情绪会让沟通变得更加流畅，而不佳的心理状态或情绪则会使沟通过程磕磕绊绊，变得低效、无效甚至是产生副作用。

4）个体客观因素造成的障碍。如个体记忆不佳等机理性问题以及性别、年龄等差异所造成的理解偏差。

5）其他因素。如服装、仪表、措辞等给人造成的错误印象。

6.4.2 组织沟通的障碍

1. 组织结构或制度问题

据统计，如果信息在高层管理者那里的正确性是100%，到了信息的接收者手里可能只剩下20%的正确性。这是因为，在沟通的过程中，各级管理者或部门都会把接收到的信息进行甄别，并且一层一层地过滤，然后再将可能是被断章取义的信息发布至下一层极。而且，在甄选过程中，还掺杂了大量的主观因素，尤其是当发送的信息涉及传递者本身时，往往会由于心理方面的原因，造成信息失真。

2. 组织成员间相互不信任或缺乏尊重

有一项研究发现，在面对面的沟通中，有65%是以非语言信息（如眼神、姿态等）传递的，而这些非语言的信息恰恰代表了人的本能，可以反映一个人的真实想法。而在缺乏诚意的沟通中，管理者可能会出现语言信息与非语言信息不一致、说话的语气音调令人不安等现象。这些问题都会成为有效沟通的障碍。

3. 组织沟通的其他常见问题

1）表达不清楚。

2）顾虑太多。

3）还常常存在管理者的观念、思维方式等造成的沟通障碍。

6.4.3 排除障碍因素的有效途径

1. 克服沟通中的心理障碍

沟通中的个人认知差异、情感冲突都为成功沟通埋下了隐患。只有克服了这些心理上的障碍，沟通才能取得比较满意的效果。

（1）克服个人认知的心理障碍

个人认知中影响沟通效果的因素有先入为主的第一印象、固定的社会心理等。如果总是以第一印象来决定与对方沟通的结果，那就有些武断，因为第一印象只是你了解对方的第一步，并不能显示出对方的全部信息。所以一定要结合沟通中对方的表现来验证你的第一印象，这样你的结论才是全面可靠的。

固定的社会心理也会影响到沟通的效果。如果你对对方有一些种族、政治、宗教上的偏见，对某些职业有一些概念化的印象等，那么在沟通中肯定会或多或少地影响到你对对方的态度和评价，从而使沟通达不到预想的良好效果。要克服它，首先自己要能客观地看待这些事物，或者把这些分歧暂时忽略掉，使沟通在平等、友好的氛围中顺利进行。

（2）克服情感冲突所造成的沟通障碍

人都是有感情的，沟通中适当的感情表露能增加双方的信任感，促进进一步的沟通。如果感情表露不当，或者感情失控，沟通就无法顺利进行。所以在沟通中要会驾驭自己的感情，根据沟通中的具体情况，表达出恰当的高兴、同情、理解等，要把握好感情表露的程度。

如果你在沟通中由于对方的一些优势而惧怕对方，或者因担心沟通结果对己不利而感到紧张，可以先做一下深呼吸，调节紧张的情绪，同时还要保持镇静，表现自信。还可以进行一些积极的想象，认为自己完全可以和对方平等沟通，甚至可以战胜对方，取得满意的沟通效果。

2. 克服沟通中的环境障碍

沟通的环境如何同样能在很大程度上影响到沟通的效果。如果选择光线昏暗、声音嘈杂、空气炙热、位置偏僻、采光不好的地方进行交流，肯定不会有什么好的效果。所以环境因素也不可忽视。

1）光线：可以将沟通的环境选在光线明亮的地方，但是也应避免光线太强。

2）颜色：注意沟通场所的颜色，一般黄、橙、红等暖色调颜色的场所使人感到温暖、愉快；蓝、紫、绿等冷色调颜色的场所让人觉得安宁；浅黄、灰褐、象牙色等特殊色调颜色的场所使人兴奋。可以依据沟通的对象，沟通目的的不同来选择不同的颜色搭配。

3）空气：选择通风好，温度、湿度等各方面环境条件都适中的场所。温度依据具体的季节和天气的不同以及个人的身体状况来定，室内相对湿度在40%～60%是比较理想的。

4）声音：一定要选择比较安静的地方来交流，否则沟通将无法顺利进行。一般要求声音控制在60分贝以内，否则沟通的双方都会受到噪音的干扰而变得心情烦躁不安，无法静下心来心平气和地进行沟通。

5）位置：沟通的地点一般选在沟通双方都比较方便的地方，避免去一些特别边远、偏僻的场所；在沟通过程中也要保持适当的距离，不可过于疏远或者过于亲密。要依据对方的性格、与对方的熟悉程度、空间的大小等具体情况来确定最合适的沟通距离，以体现双方的亲密程度，使双方都比较放松。

本章小结

本章介绍了沟通的含义及其重要意义、沟通的分类、有效沟通的障碍。沟通具有协调、激励等作用，有效沟通对组织及组织成员的健康发展意义重大。不同的沟通方式有着各自不同的优缺点，要尽可能地减少沟通障碍，实现有效的组织沟通。

关键概念

沟通；有效沟通；管理沟通。

复习思考题

1. 如何提高组织沟通，实现有效沟通？
2. 组织中有效沟通的障碍有哪些？

阅读案例与材料

沟通技能自我测试

评价标准：非常不同意/不符合（1分）、不同意/不符合（2分）、比较不同意/不符合（3分）、比较同意/符合（4分）、同意/符合（5分）、非常同意/符合（6分）
1．我能根据不同对象的特点提供合适的建议或指导
2．当我劝告他人时，更注重帮助他们反思自身存在的问题
3．当我给他人提供反馈意见，甚至是逆耳的意见时，能坚持诚实的态度
4．当我与他人讨论问题时，始终能就事论事，而非针对个人
5．当我批评或指出他人的不足时，能以客观的标准和预先期望为基础
6．当我纠正某人的行为后，我们的关系常能得到加强
7．在我与他人沟通时，我会激发出对方的自我价值和自尊意识
8．即使我并不赞同，我也能对他人观点表现出诚挚的兴趣
9．我不会对比我权力小或拥有信息少的人表现出高人一等的姿态
10．在与自己有不同观点的人讨论时，我将努力找出双方的某些共同点
11．我的反馈是明确而直接指向问题关键的，避免泛泛而谈或含糊不清
12．我能以平等的方式与对方沟通，避免在交谈中让对方感到被动
13．我以“我认为”而不是“他们认为”的方式表示对自己的观点负责
14．讨论问题时，我通常更关注自己对问题的理解，而不是直接提建议
15．我有意识地与同事和朋友进行定期或不定期的、私人的会谈
自我评价：如果你的总分是： 80～90分，你具有优秀的沟通技能； 70～79分，你略高于平均水平，有些地方尚需要提高； 70分以下，你需要严格地训练你的沟通技能； 选择得分最低的6项，作为技能学习提高的重点。

第 7 章　领导与组织行为

学习目标

1. 掌握领导的定义，理解领导的作用和影响力。
2. 掌握领导特质理论的基本内容。
3. 了解领导行为理论的基本类型。
4. 掌握领导行为的四分图理论和领导管理方格理论的基本内容。
5. 了解领导权变理论的基本类型。
6. 掌握费德勒权变理论和“路径—目标”理论的基本内容。

导入案例

Facebook COO 桑德伯格：获得领导力的 4 点经验

2015 年 6 月 27 日，Facebook 公司首席运营官（chief operating officer，COO）谢丽尔 · 桑德伯格在清华大学经济管理学院毕业典礼上发表演讲，分享了她关于大学毕业生应该怎样获得领导力的 4 点经验。

1）命运偏爱勇者。在桑德伯格看来，Facebook 公司之所以存在，是因为扎克伯格（Facebook 创始人兼 CEO）相信，通过科技实现个人之间的互联，可以使这个世界变得更美好。他深信于此，以至于从哈佛大学本科辍学去追求自己的理想，并且这些年来他一直为此奋斗不止。扎克伯格靠的不是运气，而是勇气。“我花了长得多的时间才发现自己到底想做什么。”桑德伯格说，“回过头看，这（结束在政府部门的工作，搬到硅谷去）似乎是一个明智的举动。但是在 2001 年，这是个被质疑的决定，因为那时科技泡沫刚刚破灭，大公司都在大规模裁员，小公司倒闭如潮。”

2）反馈是一种本领。“在 Facebook，我知道决定我工作绩效的最重要的因素是我与扎克伯格的关系。当我刚加入 Facebook 公司时，我就让他做出承诺，每星期都要给我工作反馈，这样任何困扰他的事情都可以尽快讨论。”桑德伯格这样说，并且认为：“从自己的下属那里获得反馈也同样至关重要。”桑德伯格对那些敢于对她说实话的人心怀感激，并且当众表扬他们。“我深信只有你和你的同事并肩作战，只有当你不仅指挥而且也聆听时，你才能成为最好的领导。”

3）以身作则。尽管不同国家的企业运作都有其特定的文化特点，但桑德伯格相信世界通用的一条领导力原则就是：“激发总是好过指示。”优秀的领导者要能够激发出员工心底的热情、完全的信任及真正的敬业精神。“他们不仅仅是要得到团队的智慧，而且要赢得他们的心。”

4）向前一步。“中国有句话叫‘妇女能顶半边天’，这个说法被世界各地广为引用。”桑德伯格说，“但是，尽管我们认识到女性的重要性及力量，当我们审视各国的领导层时，仍然绝大多数由男性主导。在几乎所有国家——包括美国和中国，只有不到6%的顶尖企业是由女性来领导的。女性在各行各业的领导角色都少之又少。这意味着，在做出影响我们所有人福祉的决定时，女性的意见无法被平等地听取。”因此，桑德伯格表示：“我相信，你们这一代人将会在解决男女平等问题上比我们这一代做得更好。我们寄希望于你们，你们是一个更加平等的世界的希望所在。”

（资料来源：http://world.chinaso.com/detail/20150628/1000200032709021435478645564717780_1.html.）

案例思考：

你从获得领导力的4点经验中学到了什么？

7.1　领导的定义、作用和影响力

7.1.1　领导的定义

领导工作是管理工作的一项重要职能，是作为一个有效管理者的重要条件之一。组织绩效的高低与领导行为有很大关系，对领导行为的研究是组织行为学的重要内容。领导是一种影响力，是影响个体、群体或组织去实现所期望目标的各种活动的过程。这个领导过程是由领导者、被领导者和其所处环境这3个因素所组成的复合函数，可用公式表示：

领导=f（领导者·被领导者·环境）

7.1.2　领导的作用

1. 能更有效地实现组织目标

计划的制订和组织机构的建立，以及实行有效的控制，都是靠人来完成的。组织目标依靠人来制订，实现组织目标同样依靠人来利用各种技术、方法和手段。组织中的人们对目标的理解和对客观世界的认识并不相同，包括组织中成员的个人知识、能力、信念等也存在诸多差异，进而需要采用不同的方法来开展工作，采用不同的标准进行工作效果衡量，这是十分自然的。而领导工作的作用就在于引导组织中的全体人员有效地领会组织目标，使全体人员充满信心，能通过领导工作，协调组织中各个部门、各级人员的各项活动，从而使全体人员步调一致地加速实现组织的目标。

2. 有利于调动人的积极性

社会活动中人的因素是由具有不同的需求、欲望和态度的个人所组成的，它蕴含着任何一个组织所需要的生产力，领导工作就是去诱发这一力量。组织中的每一个人并不

是单纯地只对组织目标产生兴趣，他们有自己的目标，主管人员就是要通过领导，把人们的精力引向组织的目标，并使他们热情地、满怀信心地为实现目标做出贡献。但是，不管是由于人们感到缺乏机会还是缺乏激励，不管是由于客观条件的限制还是由于主管人员的平庸，组织中的人们不一定都能以持续的热情与信心去工作。现实生活中有许多这样的实例：无人领导，工作成绩平平；有一个得力的领导，工作成绩优异。因此，对许多人来说，需要有人高效地领导以激发他们的工作动机。在实现组织目标的同时，主管人员应尽可能地满足他们合理的需求，使他们把自己与组织整体紧紧联系在一起，从而始终保持高昂的士气。在现代社会中，在组织面临激烈竞争形势下，具有高昂的士气就等于成功了一半，整个组织或部门就会取得高效率和社会信誉。由此可以看出，领导的作用也就表现在调动组织中全体人员的积极性，使他们以持久的高士气，尽最大的努力，自觉地做出自己的贡献。

3. 有利于个人目标与组织目标相结合

人们都愿意在愉悦的环境下工作，从事有趣味的活动，工作中受到他人重视，并且有成功的机会，这正是人们工作中个人目标的部分表现。然而，现实的工作环境中总是可能存在个人目标与组织目标不协调的情况。组织有其目标，有为实现组织目标而制订的规章制度、条例、纪律等。尽管人们绝大多数不会去违反这些制度，但当对组织目标缺乏理解时，人们对自己的工作、对整个组织的活动就必然会缺乏应有的信心。显然，这不利于组织目标的实现。在这种情况下，组织中的主管人员就要通过领导去帮助他们理解组织的目标，让人们看到自己所处的位置，对社会、对组织所承担的义务，让人们体会到个人与组织是紧密地连在一起的，而不是站在一边的旁观者，从而使人们自觉地接受组织的目标，主动地放弃一些不切实际的需求。同时主管人员也要创造一种环境，在实现组织目标的前提下，在条件许可的范围内，满足个人的需求，使人们对组织产生一种信任和依赖的感情，从而为加速实现组织目标而做出贡献。这种把个人目标和组织目标有机结合起来的过程，正是领导作用的体现。

7.1.3　领导的影响力

领导的本质即影响力，就是领导者在与他人交往中表现出来的影响和改变他人心理与行为的能力，一种影响群体实现组织目标的能力。领导的影响力包括两类：权力性影响力和非权力性影响力。

权力性影响力也叫强制性影响力。领导者是通过组织赋予他的权力来实现其影响力的。这种影响力的基础主要由法定权和奖惩权构成。权力是领导者的基本特征。在权力性影响力作用下，被领导者的心理与行为一般表现为被动服从，因此它对人的激励作用是十分有限的。非权力性影响力与职位无关，而是来自领导者自身的人格特征，以及其所具备的专业技术和知识。权力性影响力表明了领导者在行使权力时的合法性和在职权范围内的支配地位，但无法保证领导的有效性；而非权力性影响力确认了领导者与被领导者之间的相互认可关系，是保证领导有效性的重要前提。

一个有效的领导者并不轻易动用正式权力，而是十分重视个人的人格魅力所产生的影响力。显然，领导者的职位越高，权力就越大，而与此同时，领导者的责任也越大。所谓责任，就是在领导活动的过程中，领导者在自己的职务和权力范围内，应做的工作和所担负的使命。领导者的职位、权力和责任是一致的。相比较而言，责任比权力更接近于本质，责任是领导者的根本属性，权力只是尽到责任的手段，责任才是领导者的真正象征。

7.2 领导特质理论

在管理思想发展史上，有很多关于领导理论的探索。领导理论是关于领导的有效性理论。领导的有效性主要可以从 3 个方面进行研究，领导理论因而也相应地分为三大部分，即领导特质理论、领导行为理论、领导权变理论。领导特质理论着重从领导者的人格特性、素质、修养出发来探索领导的有效性；领导行为理论则着重分析领导者的领导行为风格对其组织成员的影响，从而找出较为有效的领导行为和风格；领导权变理论则着重研究影响领导行为和领导有效性的环境因素，从而探索提高领导有效性的方法。

7.2.1 领导特质理论的基本思想

领导特质理论着重于研究领导者的个人特质对领导有效的影响。特质研究曾经是一种古老的研究，许多心理学家为此进行过长期的探索。他们的出发点是，根据领导效果的好坏，找出好的领导者与差的领导者在个人特质方面有哪些差异，由此确定优秀的领导者应具备的特点。

研究者认为，只要找出成功领导者应具备的特点，再考察某个组织中的领导者是否具备这些特点，就能断定他是不是个优秀的领导者。这种归纳分析法是研究领导特质理论的基本方法。这种理论阐述的重点是领导者与非领导者的个人品质差异，着重从领导者个人的心理特质上分析领导的有效性，企图探明什么样的人领导最有效。

7.2.2 领导特质理论的研究成果

1. 斯托格迪尔总结的领导者品格

斯托格迪尔通过调查，总结出领导者的品格包括：①5 种身体特征，即精力、外貌、身高、年龄、体重。②2 种社会性特征，即社会经济地位、学历。③4 种智力特征，即果断性、说话流利、知识广博、判断分析能力。④16 种个性特征，即适应性、进取心、热心、自信、独立性、外向、机警、支配、有主见、急性、慢性、见解独到、情绪稳定、作风民主、不随波逐流、智慧。⑤6 种与工作有关的特征，即责任感、事业心、毅力、

首创性、坚持、对人的关心。⑥9 种社交特征，即能力、合作、声誉、人际关系、老练程度、正直、诚实、权力的需要、与人共事的技巧。

2. 鲍莫尔的研究

美国普林斯顿大学的鲍莫尔提出了作为一个企业家应具备的 9 种品格：合作精神、组织能力、精于授权、善于应变、敢于求新、勇于负责、敢担风险、尊重他人和品德高尚。

3. 吉赛利的研究

吉赛利研究了 13 种特征，以及这些特征在领导才能中体现的价值，他的研究结果如表 7-1 所示。括号中的 A 表示能力特征，P 表示个性特征，M 表示激励的特征。

表 7-1　领导者个人特征价值表

重要程度	重要性价值	个人特征
非常重要	100	督查能力（A）
	76	事业心、成就欲（M）
	64	才智（A）
	63	自我实现欲（M）
	62	自信（P）
	61	决断能力（P）
中等重要	54	对安全保障的需要少（M）
	47	与下属关系亲近（P）
	34	首创精神（A）
	20	不要高额金钱报酬（M）
	10	权利需求高（M）
	5	成熟程度高（P）
最不重要	0	性别（男性或女性）

注：重要性价值中 100 为最重要，0 为最不重要。

4. 皮奥特维斯基和罗克的研究

在皮奥特维斯基和罗克两位管理学家 1963 年出版的《经理标尺：一种选择高层管理人员方法》著作中，对成功经理的个人特征列举如下：①能与各种人士就广泛的题目进行交谈的能力。②在工作中既能“动若脱兔”地行动，又能“静若处子”地思考问题。③关心世界局势，对周围生活中发生的事也感兴趣。④在处于孤立环境和困难局势时充满自信。⑤待人处事机巧灵敏，而在必要时也能强迫人们拼命工作。⑥在不同的情况下根据需要，有时幽默灵活，有时庄重威严。⑦既能处理具体问题，也能处理抽象问题。

⑧既有创造力，又愿意遵循惯例。⑨能顺应形势，知道什么时候该冒险，什么时候谋求安全。

5. N.帕金森的研究

N.帕金森总结了以下一些成功的领导者具备的特性：①总是遵守时间。②让下属充分施展才能，并通过良好的、恰如其分的管理，而不是靠硬干来达到目标。③注意抓住关键，先做最重要的事，次要的事宁可不做。④深知仓促决定容易出错。⑤尽可能授权他人，使自己获得时间规划组织未来。

6. 德鲁克的研究

美国管理学家德鲁克在《有效的管理者》中指出了5种有效领导者的特性，并指出它们是可以通过学习掌握的。这5种特征包括：①知道时间该花在什么地方，领导者支配时间常处于被动地位，所以有效地领导者都善于系统地安排与利用时间。②致力于最终的贡献，他们不是为工作而工作，而是为成果而工作。③重视发挥自己的、同事的、上级的和下级的长处。④集中精力于关键领域，确立优先次序，做好最重要的和最基本的工作。⑤能做出切实有效的决定。

7. 彼特的研究

美国管理学家彼特从另一个角度来研究领导者，认为人们可以找到确定的证据来证明某些特性是不成功领导者的品质，这些难以胜任领导的品质可以归结为：①对别人麻木不仁，吹毛求疵，举止凶狠狂妄。②冷漠、孤僻、骄傲自大。③背信弃义。④野心过大，玩弄权术。⑤管头管脚，独断专行。⑥缺乏建立一支同心协力的队伍的能力。⑦心胸狭窄，挑选无能之辈担任下属。⑧目光短浅，缺乏战略头脑。⑨犟头倔脑，无法适应不同的上司。⑩偏听偏信，过分依赖一个顾问。⑪懦弱无能，不敢行动。⑫犹豫不决，无法决断。

7.2.3 领导特质理论存在的问题

经过几十年的研究和实践，许多人对管理特质的研究提出了各种异议，主要有：

1）某些研究所得的结果自相矛盾。例如，在斯托格迪尔的研究中，他确实发现了某些领导者都具备的一些共同特质，但和其他有关领导特质的研究一样，这些共同特征总有许多例外：在其考察的12项研究中，有6项研究表明，领导者比下属年轻，而又有10项研究表明，领导者比下属年老，有2项无差异；在5项研究中，领导者比较外向，有2项研究表明领导者更加内向，在4项研究中则无差异。

2）各国心理学家对领导者特质的认识不统一，提出的各种特质之间不仅没有什么必然联系，而且还存在着明显的矛盾。例如，有些人认为领导者应该是属于黏液质的，具有冷静理智的头脑；而有些人则认为领导者应该属于多血质，应具有热情灵活等特点。

心理学家塔玛琼斯基对领导人格特性进行研究后得出结论："找不出任何一项或单独的或一组特质可以说明领导人与一般人的根本区别。"

3）研究和实践表明，领导者与被领导者、成功的领导者与不成功的领导者的个性特质只有量的差异，并没有质的差别。同时，社会中许多具有所谓天才特质的人并没有当领导者。

4）特质理论忽视了领导效能与被领导者以及所处环境之间的关系。有些领导者在某个环境中工作干得很出色，是个优秀的领导者，但到了另一个环境后，却表现不出什么领导才能。

7.2.4　领导特质理论的意义

一方面领导特质理论揭示了有效领导者所应该具备的基本素质，对于领导者在实际工作中如何发展和完善自我有一定的指导作用。领导特质理论已经提供了一些描述性的见解，虽然只具有很低的分析和预测价值，但其观点仍然有生命力。另一方面现在研究重点已经从人格特质转移到了与工作相关的技能上，这些技能在领导理论的应用中已经变得非常重要。

迄今为止，有效的领导者究竟应该具备哪些素质尚无定论，仅有特质理论还不能充分地解释领导的有效性。在高度规范化的组织中，特质对领导的预测力很可能受到限制。领导者表现出来的特质并不意味着该领导者一定能够成功带领团队成功实现目标。特质理论的这些局限性使得后续的研究者将注意力转向其他方向。

7.3　领导行为理论

特质理论不能完全归纳有效领导者的特质，研究人员开始探索是否有哪些独特的领导行为能导致领导的成功。领导行为理论着重从领导者的风格和行为分析领导的有效性。领导行为的三个方面受到特别的重视，即任务绩效、群体、下属在决策中的参与程度。

7.3.1　领导作风理论

关于领导方式的研究最早是由心理学家库尔特·勒温进行的，他通过试验研究不同领导方式对下属群体行为的影响，认为存在着 3 种极端的领导工作方式，即专制方式、民主方式和放任自流方式。

1. 专制式的领导作风

所谓具有专制方式的领导者是以“力”服人，即靠权力和强制命令让人服从。具体特点是：①独断专行，从不考虑别人意见，所有的决策都是由领导者自己决定。②从不把任何消息告诉下级，下级没有任何参与决策的机会，而只能察言观色，奉命行事。③主要依靠行政命令、纪律约束、训斥和惩罚，而只有偶尔的奖励。有人统计，具有专制方式的领导者和别人谈话时，有 60%左右采取命令和指示口吻。④领导者预先安排一切工作的程序和方法，下级只能服从。⑤领导者很少参加群体的社会活动，与下级保持相当的心理距离。

2. 民主式的领导作风

所谓具有民主方式的领导者，是指那些以理服人、以身作则的领导者。他们使个人做出自觉的有计划的努力，各施其长，各尽所能，分工合作。其特点是：①所有的政策是在领导者的鼓励和协作下由群体讨论而决定，而不是由领导者单独决定的。政策是领导者和其下属共同智慧的结晶。②在分配工作时，尽量照顾到个人的能力、兴趣和爱好。③对下属的工作，不安排得那么具体，个人有相当大的工作自由、较强的选择性与灵活性。④主要应用个人权力和威信，而不是靠职位权力和命令使人服从。谈话时采用商量、建议和请求的口气，下命令仅占 5%左右。⑤领导者积极参加团体活动，与下级无任何心理上的距离。

3. 放任自流式的领导作风

所谓放任自流的领导方式，是指工作事先无布置，事后无检查，权力完全给予个人，一切悉听尊便，毫无规章制度。库尔特·勒温在实验中发现，在专制型领导的团体中，各成员攻击性言论很多，而在民主型领导团体中，则彼此比较友好；在专制型领导的团体中，成员对领导者服从，但表现自我或引人注目的行为多，而在民主型领导的团体中，则彼此以工作为中心的接触多；专制型领导团体中的成员多以“我”为中心，而民主型领导团体中“我”字的使用频率较低且组织成员普遍具有“我们”的意识；当实验导入“挫折”时，专制型领导团体彼此推卸责任或人身攻击，民主型领导团体则团结一致，试图解决问题；在领导不在场时，专制型领导团体工作动机大为降低，也无人出来组织作业，民主型领导团体则能像领导在场一样继续工作；专制型领导团体对团体活动没有满足感，民主型领导团体的成员则对团体活动有较高的满足感。

库尔特·勒温根据实验认为，在放任自流的领导方式下，组织成员工作效率最低，只能达到社交目标，而完不成工作目标。专制作风的领导虽然通过严格管理达到了工作目标，但群体成员没有责任感，情绪消极，士气低落，争吵较多。在民主型领导方式下，组织成员工作效率最高，不但能完成工作目标，而且群体成员关系融洽，工作积极主动，有创造性。

7.3.2 领导行为的四分图理论

1. 俄亥俄州立大学的研究

1945 年，美国俄亥俄州立大学工商企业研究所在斯多基尔和沙特尔两位教授领导下开展了对领导行为的研究。一开始，研究人员列出了千余种刻画领导行为的因素，通过逐步筛选、归并，最后概括为“抓组织”和“关心人”两大类。“抓组织”是以工作为中心，指的是领导者为了实现工作目标，既规定了自己的任务，也规定了下级的任务，包

括进行组织设计、制订计划和程序、明确职责和关系、建立信息和途径、确立工作目标等。“关心人”是以人际关系为中心，包括建立互相信任的气氛，尊重下级的意见，注意下级的感情和问题等。根据这两类因素，他们设计了“领导行为描述问卷”，每类列举了 15 个问题进行分发调查。

根据调查结果发现，两类领导行为在同一个领导者身上有时一致，有时并不一致，因此他们认为领导行为是这两种行为的具体组合，领导者的行为可以用二维空间的四分图来表示，如图 7-1 所示。图 7-1 为进行领导行为研究指出了一个途径，从中可以看出 4 种结果：①“高组织——低关心人”的领导者，最关心的是工作任务。②“低组织——低关心人”的领导者，对组织对人都不关心，一般说来这种领导方式效果较差。③“低组织——高关心人”的领导者，大多数较为关心领导者与下级之间的合作，重视互相信任和相互尊重的气氛。④“高组织——高关心人”的领导者，对工作对人都比较关心，一般来说这种领导方式其工作效率和领导的有效性必然较高。

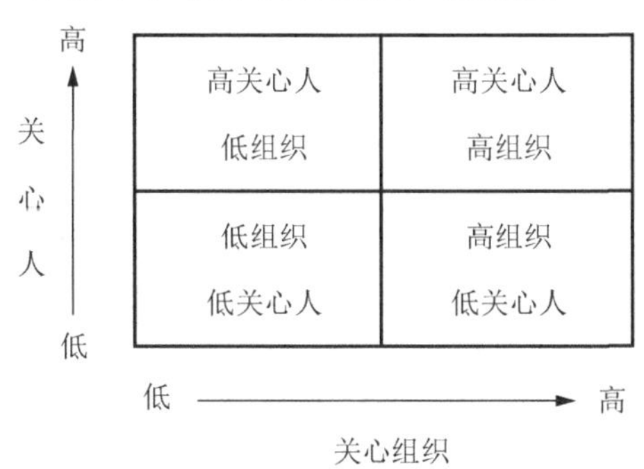

图 7-1　领导行为四分图

到底哪种领导行为效果好，结论是不确定的。例如，有人认为在生产部门中，效率与“组织”之间的关系成正比，而与“关心人”的关系成反比；而在非生产部门中情况恰恰相反。一般说来，“高组织”与“低关心人”带来更多的旷工、事故、怨言和转厂。许多其他的研究也证实了上述的结论，但也有人提出了相反的证据，这是因为他们在进行分析时，没有考虑到领导所面临的环境。

2. 密歇根大学的研究

20 世纪 40 年代末，密歇根大学的研究人员在著名学者伦塞斯·李克特的带领下，开始识别导致有效群体绩效的领导行为模式。通过对众多高效或低效群体的比较，他们也提出了领导行为的两种基本形式，即以生产为中心（production-centered）和以员工为中心（employee-centered）。面向生产的领导者主要关心任务的完成，面向员工的领导者重视下级需要，关心员工的福利。密歇根大学研究的结论是，以员工为中心的领导者与高群体生产率和高工作满意度成正相比；以生产为中心的领导者则与低群体生产率、低工作满意度相联系。

7.3.3 管理方格理论

在俄亥俄州立大学管理四分图的基础上，罗伯特·布莱克和简·穆顿于1964年就企业中的领导行为方式提出了管理方格理论。该理论的主要内容可用管理方格图来说明。这是一张九等分的方格图，横坐标表示领导者对生产的关心程度，纵坐标表示领导者对人的关心程度。管理方格图共有81个小方格，每个小方格表示“关心生产”和“关心人”这两个基本因素相结合的一个领导方式，如图7-2所示。

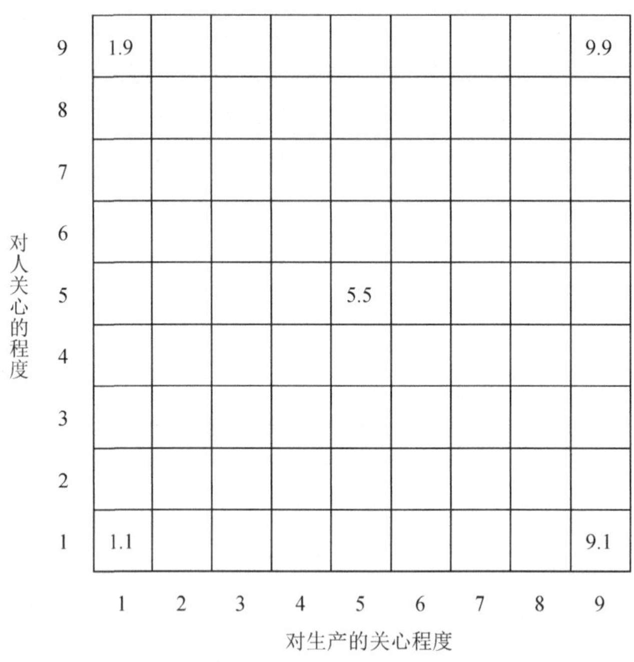

图7-2 管理方格图

在评价领导者时，可根据其对生产的关心程度和对职工的关心程度，在图上寻找交叉点，这个交叉点的方格就是他的领导倾向类型。“关心生产”是指一名监督管理人员对各类事项所抱的态度，诸如对政策决议的质量、程序与过程，研究工作的创造性，职能人员的服务质量，工作效率和产量等。同样，“关心人”也有广泛的解释，包含了诸如个人对实现目标的承诺程度、工人对自尊的维护、基于信任而非基于服从来授予职责、提供良好的工作条件和保持令人满意的人际关系等内容。

布莱克和穆顿在管理方格中列出了5种典型的领导方式：

1）1.1方式为贫乏型的管理。对职工和生产几乎都漠不关心，只以最小的努力来完成必须做的工作。这种领导方式将会导致失败，这是很少见的极端情况。

2）9.1方式为任务第一型的管理。领导作风是非常专制的，领导集中注意对生产任

务和作业效率的要求，注重于计划、指导和控制职工的工作活动，以完成组织的目标，但不关心人的因素，很少注意职工的发展和士气。

3）1.9 方式为俱乐部型的管理。在这类管理中，主管人员很少甚至不关心生产，而只关心人。他们促成一种人人得以放松、感受友谊与快乐的环境，而没有人关心去协同努力以实现组织的目标。

4）9.9 方式为团队式管理。对生产和人都极为关心，努力使职工个人的需要和组织的目标最有效地结合，注意使职工了解组织的目标，关心工作的成果。建立“命运共同体”的关系，因而职工关系协调，士气旺盛，能进行自我控制，生产任务完成得极好。

5）5.5 方式为中间型管理。这种领导对人的关心程度和对生产的关心程度虽然都不算高，但是能保持平衡。一方面能比较注意管理者在计划、指挥和控制上的职责；另一方面也比较重视对职工的引导与鼓励，设法使他们的士气保持在必须的、满意的水平上。但是，这种领导方式缺乏创新精神，只追求正常的效率和可以满意的士气。

布莱克和穆顿认为 9.9 型的领导方式是最有效的，领导者应该客观地分析组织内外的各种情况，努力创造条件，将自己的领导方式转化为 9.9 型，以求得最高的效率。

管理方格在识别和区分管理作风方面是一个有用的工具，但它没有告示我们为什么一名主管会落在方格图上的这一部位或那一部位。为了找出这方面的原因，我们必须考虑一些根本因素，诸如领导者和追随者的个性、主管人员的才干和得到的培训、组织环境以及其他对领导者与被领导者都有影响的情境因素。

7.3.4　领导系统模式

1947 年，美国密歇根大学社会研究中心伦塞斯·李克特教授等人开始研究“以工作为中心”和“以人为中心”的两种领导方式哪种更有效。1961 年李克特将领导方式归结为四类，提出一种对领导行为进行分类的模型，即领导系统模式。李克特指出的领导系统模式的 4 种典型领导方式是：

1）专制独裁式。权力集中于最高层，所有的决定都由领导者做出，下属没有参与权而只能执行。上下级很少交流，也缺乏信任，激励方式也以惩罚为主，信息的传播主要采取自上而下的方式。

2）温和独裁式。权力控制在最高层，但授予中下层部分权力，领导者对下属有一定的信任和信心，采取奖赏与惩罚并用的激励方法，有一定程度的自下而上的信息传递。

3）协商民主式。领导者对下属有一定程度的信任，授予下属部分权力。在制订总体决策和主要政策时，征求、接受和采用下属的建议，并允许下属部门在一些具体问题上作决策。主要采用奖赏的方式来进行激励，信息传递方式是上下双向的，能获得一定的相互支持。

4）参与民主式。领导者对下属充分信任，上下级处于平等地位。在一定范围内，授予下级自主决策权。向下属提出挑战性目标，鼓励下属参与制订目标和评价目标，保持上下级和同级人员之间的信息畅通，有问题互相协调讨论，最高领导最后做出决策。李克特通过广泛的调查发现，参与民主式在设置和实现目标方面是最有效率的，实行参与民主式领导方式的企业生产效率要比一般企业高出 10%～40%。他把这些主要归因于员工参与管理的程度，以及群体的所有成员都形成一种相互支持的关系。在这种关系中，他们感到在需求、愿望、目标与期望方面有真正的共同的利益。

李克特认为，一个组织的领导类型可以用 8 项特征来描述：领导过程、激励过程、交流沟通过程、相互作用过程、决策过程、目标设置过程、控制过程和确定绩效目标过程。鉴别和区分不同领导类型和方式的关键，是看下属参与决策的程度。

7.4 领导权变理论

许多管理学家认为，管理者的领导行为不仅取决于他的品质、才能，也取决他所处的具体环境，如被领导者的素质、工作性质等。事实上，领导品质和领导行为能否促进领导的有效性，受环境因素的影响很大。有效的领导行为应当随着领导者的特点和环境的变化而变化，即

$$E = f(L, F, S)$$

式中，E 表示领导的有效性，L 表示领导者，F 表示被领导者，S 表示环境。

没有一种“最好的”领导行为，一切要以时间、地点、条件为转移，这种认为领导行为应随环境因素的变化而变化的理论就是领导权变理论。这种领导理论，从时间上说比领导特质理论和领导行为理论晚，从内容上说是在前两种理论的基础上发展起来的。最具代表性的权变理论有费德勒的权变模型、“路径—目标”理论、领导者—成员交换模型、领导行为连续统一体理论。

7.4.1 费德勒的权变模型

美国华盛顿大学教授、心理学家和管理学家费德勒是领导权变理论的创始人，他认为领导的有效性与领导者的领导风格和所处的环境有关。费德勒的权变模型（fiedler contingency model）指出，有效的群体绩效取决于以下两个因素的合理匹配：领导者的风格以及领导者对情境的控制程度。

1. 两种基本领导风格

费德勒假设个人的领导风格会影响领导的有效性。他区分了两种领导风格：关系取向型和任务取向型。所有的领导都可以描述为具有一种或另外一种领导风格。关系取向型领导者注重和下属搞好关系，被下属喜爱。任务取向型领导者注重使下属高水平地工作。费德勒认为，个体的这两种基础领导风格是影响领导成功的关键因素之一。为了解和区分判定两种基本领导风格，费德勒首先创立了一种工具，即“最难共事者问卷（least preferred co-worker questionnaire，LPC）”，如表 7-2 所示。

表 7-2　费德勒LPC领导风格测试

测试说明：

想想你最不愿意与之共事的同事，他（她）或许现在仍和你在一起工作，或者曾经和你共事过。他（她）不一定是你最讨厌的人，但是应该是你觉得和他（她）合作时最难完成一项工作的人。描述一下，在你看来他（她）是怎样的一个人。

评价	记分								评价	得分
1.快乐	8	7	6	5	4	3	2	1	不快乐	
2.友好	8	7	6	5	4	3	2	1	不友好	
3.拒绝	1	2	3	4	5	6	7	8	接受	
4.紧张	1	2	3	4	5	6	7	8	轻松	
5.疏远	1	2	3	4	5	6	7	8	亲密	
6.冷淡	1	2	3	4	5	6	7	8	热情	
7.支持	8	7	6	5	4	3	2	1	敌意	
8.烦人	1	2	3	4	5	6	7	8	有趣	
9.易争吵	1	2	3	4	5	6	7	8	和谐	
10.悲伤	1	2	3	4	5	6	7	8	欢快	
11.外向	8	7	6	5	4	3	2	1	自闭	
12.背后诽谤	1	2	3	4	5	6	7	8	忠诚	
13.不可信赖	1	2	3	4	5	6	7	8	可信赖	
14.考虑周全	8	7	6	5	4	3	2	1	轻率	
15.凶恶	1	2	3	4	5	6	7	8	和蔼	
16.令人愉快	8	7	6	5	4	3	2	1	令人厌恶	
17.虚伪	1	2	3	4	5	6	7	8	真诚	
18.厚道	1	2	3	4	5	6	7	8	刻薄	
									总分：	

评分说明：你最后的得分是将你对18个描述的得分相加所得的分数。如果你得了57分或者更低，那你就是LPC测试低分者，意味着你是一个任务驱动型的人；如果你的分数在58～63，你就是LPC测试中等分数者，说明你是比较独立的；得分在64分以上，你就是LPC测试高分者，意味着你是一个人际关系驱动型的人。

该问卷由16组对照形容词构成（如快乐——不快乐，高效——低效，开放——防备）。自我诊断者首先回想一下自己在工作中遇到过的所有同事，并找出一个最难共事者，在16组形容词中，按1到8等级对他进行尽可能准确的描述和评估。在LPC问卷答案的基础上，可以判断出人们最基本的领导风格。如果以相对积极的词汇描述最难共事者（LPC得分高），则自我诊断者很乐于与同事形成友好的人际关系，也就是说一个领导者如对其最难共事的同事仍能给予好的评价，能从积极的方面看待人，即被认为对人宽容、体贴，提倡人与人之间的友好关系，是关系取向型领导风格。相反，如果你对最难共事的同事看法比较消极（LPC 得分低），则被认为是惯于命令和控制，是任务取向型的领导风格。另外，有大约 16%的回答者分数处于中间水平（即不确定型），很难被划入任务取向型或关系取向型中进行预测，因而下面的讨论都是针对其余 84%的人进行的。由于“最难共事者”测验（LPC）是一项个性测试，你在 LPC 测验中所得的分数数年后仍然不会发生大的改变。有研究表明 LPC 测验是很可靠的。

费德勒认为，人们的基本领导风格是他们的一种内在倾向，属于个性的一部分，是与生俱来的，个人不可能改变自己的风格去适应变化的情境。这意味着如果情境要求任务取向型的领导者，而在此岗位上的是关系取向型领导者时，只有两种办法能解决这个矛盾：

1）替换领导者以适应情境。如果群体所处的情境被评估为十分不利，而目前又是一个关系导向型的领导者在进行领导，那么用一个任务导向型的领导者来替换则更能提高绩效。

2）改变情境以适应领导者。通过改变领导者和下属的关系、改变任务结构或者改变领导者可控制的权力因素，实现情境改变，以适应他们的领导者，而不是改变领导者以适应情境。

2. 情境因素

根据费德勒的理论，领导者的领导风格是一种永久性的特征，不能改变，在不同情况下，他们也不能采取不同的领导风格。基于这种认识，费德勒提出了 3 种影响领导有效性的情境因素。

1）领导者—成员关系（leader-member relations），即领导者对下属信任和尊重程度，或追随者对领导者喜爱、尊敬和忠诚的程度。这是考虑情境有利性的最重要因素。

2）任务结构（task structure），即工作任务的规范化、程序化程度，这是判断情境有利性的次重要因素。

3）职位权力（position power），即领导者运用职位权力施加影响的程度。这是确定情境有利性的最不重要的因素。

将这 3 种情境因素两两结合在一起可以得到 8 种不同的情境类型如表 7-3 所示。

表 7-3　情境变量与领导方式

情境	1	2	3	4	5	6	7	8
领导与职工的关系	好	好	好	好	差	差	差	差
任务结构	明确		不明确		明确		不明确	
领导者的岗位权力	强	弱	强	弱	强	弱	强	弱

费德勒指出领导者与成员关系越好、任务结构化程度越高、职位权力越强，则领导

者拥有的控制力也越高。反之，领导者的控制力和影响力就越低。例如，非常有利的情境可能是一个很受尊重的财务管理者，下属对他十分信任（领导者—成员关系好）；所从事的工作（如成本计算、书面分析报告、制作报表）具体而且明确（工作结构化高）；工作给他提供了充分自由度来决定对下属的奖励或惩罚（职位权力强）。

3. 领导风格与情境的匹配

费德勒研究了 1200 个工作群体，对 8 种情境类型的每一种均对比了关系导向型和任务导向型两种领导风格，他得出结论：1、2、3 三种情境对领导者相对有利，4、5、6 三种情境对领导者中等有利，7、8 两种情境对领导者相对不利。在情境非常有利或非常不利的情况下，任务导向型领导效果更好。在中等有利情境下，关系导向型领导效果更好。费德勒模型指出，当二者相互匹配时，会达到最佳的领导效果。

费德勒模型在 LPC 量表以及实际应用方面还存在一些问题，它关于“个体的领导风格是固定不变的”这一假设也与实际情况不符。尽管有这些局限性，费德勒模型对领导者有重要含义。关系导向型和任务导向型领导者在某些情境中工作业绩都较好，而在有的情境下则不好，这取决于他们的领导风格与情境的匹配程度；领导者的有效性取决于具体情境，因此一个组织通过改变奖励制度或调整情境本身能够影响一个领导者的有效性。

费德勒的权变模型的重要贡献在于：强调了在决定领导效果时，情境和领导者特征两者的重要性；引发了一系列的研究，包括对于它的预测性的测试并且试图改进模型，以及激发了可替代的权变理论的形成。

哈佛大学心理学博士丹尼尔·戈尔曼也对领导风格进行了研究，根据他的研究，一共存在 6 种领导风格，每一种领导风格都源于情商的不同组成部分。掌握了 4 种或者更多领导风格的领导者——尤其是远见型、民主型、关系型以及教练型领导风格——往往会营造出最好的工作氛围并取得最好的绩效。

1）远见型。远见型领导动员大家为了一个共同的想法而努力。同时，对每个个体采用什么手段来实现该目标往往会留出充分的余地。

情商基础：自信、移情能力、改变激励方式。

适用情形：几乎所有的商业情形。

不适用情形：有个别情况下不宜使用，如当与一个领导人在一起工作的是一个由各种专家组成的团队时，或者是一些比他更有经验的同事时。

2）关系型。这种领导风格以人为中心，关系型领导人努力在员工之间营造一种和谐的氛围。

情商基础：移情能力、建立人际关系、沟通。

适用情形：是一种不受时间约束的好方法。下列情况下尤其应该使用，例如，必须要努力建立和谐的团队氛围、增强团队士气、改善员工之间的交流，以及恢复大家之间的信任等。

不适用的情形：它不宜单独使用。由于这种领导风格千篇一律地对员工进行表扬，所以它可能会给那些绩效较差的员工提供错误的导向，可能会感觉到在这个组织之中平凡是可以容忍的。它应该与远见型风格结合使用。

3）民主型。这种领导方式通过大家的参与而达成一致意见。

情商基础：协调合作、团队领导、沟通。

适用情形：当一个领导人对组织发展的最佳方向不明确，且需要听取一些能干的员工的意见，甚至需要他们的指导时。即使已经有了很好的愿景，运用民主型领导风格，也可以从员工中得到一些新的思想来帮助实施这个愿景。

不适用的情形：这种领导风格最让人头疼的一个问题就是它会导致无数的会议，往往难让大家达成一致意见，所以在危机时刻不应使用。

4）教练型。教练型领导发展人才以备将来之需。他会帮助员工们确定自身的优点和弱点，并且将这些与他们的个人志向和职业上的进取心联系起来。教练型领导非常擅长给大家分配任务，为了给员工提供长期学习的机会，往往不惜忍受短期的失败。

情商基础：发展别人、移情能力、自我意识。

适用情形：当人们“做好准备”时，这种领导风格最有效。例如，当员工已经知道了自己的弱点并且希望提高自己的绩效时，员工意识到必须要培养新的能力以进行自我提高时。

不适用的情形：当员工拒绝学习或者拒绝改变自己的工作方式时。

5）示范型。示范型领导人会树立极高的绩效标准，并且自己会带头做榜样。这种领导者在做事情时总是强迫自己又快又好，而且他们还要求周围的每一个人也能够像他们一样。

情商基础：责任心、成就动机、开创精神。

适用情形：当一个组织所有员工都能够进行自我激励并且具有很强的能力，而且几乎不需要任何指导或者协调时，这种领导方式往往能够发挥极大的功效。

不适用的情形：像其他领导风格一样，不应单独使用。示范型领导人对完美的过度要求会使很多员工有被压垮的感觉。

6）命令型。命令型的领导需要别人的立即服从。

情商基础：成就动机、开创精神、自我控制。

适用情形：在采用命令型领导风格时必须谨慎，只有在绝对需要的情况下才可以使用，诸如一个组织正处于转型期或者敌意接管正在迫近时。

不适用的情形：如果一个领导人在危机已经过去之后，还仅仅依赖于命令型领导风格或者继续使用这种风格，就会导致对员工士气以及员工感受的漠视，而这带来的长期影响将是毁灭性的。

7.4.2 “路径—目标”理论

“路径—目标”理论（path-goal theory）是由加拿大多伦多大学教授伊凡斯在 1968 年提出，并由其同事罗伯特·豪斯教等扩充和发展而形成的，该理论是在佛隆期望理论

（努力—成绩—目标）和俄亥俄州立大学的领导行为四分图理论的基础上提出的，试图解释领导者行为对于下属动机、满意度和绩效的影响，如图 7-3 所示。

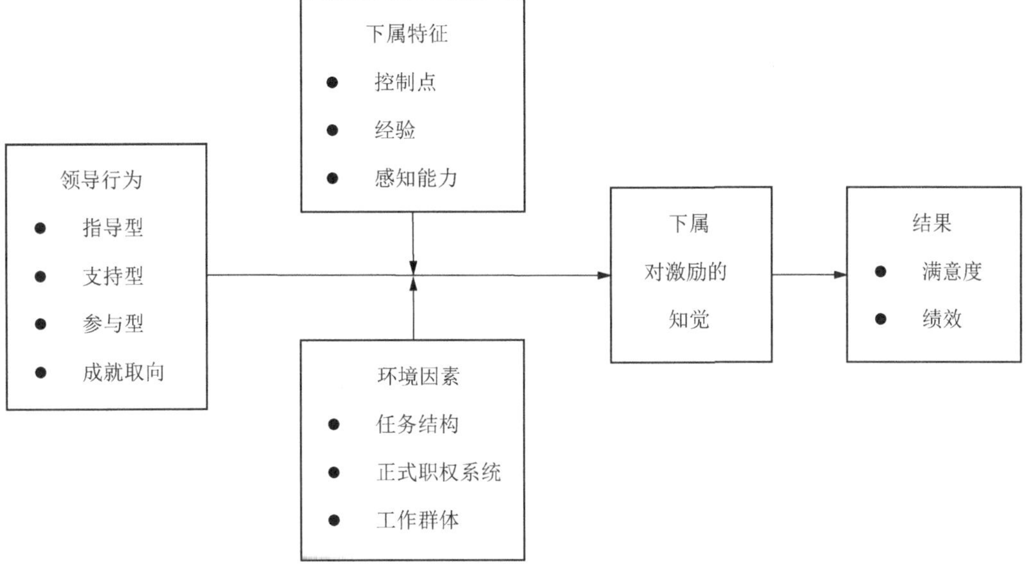

图 7-3 路径—目标理论模式图

路径—目标理论归纳了 4 种主要的领导类型。

1）指导型领导（direction），让下属明白领导者期望他们做什么，对下属如何完成任务给予具体指示，制订工作时间，建立员工绩效的明确标准。领导者的指导与模糊任务中的员工的满意度和期望正相关，并且与清晰任务中的员工的满意度和期望负相关。

2）支持型领导（supportive），同下属建立友好关系，关心员工的需求和福利。支持型领导将对那些在有压力、挫败和不满的任务中工作的下属的满意度有最正确性的影响。

3）参与型领导（participative），在制订决策时征询下属意见和建议。在非重复的、自我卷入的任务中，参与型领导者的下属们比非参与型领导者的下属们更加满意。

4）成就取向型领导（achievement-oriented），为下属设置有挑战性的目标，寻求工作业绩的改善，强调工作业绩的优异，期望并相信下属会尽力完成任务。对于执行模糊的、非重复任务的下属们，领导者的成就取向越明显，下属们就对他们的努力能够取得有效绩效越有信心。

路径—目标理论提出这些不同的领导风格能够并且确实被同一个领导者在不同的情境中使用。它的基本假设是，领导行为具有根据不同情境改变风格的弹性，这与费德勒的权变领导模型的假设正好相反。路径—目标理论认为领导行为的选择依赖两个权变因素：

① 下属因素。包括下属的控制点经验和感知能力。下属的能力和人格特征都会影响

领导行为的运用。能力低的下属很可能会接受指导型的领导。而能力高的下属，会把这种领导行为视作是多余的，因为他们已经知道了应该做什么，而不需要自己的上级再来告诉自己应该怎样去完成任务。当下属是内控型的人时，可能会喜欢参与型的领导方式；否则，他会喜欢指导型的领导。

② 环境因素。包括任务结构、组织的正式职权系统、主要的工作群体。3 种环境因素构成了模糊性程度不同的工作环境。当工作任务模糊不清、下属无所适从时，他们希望有"高任务"型的领导帮助他们做出明确的规定和安排。当面对常规性的工作，目标和达到目标的途径很明显时，下属就喜欢"高关系"的领导。

路径—目标模式表明，对于 4 种领导风格的使用，需视所描述的情境因素而定。豪斯认为一个领导者应该通过明确任务的性质、减少顺利完成任务的障碍和为他们增加获得工作满足的机会来激励下属。下属对他们的工作满意，创造好的业绩的同时也得到了高期望的奖励。总之，路径—目标理论是近年来在国外颇受重视的理论，它有助于更好地解释复杂的领导过程。

7.4.3 领导者—成员交换模型

领导者—成员交换（leader-member exchange，LMX）模型是由乔治·格雷恩等人从领导者与每位下属的人际关系出发研究领导提出的。该模型认为领导者差异化地对待下属。在实践中，领导者和成员发展影响两者关系。那些和领导者关系密切的下属被称作圈内（in-group）人员，他们受到信任，得到领导更多的关照，也更可能享有特权；其他人则属于圈外（out-group）人员，他们占用领导的时间较少，获得满意的奖励机会也较少，他们的领导—成员关系是在正式的权力系统的基础上形成的。圈内下属会比圈外下属得到更多的信息、注意、信任、关心、支持以及晋升机会。

作为交换，圈内下属将会对领导者忠心耿耿，支持领导者的决策，工作也更加卖力，因此绩效和满意度也会比圈外下属高。相反，领导者与圈外下属的关系仅限于正式工作关系，双方较少沟通。同时，领导者可能会认为圈外下属的能力和动机都比圈内下属差。研究表明，领导者一般早在和某位下属交往之前就将其区分为圈内或圈外。至于为什么有人成为圈内下属，有人则成为圈外下属，目前尚不完全清楚。根据观察，在年龄、性别、态度、观点等方面与领导者的相似性，以及具备某些才能、人格特征与社会背景等是决定某一位下属能否进入圈内的主要因素。当然，圈内、圈外的下属是可以相互流动的。

格雷恩等人提出领导者和下属关系的建立经过 3 个阶段：

1）陌生阶段，此时双方的相互关系严格限定于组织角色的范围内，彼此交换的质量较低。

2）熟悉阶段，此时双方开始共享资源与信息，彼此的关系开始超越工作职责的界限，尝试建立相互信任与尊重。

3）成熟伙伴阶段，此时双方交换的质量已经很高，彼此高度信任、关心与尊重，领导者可能会让下属承担一些额外任务，下属也可能要求领导者给予更多的支持与鼓励。

领导者—成员交换模型认为高质量的领导者—成员交换导致员工流动率低、绩效评

价好、晋升频率高、组织承诺高、事业发展快、工作态度佳等良好结果。因此，开发与每个下属高质量的交换关系将有助于群体与组织绩效的提高。这意味着应当努力让所有下属都觉得自己是圈内人员。从社会认知视角看，领导者—成员交换是一个互惠的过程。这一互动过程的证据建议，如果领导者想要达到绩效目标，应该倾向于在短期内改变下属的自我概念。同时，下属通过他们的反应也互惠式地改变领导者的自我认知。

7.4.4　领导行为连续统一体理论

美国学者坦南鲍姆与施密特在 1958 年发表的文章《怎样选择领导模式》中指出领导包含多种多样的作风，在从以领导者为中心到以下属为中心的各种作风中，民主与独裁仅是两个极端的情况，期间还存在着许多过渡形式。基于这种认识，他们提出了“领导行为连续统一体理论”，如图 7-4 所示。

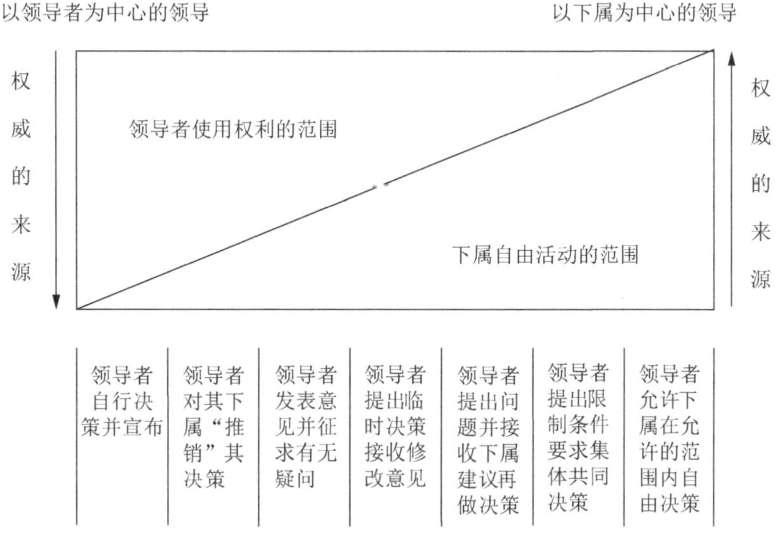

图 7-4　领导行为连续统一体

图 7-4 的左端是独裁的领导行为，右端是民主的领导行为。之所以形成这两个极端，首先是基于领导者对权力的来源和人性的看法不同。独裁的领导者认为权力来自于职位，人生来懒惰而没有潜力，因而一切决策均由领导者做出；而民主型的领导者则认为，权力来自于群体的授予和承认，人受到激励能自觉、自制地发挥创造力，因此决策可以公开讨论，集体决策。其次是独裁型领导者比较重视工作，并运用权力，支配、影响下属，下属的自由度较小；而民主型领导者重视群体关系，给予下属以较大的自由度。领导行为连续统一体从左至右，领导者运用职权逐渐减少，下属的自由度逐渐加大，从以工作为重逐渐变为以关系为重。图 7-4 的下方依据领导者把权力授予下属的程度不同，决策的方式不同，形成了一系列领导方式。

坦南鲍姆与施密特认为不能说哪种领导方式是正确的，哪种方式是错误的，领导应当根据具体情况，考虑各种因素选择图中某种领导行为。何种领导作风合适，这取决于领导者、被领导者和情境。领导行为连续统一体理论从权力的来源和应用、下属参与决策的程度的角度划分出多种领导行为，这对我们研究领导方式是有益的。但在图 7-4 中把独裁和以工作为重、民主和以关系为重联系在一起并且等同起来，将以工作为重与以关系为重、领导的职权与下属的自由度互相对立起来，而且仅从领导的决策过程、下属的参与程度来划分领导方式是不全面的。

本 章 小 结

领导是一种影响力，是影响个体、群体或组织来实现所期望目标的各种活动的过程。这个过程可以用公式表示：领导=f（领导者・被领导者・环境）。

领导工作的作用表现在以下几个方面：能更有效、更协调地实现组织目标；有利于调动人的积极性；有利于个人目标与组织目标相结合。

领导理论是研究领导的有效性理论。从 20 世纪初开始，东西方许多学者从不同角度进行了大量的研究。大体上说来，按提出理论的时间先后顺序，将领导理论分为 3 大类：领导特质理论、领导行为理论和领导权变理论。

领导特质理论是通过对领导者本人的个性、心理特征等方面的分析，来找出好的领导者所必须具备的特征。主要代表有斯托格迪尔总结的领导者品格、鲍莫尔的研究、德鲁克的研究和彼特的研究等。

领导行为理论从领导者的风格、领导方式、领导作用和领导方法入手来研究领导者行为的类型，并分析各类领导行为的特点、优缺点，并进行相互比较。主要理论有领导作风理论、领导行为的四分图理论、管理方格理论和领导系统模式。

领导权变理论认为讨论领导效能不能脱离人们的动机和态度，以及当时当地所处的情境，即全面地考察领导者、被领导者和环境三要素的综合影响。只有领导者按照不同的被领导者和不同的环境，适时地调整领导行为，才能取得好的领导效果。主要理论有费德勒的权变模型、“路径—目标”理论、领导者—成员交换模型、领导行为连续统一体理论。

关 键 概 念

领导；权力性影响力；非权力性影响力；领导特质理论 ；领导行为的四分图；管理方格理论；领导权变理论；“路径—目标”理论。

复习思考题

1．领导工作的主要作用是什么？

2．如何理解领导的影响力？

3．领导特质理论的基本思想和存在的问题是什么？

4. 勒温的领导作风理论中有哪些领导方式？各种方式具有哪些特点？

5. 什么是“抓组织”？什么是“关心人”？领导四分图理论的四种结果包括哪些内容？

6. 布莱克和穆顿提出的管理方格理论中提出哪几种典型的领导方式？其中哪种是最有效的领导方式？

7. 费德勒模型的主要内容是什么？该模型有何意义？在现实中如何应用？

8.“路径—目标”理论模型的主要观点是什么？模型中的主要情境因素是什么？举例说明如何运用该模型。

阅读案例与材料

不同的领导方式

A 公司是一家大规模的汽车配件生产集团。最近，某咨询公司对该公司的 3 个重要业务部门的部门经理进行了一次有关领导类型的调查。

1. 林德

林德对他所负责部门的产出感到自豪。他总是强调对生产过程、产出量控制的必要性，坚持下属人员必须很好地理解生产指令并能得到迅速、完整、准确的反馈。当林德遇到小问题时，就放手交给下级处理，当问题很严重时，他会委派几个有能力的下属人员去解决问题。通常情况下，他只是大致规定下属工作人员的工作方针、完成怎样的报告及完成期限。林德认为只有这样才能更好地合作，避免重复工作。

林德认为对下属人员采取敬而远之的态度对一个经理来说是最好的行为方式，所谓的“亲密无间”会使纪律松懈。他不主张公开谴责或表扬某个员工，他相信他的每一个下属人员都有自知之明。

据林德说，在管理中的最大问题是下级不愿意接受责任。他讲到，他的下属人员可以有机会做许多事情，但他们并不是很努力地去做。

他对以前他的下属人员如何能与一个毫无能力的前任经理相处表示不能理解，他说，他的上司对他们现在的工作运转状况非常满意。

2. 霍西

霍西认为每个员工都有人权，他偏重于管理者有义务和责任去满足员工需要的学说。他说，他常为他的下属员工做一些小事，如给员工几张在某地举行的音乐会的入场券。他认为，每张门票不会花费很多钱，但对员工和他的家人来说其意义却远远超过了他所花费的成本。通过这种方式，也是对员工过去几个月工作的肯定，用这种方式表达对员工的关心，会让员工产生对公司的归属感，感到公司和上级对自己的关心，这样产生的作用会远远超过单纯的物质刺激。

霍西说，他每天都要到厂房去一趟，至少与 20%的员工交谈，了解他们的想法和要求。霍西不愿意强人所难，他认为林德的管理方式过于死板，林德的员工也许并不那么满意，但除了忍耐别无他法。

霍西说，他已经意识到在管理中有许多不利因素，但大多数都是由于压力造成的。他的想法是用友好、宽松、粗线条的管理方式对待员工。他承认尽管在生产效率上不如其他单位，但他相信他的雇员会有高度的忠诚与士气，并坚信他们会因他的开明领导而努力工作。

3. 杰拉德

杰拉德表示他面临的问题是与其他部门的职责分工不清。他认为不论是否属于他们的任务都被安排在他们的部门，似乎上级并不清楚这些工作应该由谁来做。

杰拉德承认他没有提出异议，他说这样做会使其他部门的经理对他产生反感。他们把杰拉德看成是朋友，但是杰拉德却并不这么认为。杰拉德说过去在不平等的分工会议上，他会感到很窘迫，但现在他已经适应，而其他部门的领导也不觉得怎样了。

杰拉德认为纪律就是使每个员工不停地工作，以预测各种问题的发生。他认为作为一个好的管理者，没有时间像霍西那样能够握紧每一个员工的手，告诉他们正在从事的是一项伟大的工作。他相信如果一个经理声称为了决定将来的提薪与晋职而对员工的工作进行考核，那么，员工会更多地考虑他们自己，由此会产生很多问题。杰拉德以前的确希望公司领导叫他去办公室听听他对某些工作的意见。然而，他并不能保证这样做不会引起风波而使事情有所改变。他说他目前正在考虑这些问题。

杰拉德主张一旦给一个员工分配了工作，就让他以自己的方式去完成，取消工作检查。他相信大多数员工知道如何去开展自己的工作及自己的工作做得怎么样。如果说存在问题，那就是他的工作范围和职责在生产过程中被混淆不清。

（资料来源：姜仁良. 2006. 管理学习题与案例. 北京：中国时代经济出版社.）

案例讨论：

1. 使用领导作风理论对3位领导者进行分析。
2. 使用领导行为的四分图理论对3位领导者进行分析。
3. 使用管理方格理论对3位领导者进行分析。
4. 结合你对情境理论与权变理论的理解，谈一谈你认为哪个领导者更加合适该企业？说出你的理由和依据。

第 8 章　决策、群体决策与组织决策

学习目标

1. 了解决策的类型。
2. 掌握群体决策的技术。
3. 了解组织决策的特征和过程。
4. 了解组织决策的方法。

导入案例

柯达的沉没

在 2003 年 9 月，柯达当时的 CEO 丹尼尔·卡普宣布了柯达“历史上最大的转折点”——柯达将停止在传统胶片领域进行重大投资，对研发和收购提供 30 亿美元资金。这表明，经历了前几年的艰难抉择，这时柯达终于做出了从传统胶片领域转向数码技术领域的重大战略转折。但是请注意！早在 1995 年时任公司 CEO 的乔治·菲舍尔就曾宣称：“柯达正在改变照相业，公司的战略是把数码成像带进新市场。”更为众所周知的是柯达早在 1975 年就率先发明了这个杀死自己的数码相机。但是，基于对既得的巨大利润和原先商业模式的固守和依恋，柯达像一艘无比庞大的巨轮，在非常缓慢的转身过程中，执著地一步步滑入万丈深渊。

任何技术和产品都有自己的生命周期，因此产品的更新换代是不可逆转的历史潮流。为此，企业只需要思考这样两个问题：如何利用已经掌握的成熟技术为自己赚取更大的利润，以及如何把握产品更新换代的时机，适时地推出采用新技术的新产品。事实上，要回答好这两个问题并不容易，原因是时机的把握并不容易。新产品上市时间早了，会与自己的传统产品形成竞争，造成利润下滑；时机晚了，会被新出现的替代产品抢占先机，若重新收复失地，就需要成倍的付出。

这个道理每个人都明白，柯达也不例外。但显然柯达并没有准确预见成像技术市场的发展前景，是什么模糊了柯达的双眼，不断地错失自我救赎的机会呢？

很多人认为柯达败在后知后觉，站在一个竞争情报研究者的角度来说，柯达并非后知后觉。其实柯达在对技术替代做出早期预警方面一度是其他公司学习的榜样。美国生产力和质量中心（american productivity and quality center，APQC）在 1994 年进行的一项标杆调查显示，柯达被认为是在技术情报收集、分析方面的最佳实践企业。他们通过分析专利、技术路线图、成像技术文献的趋势以及进行竞争对手评估，能够对技术发展趋势做出早期预警，并在此基础上，应用情景分析技术，开发出市场战略和模型。可见，柯达进军数码领域的行动滞后，并非源于它的后知后觉。

这里我们需要仔细看一些数字，直到2002年，胶片业务仍然占柯达全部销售额的70%，而数码产品仅占30%。更重要的是数码相机是如此颠覆性的技术，让柯达传统胶片业务的商业模式与数码相机业务的商业模式从任何方面都几乎难以找到任何共同点。也就是说，如果柯达大力发展数码相机业务，其核心技术、核心资产、现有所有的产品与产能、几乎所有的供应商和渠道都要抛弃，而原先所有的商业伙伴（相机生产厂商）马上变成劲敌。这对任何人都是无比巨大的挑战。一边是既得的巨额的现金回报，另一边是需要彻底改变的商业模式。就像一句话说的那样“you only see what you want to see”，你只能看见你想看见的东西！这让柯达的决策者身不由己地对现实失去了客观性。

由于高管与企业有更强的成长经历、感情、股份、短期目标、其他利益等关联因素，所以很不幸，这种客观性的缺失最常见于企业最高决策层，而他们是重大决策的最终的，也是唯一的决定者。有幸的是较低级别的管理者与企业的关联没这么紧，而且他们对技术、市场、客户的联系更直接，所以他们往往能保持更好的客观性。在柯达也是如此，很多中层管理人员早就预见到柯达的大麻烦，而最高决策层对他们也是视而不见。

所以，在竞争情报方面，柯达应学会如何在决策中真正发挥那些收集来、经过分析的情报以及掌握了这些情报的人员的作用。

失去了客观性是如此的可怕，就在卡普2003年宣布柯达将停止在传统胶片领域进行重大投资，对研发和收购提供30亿美元资金，以期在2006年数码产品业务的收入占到60%，而传统的成像产品业务降低到40%的战略调整时，集团内部仍存在着不同的意见。

雪上加霜的是，一些利益相关者成了最后一根稻草，2003年卡普的举措将使分红减少 72%，股东对此意见颇大。在华尔街，标准普尔也担心柯达的收购脚步将超过他们获取现金的能力，柯达号巨轮的舵转不动了。

（资料来源：http://www.qq68.cn/news/detail/26289_1.html.）

案例思考：

决策在柯达公司的发展中发挥着怎样的作用？

8.1 决 策 概 述

8.1.1 决策的定义与分类

决策是现代管理的核心问题。可以说，社会、经济等领域中的各项管理工作都离不开决策。一个国家、一个地区、一个城镇的经济发展规划和各项政策的制定，企业的生产方向、产品销售、原料供应、技术革新、新产品研制，车间、班组的作业任务安排等，所有这些无论是宏观的还是微观的社会问题和经济问题，都需要做出合理的决策。决策

正确无误，各项事业就能按预期的目标迅速发展，决策失误，本来可以成功的事业也会遭受失败。

近代世界由于生产规模、集约程度以及自动化程度的提高，给管理工作者带来了很大的困难，也向管理工作者提出了更高的要求。为适应时代的需要，从 21 世纪初开始出现并逐渐形成了现代管理学，它属于社会科学的范畴。在人类历史的长河中，自然科学与社会科学作为两大体系曾经并行、交错、相互影响着向前发展。但是，它们之间却始终存在着一条不可逾越的鸿沟。

社会科学发展的漫长历史表明，社会科学的规律很难用严格的数量关系来描述，因为很难找到衡量这些关系的手段，更谈不上严格的决定论。与其说社会科学是一门科学，却不如说它是一种艺术。之所以称之为艺术，是说它是一种超群地把握某种复杂多变的、不易被定量描述，因而也不易被人们所学到的特有规律的能力与技巧。而综观自然科学的历史，孤立的决定论观点这种形而上学的思想一直统治着自然科学，在这个基础上，自然科学实现着理想化的严格的定量化的抽象。这种严格的决定论与定量化的数学描述，后来就成了自然科学的最大特点。但是，当代科学的发展，尤其是系统论、信息论、控制论的相继问世使自然科学研究的方法突破了自然科学原有的狭隘界限，使自然科学研究的新方法逐渐地闯入到社会科学的研究领域之中。

当代社会的发展，需要自然科学与管理科学的结合，这就产生了关于决策的科学。自然科学驾驭着自然，管理科学驾驭着社会和经济，两者紧密结合起来，必将使我们获得更加科学的决策，制定出更为有力的政策，以实现对近期及中远期未来更加有效的控制能力。

1. 决策的定义

关于什么是决策的问题，众说纷纭，各有各的道理。但我们可将决策分为广义的和狭义的两类。

广义地说，把决策看作一个管理过程，是人们为了实现特定的目标，运用科学的理论与方法，系统地分析主客观条件，提出各种预选方案，从中选出最佳方案，并对最佳方案进行实施、监控的过程。包括从设定目标、理解问题、确定备选方案、评估备选方案、选择、实施的全过程。

狭义地说，决策就是为解决某种问题，从多种替代方案中选择一种行动方案的过程。

然而，无论我们如何表述决策的定义，我们在进行决策的过程中都必须遵守一些基本的原则。这些原则是指最优化的原则、系统原则、信息准全原则、可行性原则和集团决策原则。

（1）最优化原则

决策作为一个管理过程的重要意义在于，在资源稀缺的约束条件下，做出的任何决策都应该有利于企业实现最大化的效益，有利于最大化地实现企业的价值。也就是说，决策的制定应该以追求和实现最大化的企业的价值为目标。

（2）系统原则

任何决策的制定和实施、实现都存在于某一个决策环境中。对于国民经济中的各种组织、实体来讲，他们的决策环境就是整个国民经济和整个世界经济；对于一个个体来讲，他的决策环境就是他所处的组织或实体。不论是什么样的决策环境，它们都有作为一个系统的特性，也就是系统中的各种因素相互影响和相互作用的特性，同时系统中的各种因素的变化发展都应协调、平衡地变化发展。因此，决策的制定必然要遵守系统的原则。换一种说法，决策的制定应该以追求和实现最大化的系统的价值为目标。

（3）信息准全原则

各种先进、完备的决策技术的作用对象都是信息。决策信息的准确和全面是取得高质量决策的前提条件。在决策理论的发展过程中，有些决策理论所需要的决策信息由于很难收集到，使得这些决策理论的发展和实践都受到了很大的限制。然而，信息技术的蓬勃发展给决策理论的发展注入了活力。通过信息技术我们可以获得大量的以前没有办法获得的决策信息，这一变化的出现使得一些原来受制于决策信息收集困难的决策理论获得了新的发展的机会。由此可见信息准全的重要意义。当然，决策问题所需要的信息实际上很难被完全收集，但毫无疑问，信息的准全对决策质量的提高起着非常重要的作用。

（4）可行性原则

由于决策者和决策实施者受到了他们所掌握的资源的影响，使得他们必须要考虑决策在技术上、经济上和社会效益上的可行性。进一步说，只有准确地把握好以上 3 个方面的可行性之后，决策者和决策的实施者才能运用最优化原则进行决策。

（5）集团决策原则

科学技术的飞速发展，已使得社会、经济、科技等许多问题的复杂程度与日俱增，不少问题的决策已非决策者个人和少数几个人所能胜任。因此，集团决策是决策科学化的重要组织保证。所谓集团决策，不是靠少数领导“拍脑袋”，也不是找某几个专家简单讨论一下，或靠少数服从多数进行决策，而是依靠和充分利用智囊团，对要决策的问题进行系统的调查研究，弄清历史、现状，掌握第一手资料，然后通过方案论证和综合评估，提出切实可行的方案供决策者参考。

2. 决策的基本类型

决策问题与决策分析也同样可进行分类。标准不同，分类的方式也不同。例如，依决策要解决的问题所涉及的范围可分为宏观决策和微观决策；依对决策者所在组织的行为及其效果的影响可分为战略决策与战术决策；按决策者职能划分可分为专业决策、管理决策和公共决策；按决策问题的性质可划分为程式决策和非程式决策；按决策的思维方式可分为理性决策和行为决策等。这里，我们根据决策目标和自然状态的特点予以分类。

（1）单目标决策和多目标决策

按决策目标的多少，决策问题/决策分析可分为单目标决策和多目标决策两类。

单目标决策：决策目标只有一个。

多目标决策则是指决策问题同时考虑了两个或两个以上的目标，它的解必须同时满足这些目标的要求。例如，现代城市交通路线的规划问题，就要同时考虑诸如运输效率、方便市民、安全可靠、经济效益、美化市容等等多种因素。任何一个方案，只有当它能够使得与这些因素相联系的目标准则都得到不同程度的满足时，才算是令人满意的。

实际上，对于管理中的实际问题，单目标决策往往是对问题的某种程度上的简化，重点在于抓住问题的主要矛盾，忽略其对企业没有明显影响的次要因素，集中力量落实企业核心战略。当环境发生变化或企业战略进行调整，或当我们以不同的角度研究问题时，决策目标有可能发生变化。

（2）确定型决策、风险型决策和非确定型决策

按自然状态的种类来分类，传统上可将决策问题分为确定型决策、风险型决策和非确定型决策 3 种：

1）确定型决策：自然状态是完全确定的，即只有一种，从而可以不考虑自然状态而按既定目标及评价准则选择行动方案，这样的决策就叫作确定型决策。确定型决策问题相对来说较简单一些，其求解可直接利用现有的一些数学方法，如，微积分中的函数极值法、确定性运筹学，并能得到确定的最优解。

2）风险型决策：出现的自然状态不是一种而是两种或两种以上，各种自然状态出现的可能性（概率）已知（即可以通过某种方法确定下来），则称这种条件下的决策为风险型决策，也称为统计型决策或随机型决策。

3）非确定型决策：决策者面临的可能出现的自然状态有多种，但各种自然状态出现的概率不能确定，这种情况下的决策称为非确定型决策。非确定型决策与风险型决策相比较，两者都面临着两种或两种以上的自然状态，所不同的是，前者对即将出现的自然状态概率一无所知，后者则掌握了它们的出现概率。由于非确定型决策所掌握的信息比确定型决策所掌握的信息要少，分析非确定型决策要比分析确定型决策困难得多。从现有的决策分析方法来说，非确定型决策分析方法比确定型决策分析方法要少得多。

将上述按决策目标和自然状态两种分类加以综合，可将决策问题分为 6 种类型：①单目标确定型；②单目标风险型；③单目标非确定型；④多目标确定型；⑤多目标风险型；⑥多目标非确定型。

需要指出的是，这里要讨论的所有决策问题都有一个共同的前提，就是所有决策对象都是某种客观存在的实体或由许多实体组成的系统，且这种实体或系统不受其他任何理性行为的支配（如另一决策者的支配），因此不存在任何与该问题决策主体发生利益上的竞争问题。从这种意义上讲，决策主体实际上只有一个。当决策的主体是由两个或两个以上的实体组成，且成员之间互有影响时，这样的决策称为“群决策”，读者可以参考相关的文献。

对于 6 种类型中的第一种——单目标确定型决策，它的求解可直接利用现有的一些数学方法。例如，微积分中的函数极值法、确定性运筹学（线性规划、非线性规划、动

态规划、图论等）等，并能得到确定的最优解。这些数学方法已有专门的应用数学分支进行研究，决策分析中就不再对此进行讨论。

对于第④～第⑥种决策，即多目标决策，则可考虑合并处理。对多目标决策问题，一般我们总是按一定的规则将多个目标准则下的结果指标并合成一个总的目标准则结果指标值，或者通过某种适当的逻辑过程，将备选方案对于每一准则而言给决策主体提供的用处或价值并合成一个总的用处或价值，便有可能将确定型、风险型或者非确定型的多目标决策化为类似的可由单目标决策方法处理的问题。于是，决策分析方法在各种类型的多目标决策中，主要用于解决各目标准则下多个结果指标值的合并问题。

这样，对上述 6 种类型的决策问题的研究就转化为对 3 种类型问题的研究：单目标风险型、单目标不确定型、多目标中多个目标的合并问题。

与任何分类方法一样，这里根据目标多少及自然状态的种类对决策问题的分类也不是绝对的。例如，“概率排序型决策”就是介于风险型和不确定型之间的一种决策分析方法，它所研究的决策问题中，假定各自然状态的出现概率并非完全已知，也并非完全未知，而是部分可知的，例如，已知各自然状态出现概率的大小排序等。

一般说来，求解任何类型的决策问题，最后都归结为对各备选方案进行选择。因此，决策分析的关键就在于按什么样的模型和如何按这样的模型来衡量或评价备选方案的优劣。在单目标确定型决策的情况下，这个问题比较简单。因为每一备选方案只有一个确定而又简单的结果，这一预知的结果本身就可作为评价备选方案的模型，只要按结果值的大小选择即可。这也是这类决策问题可用纯数学方法求解的原因。然而在风险型、不确定型、多目标决策问题中就完全不一样了。因为这时每个备选方案或者因为自然状态的随机性和不确定性，或者因为需要考虑的因素太多，从而不再对应着一个确定的结果，而是包括了若干个可能的结果，或是一种由若干个值构成的多值结果(在多目标情形下)。这时选用其中哪一个结果或其中哪一个值来衡量方案的优劣都不是完全合理；而直接用多个结果或单个多值结果的“整体”来衡量方案也不可能。因此，对于这样一些作为主要类型的决策问题，由于它们自身特点造成评价、比较备选方案的困难，必须要有一套专门的理论和方法来进行处理。决策分析就是这样的一套理论和方法，它能提供一组概念和系统的步骤，对于含有随机因素、不确定因素和多种因素的决策问题进行合理分析，从而帮助决策者和分析者在复杂的局面中和难于比较的诸方案中做出理性的选择。

8.1.2　决策过程

决策作为一门学科术语，它是从英语 decision making 翻译过来的，其研究内容虽然也涉及社会系统中的个人、群体以及政府所面临的决策问题，但主要的则是经济系统中的管理和控制问题。由于经济问题在本质上应当是可计量的，因此，对经济系统（无论它是宏观的还是微观的）进行有效的决策，本质上也应当是可定量计算的决策。这就是说，任何成功的决策，都应当具有一套能对社会系统和经济系统不仅进行定性分析而且还可进行定量分析的方法和技术。实际上，自 21 世纪 70 年代以来，决策已经越来越依赖于科学技术的最新成果，如运筹学、计算机模拟等。

作为西方决策理论学派的创始人，西蒙对决策科学有着深刻的理解和研究。他借助于心理学的研究成果，对决策过程进行了科学的分析，概括出了决策过程理论。根据西蒙的观点，决策过程主要分为以下 7 个阶段，如图 8-1 所示。

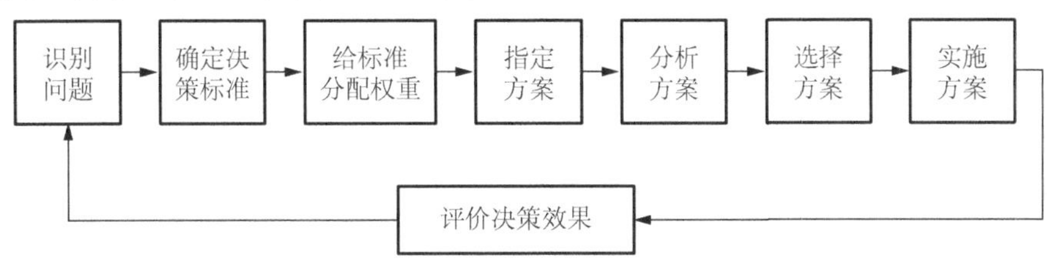

图 8-1　决策过程

1. 决策过程

（1）问题

决策制定过程始于一个存在的问题（problem），或更具体一些，存在着现实与期望状态之间的差异。

问题识别是主观的。在某些事情被认为是问题前，管理者必须意识到差异，他们不得不承受采取行动的压力，同时，他们必须有采取行动所需的资源。

（2）确定决策准则

管理者一旦确定了需要注意的问题，则对于解决问题中起重要作用的决策准则（decision criteria）也必须加以确定。就是说，管理者必须确定什么因素与决策相关。

决策准则是做决策所考虑的重要因素。对于购买轿车决策而言，我们的决策准则也许是省油、价格、样式、大小、品牌、配备、维修记录等。

无论明确表述与否，每一位决策者都有指引他决策的标准。在决策制定过程的这一步，不确认什么和确认什么是同等重要的。假如我们认为省油不是一个决策准则的话，那么它将不会影响我们对轿车的最终选择。

（3）给每个决策准则分配权重

为了在决策中恰当地考虑它们的优先权，决策者如何衡量准则的重要性？决定决策准则的相对重要性的最简单的方法是给最重要的准则 10 分，以此类推。

（4）拟订方案

决策制定者列出可以解决问题的可行方案，不加以评估，只要列出来即可。假设我们对轿车的最终选择以 6 种轿车作为可行的选择方案。

（5）分析方案

方案一旦拟订后，决策者必须批评性地分析每一个方案。这些方案经过与步骤二、三所述的决策准则及权重的比较后，每一个方案的优缺点就变得明显了。接下来将评价每个方案。

（6）选择方案

选择方案是决策过程中最关键的步骤，就是选择评估结果最高分的方案。

（7）实施方案

尽管步骤六已完成了选择的过程，但如果方案得不到恰当的实施，仍可能是失败的。所以，步骤七将涉及把方案付诸行动。

在普遍实施前进行“试点”。试点要注意选择在整个系统中具有典型性的地方，不能人为地创造某些特殊条件，否则，纵然试点成功，也难以实践。在试验实证中，应特别注重“可靠性”分析。经过可靠性验证后，可以进入普遍实施阶段。在这一步骤上，要抓好以下工作：

1）把决策的目标、价值标准以及整个方案向下属交底，动员群众、干部和科技人员为实现目标而共同努力。

2）制定具体的实施方案，明确各部门的职责、分工和任务，做出时间和进度安排。要有落实方案的具体措施，使总目标有保证的基础。

3）制定各级各部门及执行人员的责任制，确立规范，严明制度，赏罚分明。切忌吃“大锅饭”及粗放管理。要把统一指挥同调动群众的积极性结合起来，加强思想政治工作。

4）随时纠正偏差，减少偏离目标的震荡。

（8）评价决策效果

即使是一个优化方案，在执行过程中，由于主客观情况的变化，发生与目标偏离的情况也是常有的。因此，必须做好反馈和追踪检查工作，以评价决策效果。这个阶段的任务，就是要准确、及时地把方案实施过程中出现的问题、执行情况的信息，输送到决策机构，以进行追踪检查。通过评价决策效果，我们就会发现出现问题，或者是执行人员没有按规定完成任务；或者是执行中遇到实际困难，发现方案中有不妥当的地方；或者是已经按方案执行了，但未达到预定目标。因此，所采取的对策，或者是教育和落实；或者是修正方案，使其更加切合实际、日臻完善；或者是需要对决策进行根本性的修正，甚至是要推倒重来。

追踪决策和评价决策效果是正常的。对追踪决策和评价决策效果要有正确的看法，采取冷静审慎的态度。决策是一个动态的依赖于时空变化的复杂的过程，把决策看成一个凝固僵化的东西，是不切实际的。因此，评价决策效果和对方案进行必要的修正是不鲜见的。即是对决策进行根本性修正的追踪决策，也是不奇怪的。经过评价决策效果和追踪决策使方案达到双重优化，不但会减少损失，而且可以获得更佳效果。

2. 决策分析

所谓决策分析，是整个决策过程中的关键一环，它是由分析人员会同决策者共同完成的，是对已经描述出来的决策问题的求解。其主要工作应属于决策全过程的第三阶段（抉择活动阶段），即对备选方案进行评价与选优。这是在决策目标及环境条件基本明确或被弄清，各种可能的行动方案已被找到或制定的情况下，由分析者采用合理的评价准则和模型，运用特有的数学方法或优化技术，选出一个或一组最满意的行动方案，供决策者最后抉择。因此，决策分析的主要任务，应归结为求解决策问题。

所谓决策问题，是专指决策过程中已通过某种方式描述出来的可提交给分析者运用数学模型进行优化分析的问题。一个完整的决策问题，应由下述 4 个要素构成：

（1）决策主体

决策主体即做出决策的个体或个体的集合。很少有决策是在个体完全不考虑其他人的观点下做出的，即使一个组织的正式规程表明个人具有制定决策的权力，他通常也要搜集利益相关群体的意见，还要得到其他个人和团体的同意或默许。当考虑其他管理者的观点时，他们就成为决策主体的一部分。很明显，这意味着决策主体的成员对某项决策的影响力是不一样的。

决策主体是决策中最为重要的一个因素，它能够控制决策的整个过程。

（2）决策备选方案

存在可供选择的备选方案（或称行动方案、决策、措施等）的集合 **A**，它包含两个或两个以上的备选方案。解决某个问题，如果只有一个办法或一个方案，那就不需要进行决策分析，而只需照办就是了。故凡能构成决策问题的，总是存在着两个或两个以上的备选方案，设 $\mathbf{A}=\{\mathbf{A}_1, \cdots, \mathbf{A}_m\}$。

（3）不可控因素

存在着不依决策者主观意志为转移的客观环境条件，即自然状态（系统状态）集 **S**。例如，开发新产品有两种可能，或成功或失败，这就是两个自然状态；新产品的销路好、较好或不好等多种市场状态都是我们所指的自然状态。每一种自然状态的出现与否都是不依决策者或分析者的主观意志为转移的，就是说，它在求解问题的过程中是客观存在的。决策分析人员在对备选方案进行评价和选优的过程中，不涉及改变自然状态的问题，只涉及如何对它们进行数学表述或预测，估计它们的出现概率的大小、量值问题。当然，某些自然状态是可以改变的，例如，产品销路就可以经过人为的努力而加以改变，但这已经不属于原有的决策问题，是属于原有问题之外的另一个决策问题了。这里自然状态的出现概率往往是主观概率，同一个方案在不同的自然状态下会有不同的后果。

（4）后果

每一个备选方案（行动方案、措施等）与每一个可能出现的自然状态对应于一个后果值（或偏好值、损益值等），这种后果值有时候并不是用数量值来表示的，需要将它表示成数量值（如确定的数、效用值、模糊值等）。在决策分析中，这种数量值一般是效用值。用模糊值来表示后果的讨论属于模糊决策分析的范畴。于是，后果值是一个二元函数：$\mathbf{A}\times\mathbf{S}\rightarrow\mathbf{R}$，其中 $\mathbf{R}=(-\infty, +\infty)$ 是实数集。每种备选方案和自然状态的每一个组合都对应着一种结果。如果有 N 个可供选择的备选方案和 M 个互相独立的自然状态，就会产生 $M\times N$ 种可能的结果。

从上述 4 个要素可以看出，决策分析方法是一种定量的方法。但由于在确定自然状态的出现概率以及确定后果值（效用值）时需要用到主观的方法，从而决策分析方法是一种定性与定量相结合的方法。4 个要素在有些问题中较为明显，在有些问题中则较为隐晦。在对决策问题进行分析时，尤其要对后一种情形加以注意。

8.1.3 决策分析的内容与特点

1. 决策分析的内容

决策分析的内容可初步分为以下两个方面：

1）对单目标风险型和不确定型决策问题的研究。按照人的合理行为，用一套科学概念和系统分析步骤，对风险型和不确定型决策问题进行定量分析，从而排出备选方案的优劣顺序，以供决策者在作决策时选用。这一部分内容是决策分析方法的基础。

2）提出不同的备选方案与自然状态所对应的后果（价值）对人们利益所起的作用的大小，即后果的转换形式“效用”的概念，运用与问题相符的组合规则（依一定的逻辑过程实现的并合），建立分价值（或效用）合成总价值（或总效用）的计算方法和计算结构，从而对包含多种目标因素的复杂问题——多目标决策问题进行合理分析，排出备选方案的优劣顺序，供决策者选用。

随着科学技术的发展，一些新的理论、方法也逐渐地应用于决策之中，产生了许多新的决策分析的分支。如将 20 世纪七八十年代发展起来的模糊数学、灰色系统理论等应用于决策分析产生了模糊决策与灰色决策等。

2. 决策分析的特点

决策分析的整个内容，都是采用了一定的数学方法进行的定量方法与定性分析相结合，以定量方法为主的一种方法。然而它与半个世纪以来所发展起来的一些应用数学方法却是很不相同的。

前面已经指出，决策分析所要研究的决策问题不同于一般的确定性问题，其中不可能得出完全确定的结论。实际上，在风险型、不确定型和多目标的决策问题中，很难说哪个备选方案绝对的“优”或者绝对的“劣”。其次，在评价或比较备选方案的过程中，决策者主观上对于利益或损失的独特兴趣、感觉或反应往往起着很大的作用。所以说，按常规的数学分析方法是解决不了这类问题的。采用一组独特的概念和步骤对各种类型的决策问题进行合理的分析，便是决策分析方法的第一个特点。这里所说的概念和步骤就是反映决策者主观意志的效用、主观概率以及确定效用和主观概率的一整套步骤。当然，我们应该把反映人的主观判断的方法与主观随意的方法区别开来，因此，决策分析方法中既包含有科学性，又包含有艺术性。

决策分析方法的第二个特点是它的实践性，实践性是指，决策分析方法只是对于那些始终坚持使用它的人在不断制定决策的实践过程中，才被认为是确实可靠和有效的。也就是说，它并不能保证每一个具体的决策都会得到满意的结果，但长期坚持使用必然会因此而取得成就，只有经过长期实践，才有可能掌握决策分析中所包含的艺术性部分。

决策分析方法的第三个特点是它的实用化趋势。现代决策分析虽然开发了一些大型

的分析方法，但是这些方法会牵涉很多变量和约束条件，需要复杂的计算工作，而且问题本身又非常复杂，那么这种系统化的大量分析工作确是需要的。但我们很难要求许许多多决策问题不分轻重缓急都这么做，因为时间不允许，有些也无此必要。更因为一种方法要想推广开来，必须为一般的管理决策人员所能理解和掌握，从而这种方法也必须是比较简单和实用的。所以在开发大型分析工具的同时，也要开发一些更加简便的实用方法。这些简便实用方法往往更加符合现实状况（如统计决策论、模糊决策方法、层次分析法等），简便易学，而且数字计算与个人判断相结合，使决策分析增加了更大的灵活性。

决策分析的应用范围已涉及工业、商业、医学、心理学、经济学、政策评价等多方面的决策问题。具体的如资本投资、新产品和新技术的引进等一些比较简单的问题，也用于美国对火星的无人探险以及核动力引入墨西哥国家动力系统可能性的决策这样一些非常复杂的问题。总之，小到个人的决策，大到一个地区、一个部门，甚至是国际组织所面临的重大决策问题，都会体现到决策分析的应用。

8.2　群 体 决 策

群体决策是为充分发挥集体的智慧，由多人共同参与决策分析并制定决策的整体过程。其中，参与决策的人组成了决策群体。

8.2.1　产生群体决策的原因

1）决策责任分散。群体决策使得参与决策者责任分散，风险共担，即使决策失败也不会由一个人单独承担，加之权责往往不够分明，所以群体决策不如个体决策谨慎，具有更大的冒险性。

2）群体气氛。群体成员的关系越融洽，认识越一致，决策时就缺乏冲突的力量，越可能发生群体转移。

3）领导的作用。群体决策往往受到领导的影响，而这些人的冒险性或保守性会影响到群体转移倾向。

4）文化价值观的影响。群体成员所具有的社会文化背景和信奉的价值观会被反映在群体决策中，群体决策更富于冒险性。

8.2.2　群体决策的利弊

在多数组织中，许多决策都是通过委员会、团队、任务小组或其他群体的形式完成的，决策者经常必须在群体会议上为那些具有新颖和高度不确定性的非程序化决策寻求和协调解决方法。结果，许多决策者在委员会和其他群体会议上花费了大量的时间和精力，有的决策者甚至花费高达80%以上的时间。因此，分析群体决策的利弊，具有重要的现实意义。

1. 群体决策的好处

尽管人们并不一致认为群体决策是最佳的决策方式，但群体决策之所以广泛流行，正是在于群体决策具有以下几个明显的优点：

1）群体决策有利于集中不同领域专家的智慧，应付日益复杂的决策问题。通过这些专家的广泛参与，专家们可以对决策问题提出建设性意见，有利于在决策方案得以贯彻实施之前，发现其中存在的问题，提高决策的针对性。

2）群体决策能够利用更多的知识优势，借助于更多的信息，形成更多的可行性方案。由于决策群体的成员来自于不同的部门，从事不同的工作，熟悉不同的知识，掌握不同的信息，容易形成互补性，进而挖掘出更多的令人满意的行动方案。

3）群体决策还有利于充分利用其成员不同的教育程度、经验和背景。具有不同背景、经验的不同成员在选择收集的信息、要解决问题的类型和解决问题的思路上往往都有很大差异，他们的广泛参与有利于提高决策时考虑问题的全面性，提高决策的科学性。

4）群体决策容易得到普遍的认同，有助于决策的顺利实施。由于决策群体的成员具有广泛的代表性，所形成的决策是在综合各成员意见的基础上形成的对问题趋于一致的看法，因而有利于与决策实施有关的部门或人员的理解和接受，在实施中也容易得到各部门的相互支持与配合，从而在很大程度上有利于提高决策实施的质量。

5）群体决策有利于使人们勇于承担风险。据有关学者研究表明，在群体决策的情况下，许多人都比个人决策时更敢于承担更大的风险。

2. 群体决策存在的问题

群体决策虽然具有上述明显的优点，但也有一些特殊的问题，如果不加以妥善处理，就会影响决策的质量。群体决策容易出现的问题主要表现在以下 3 个方面。

（1）速度、效率可能低下

群体决策鼓励各个领域的专家、员工的积极参与，力争以民主的方式拟订出最满意的行动方案。在这个过程中，如果处理不当，就可能陷入盲目讨论的误区之中，既浪费了时间，又降低了速度和决策效率。

（2）有可能为个人或子群体所左右

群体决策之所以具有科学性，原因之一是群体决策成员在决策中处于同等的地位，可以充分地发表个人见解。但在实际决策中，这种状态并不容易达到，很可能出现以个人或子群体为主发表意见、进行决策的情况。

（3）很可能更关心个人目标

在实践中，不同部门的管理者可能会从不同角度对不同问题进行定义，管理者个人更倾向于对与其各自部门相关的问题非常敏感。例如，市场营销经理往往希望较高的库存水平，而把较低的库存水平视为问题的征兆；财务经理则偏好于较低的库存水平，而

把较高的库存水平视为问题发生的信号。因此，如果处理不当，很可能发生决策目标偏离组织目标而偏向个人目标的情况。

8.2.3　群体决策技术

头脑风暴法、名义群体法、德尔菲法以及阶梯法等，都是有效的群体决策方法。

1. 头脑风暴法

头脑风暴法的一般步骤：

1）所有的人无拘无束提意见，越多越好，越多越受欢迎。

2）通过头脑风暴产生点子，把它公布出来，供大家参考，让大家受启发。

3）鼓励结合他人的想法提出新的构想。

4）与会者不分职位高低，都是团队成员，平等议事。

5）不允许在点子汇集阶段评价某个点子的好坏，也不许反驳别人的意见。

2. 德尔菲法

（1）德尔菲法的特点

让专家以匿名群众的身份参与问题的解决，有专门的工作小组通过信函的方式进行交流，避免大家面对面讨论带来消极的影响。

（2）德尔菲法的一般步骤

1）由工作小组确定问题的内容，并设计一系列征询解决问题的调查表。

2）将调查表寄给专家，请他们提供解决问题的意见和思路，专家间不沟通，相互保密。

3）专家开始填写自己的意见和想法，并把它寄回给工作小组。

4）处理这一轮征询的意见，找出共同点和各种意见的统计分析情况；将统计结果再次返还专家，专家结合他人意见和想法，修改自己的意见并说明原因。

5）将修改过的意见进行综合处理再寄给专家，这样反复几次，真到获得满意答案。

3. 名义群体法

名义群体法（nominal group technique）是指在群体决策时对群体成员之间的讨论和人际沟通进行限制，群体成员召开一个会议进行决策时，他们必须首先进行个体决策，分别表达自己的意见，然后再进行群体的讨论。

名义群体法的具体实施步骤是：

1）组成一个小规模的决策群体，一般以 7～10 人为宜。

2）将需要决策的问题呈现给群体成员。

3）群体成员单独写下自己的观点和解决方案。

4）群体成员逐个表达自己的观点和方案。

5）将所有成员的意见用简明的语言列出来。

6）针对每一条意见进行讨论或澄清其中的问题。

7）每个群体成员单独将这些意见按照自己的偏好排出顺序。

8）将群体成员的排序情况汇总，排序在前面的意见作为群体决策的方案。

名义群体法的优点是能够在比较短的时间内解决问题，群体成员有着均等的机会表达自己的观点，每种意见都得到了足够的重视。但是名义群体法还有一些不足之处。首先，这种方法适合解决比较简单的问题。如果是复杂的问题，则需要将问题分解成几个小的问题，通过多次名义群体法加以决策。其次，群体成员进行面对面的讨论，对每个人的观点进行评价，容易给群体成员造成压力。

4. 阶梯法

阶梯法也是用于群体决策的一种方法。这种方法也是为了避免群体成员迫于群体压力不愿直接表达自己观点而采取的一种方法。在阶梯法中，群体的决策是由每个群体成员的意见不断叠加进去而形成的。这种方法使得群体中的每个成员都有独立决策的机会，每个人都不会受到别人的干扰。但是，这种方法只适合在较小规模的群体中使用，如果群体规模较大，将会耗费很多时间。

8.3 组 织 决 策

组织决策是指组织系统为履行管理职能，就面临所要解决的问题而制定和选择活动方案，做出各种决定的过程。

8.3.1 组织决策的特征与类型

1. 组织决策的特征

1）组织决策主体的特殊性。组织决策的主体是具有行使国家权力的组织。

2）组织决策内容的特殊性。组织决策的内容及对象是国家或社会的事务，其决策目的是为了谋求社会的公共利益。

3）组织决策依据的特殊性。组织决策与其他决策的一个重要区别还在于组织决策的制定及其实施都必须以国家的有关法律法规为依据。

4）组织决策作用方式的特殊性。组织决策是以公共权力为后盾，通过的方式作用于社会，作用于公民。组织决策对社会具有强制力的作用。

5）组织决策后果的特殊性。组织决策的后果及影响一般比较重大，它会影响到社会的共同利益和公民的直接利益。

2. 组织决策的类型

1）根据决策主体决策方式的不同，可分为经验决策和科学决策。经验决策是指决策主体根据经验所做出的决策。即决策者在决策过程中，对决策对象的认识、对决策目标

的断定都是凭借主观经验和逻辑思维能力来进行判定的。

科学决策就是指决策者依据一定的科学方法或技术而进行的决策。即决策者在决策的过程中对决策对象的认识、对决策特点及规律的研究、对决策目标的选择、对决策方案的确定等，都是建立在科学论证的基础上。

2）根据决策目标所涉及的规模和影响程度的不同，可分为战略决策和战术决策。战略决策是指那些带有全局性的和方向性的重大决策。这种决策一般说来其影响比较深远，涉及的范围比较广泛，带有方向性、原则性和宏观性。这种决策一般由高层组织做出。战术决策是指那些局部性的、短期的和比较具体的决策。战术决策是战略决策的延续和具体化，它主要服务于战略目标的实现。

3）根据决策内容的具体情况不同，可分为程序性决策和非程序性决策。程序性决策是指那些常见的、定型的和重复性的决策。这种决策的内容较为确定，有一定的常规可循，一般属于日常的工作范围，因而也称例行性决策。

非程序性决策是指新出现的、非常见的和无常规可循的决策。这种决策往往具有开创性和革新性。

4）根据决策所具有的条件的可靠程度的不同，可分为确定型决策、风险型决策和不确定型决策。确定型决策是指决策的环境、条件确定，决策的后果也可以确定的一种决策。这种决策由于各种因素和条件都比较明确、确定，每一种决策方案的结果也比较清楚，所以只要比较各个方案的优劣就可以了。

风险型决策是指决策的环境、条件可以确定，但不能完全控制，每一环境和条件下决策的后果虽然可以预测，有一定的把握，但仍需要冒一定的风险。

不确定型决策是指决策的环境、条件等因素都不能确定，决策后果也无法预测和确定的决策。

8.3.2　组织决策的程序与方法

1. 组织决策的程序

组织决策的程序是指组织在决策过程中所必须经过和遵循的工作次序和工作步骤。按照科学的决策程序进行决策，能够帮助组织认识和掌握决策过程中的客观规律，提高决策的正确性和有效性。组织决策的基本程序为：

（1）发现问题，确定目标

发现问题是组织进行决策的起点，任何决策都是从发现问题开始的。发现问题后，即要确定解决问题所应达到的结果和目的，这些结果和目的就是决策的目标。一般来说，正确的目标应该具备 3 个基本条件：①定量化；②有一定的时间限制；③要明确责任。

（2）调查研究，拟订方案

目标确定后，就要为实现目标寻找和设计出最佳的途径和办法。这便进入了组织决策的第二个阶段。在这个阶段，主要是搞好两个方面的工作：第一，要进行周密的调查研究。第二，在调查研究的基础上，拟订若干个备选方案。拟订方案时应注意：①方案本身要有可行性。②方案要有多样性。③方案要有完备性。④方案要有突破性。⑤方案要尽可能定量化。

（3）分析评估，方案选优

各种备选方案拟订好以后，就进入了决策的第 3 个阶段，最后选择出来的决策方案应该是能够用最短时间、最小代价、最好的效果实现决策目标。如何进行决策方案的选择，一般来说，在决策方案的选择和优化过程中，应该坚持的原则有：①方案的选择要以目标为准绳。②方案的选择要坚持整体利益的原则。③方案的选择要符合客观实际情况。④方案的选择要坚持民主集中制的原则。

（4）局部试点，完善决策

方案确定以后，就进入了决策的最后一个阶段。但是，最后择定的方案，不能马上大规模付诸实施，还必须对其进行局部试点，以验证和检验其实施的可靠性。

2. 组织决策的方法

（1）调查研究的方法

调查研究是组织决策科学化的基础。常用的调查研究方法主要有：①系统化调查。②定量化调查。③程序化调查。

（2）科学预测的方法

预测就是在研究分析事物过去和现状的基础上，找出其内在规律，然后根据其发展趋向，推测事物未来发展状况的方法。常见的预测方法主要有：①经验推断预测法，预测结果的统计性。②头脑风暴法。③数学模型法。④模拟试验法。

8.3.3 现代组织决策体制

组织决策体制就是指进行组织决策的体系，它是用制度形式固定了的承担组织决策任务的机构、人员设置、职权划分以及运行关系的模式。组织决策体制，是一个功能齐全的组织体系，它是以决策的中枢系统为核心，以参谋咨询系统和情报信息系统为辅助的相互配合、相互衔接、彼此协调的决策体制。

1. 组织决策的中枢系统

中枢系统也称为组织决策中心或政府首脑机关，它是由各级组织领导者构成，在各级组织中拥有最高决策权，并在组织决策中起核心作用和主体作用的组织系统。它在组织决策体制中处于统帅和支配地位。决策中枢系统的主要任务是：①确定决策问题和决策的目标体系。②选定“满意”的决策方案。③指挥局部试点，反馈完善决策。

2. 参谋咨询系统

参谋咨询系统是由多学科的专家、学者组成的，采用官方或者非官方的形式专门从事智力开发，协助中枢系统进行决策的辅助性组织。参谋咨询系统的主要任务是：①协助决策者发现问题，分析问题。②为决策者提供解决问题的方案、途径和方法。

3. 情报信息系统

情报信息系统是由专职人员、专门设备、有关运转程序和制度组成的专门从事信息的收集、加工、传递、贮存等信息服务性的综合机构。情报信息系统的主要任务就是对组织管理过程中的各种科学管理，为组织决策中枢系统和参谋系统提供优质的信息服务。

8.3.4 组织决策的理论模型

1. 理性决策模型

理性决策模型是诺贝尔经济学奖获得者、美国学家西蒙首创的一个分析模型。作为决策理论研究的开创者，西蒙的概念体系的一个核心部分，便是把“过程”的观念引入决策研究之中。西蒙把决策过程的第一阶段——探查环境，寻找达成决策要求的条件，称为“情报活动”；第二阶段——创制、分析可能采取的行动方案，称为“设计活动”；第三阶段——从可以利用的行动方案中选出一个可行的、合理的方案，作为行动的准则，称为“抉择活动”；第四阶段——对过去的抉择进行评价，称为“审查活动”。

西蒙指出，一般来说，“情报活动”先于“设计活动”，“设计活动”又先于“抉择活动”，所以可以构造一个基本的过程序列：“情报活动→设计活动→抉择活动→审查活动”。但是，另一方面，阶段循环比这种循环序列要复杂得多，决策的每一个特定阶段，其本身就是一个复杂的决策过程。

2. 系统分析模型——政策为系统的产出

系统分析模型是美国政治学家伊斯顿所提出来的一个决策分析模型。他针对传统政治学单纯地从制度的静态分析进行研究所存在的问题，提出动态的、研究政府运行过程的政治系统论。他认为，政治系统指相对关联的结构与过程所形成的团体，其功能在于为某一个社会提供权威性的价值分配。作为一个系统，它为了适应外在环境所产生的环境压力，必须随时采取对应措施，作为必要的决策；环境中所产生的影响政治系统稳定的压力为投入；环境则指被界定的政治系统的界线之外的任何条件或情境；政治系统的产出是系统的权威性的价值分配，以及这些分配所构成的公共政策。

系统分析模型描绘公共政策为政治系统的一种产出。总之，伊斯顿的系统分析模型，从一个动态的视角，生动地描述了涉及政治决策过程的各种因素，即系统、环境、需求与支持的投入、转换过程、产出的政策以及反馈等，并且描述了这些因素在整个政治运行过程的位置，为科学地认识政治过程提供了一套有效的概念工具。但这仅仅是一个初步的模型，有许多问题尚没有得到正面的回答。

3. 渐进决策模型

渐进决策模型是由美国政治经济学家林德布洛姆提出来的。他认为，政策的制定只是根据过去的经验，经由渐进变迁的过程，而达成共同一致的政策。政策制定过程一般都是以现策作为一个基本方案，与其他的新方案相互比较后，做出哪些现策应修改，或应增加哪些新政策的决策。这里所说的所有其他方案，都是对现策所做的小规模的或大规模的调整，或者两者综合进行。决策者在决策过程中仅做边际性的调整，问题的解决在于边际的比较，决策抉择与边际，并不全盘考虑每一项计划或每一个方案。林德布洛姆认为，政府决策的全过程为渐进调整过程的根本原因在于：

1）在多元的社会环境之下，政府为维持社会的稳定，获取政策支持，通常希望保持现行的计划，而不愿意从事全面性的政策改革，因为它虽然可能促进特殊的社会目标，但相对地也要付出可观的代价。

2）之所以运用渐进调整的策略，还是政治上的权宜之计。

3）政党与政治领袖对于基本国策的看法是一致的，当他们在竞选或争取选票以及争取公民支持的时候，仅对每项政策提出渐进的修改而已。

4）转轨的困难。现行计划可能已经投入巨额的资本，因而排除了任何根本上的变革。

5）技术上的困难。决策者并没有足够的时间、智慧或经费用以调整所有的政策方案。

4. 团体决策模型

团体决策模型是美国政治学家杜鲁门提出的一个决策分析模型。他的观点集中反映在 1971 年出版的《政府过程》中。团体决策分析模型的基本命题：团体间的交互影响为政治活动的中心事实。一般而言，具有共同利益的个人，均正式或非正式地结合成某一个团体，以便向政府提出他们的需求，这种利益团体的存在，乃是政治生活的主要特征之一。团体成为个人与政府间的重要桥梁。政府决策过程实际上是团体间争取影响政策的过程，在这种影响之下，政策成为各种团体之间竞争后所造成的均衡。这种均衡取决于各个利益团体的相互影响力。一旦这种影响力的格局发生变化，政策便可能随之改变。

团体影响力的大小取决于以下因素：成员的多少、财富的多少、组织能力的强弱、领导能力的高低、与决策者接近或远离以及团体内部的凝聚力等。

杜鲁门指出，在团体影响的政治运行机制中，政治系统的主要任务应该是建立团体之间的竞争规则、安排妥协与平衡利益、制定政策用以规定妥协的方式、执行妥协以解决团体间的冲突。

8.3.5 组织决策的科学化

决策科学化是指决策者及其他参与者充分利用现代科学技术知识及方法，特别是决策的理论和方法，并采用科学合理的决策程序进行决策。实现决策科学化的要求是建立完善的决策系统，提高决策参与人员的素质，按照科学决策的原则进行决策。

1）建立健全组织决策系统。现代化的组织决策系统是由以决断子系统为核心，以信息、参谋、监控子系统为支持而组成的有机整体。建立健全决策系统，应做到：①合理设置各子系统。②充实参谋咨询机构和信息工作机构。

2）遵循科学决策的原则。①信息原则。②预测原则。③程序原则。④可行性原则。⑤民主集中制原则。

3）提高决策者和参与者的素质。决策人员的素质高低决定了决策的水平，提高决策人员素质是决策系统改进的重要内容之一。①要加强决策者集体的班子建设。②提高参谋咨询人员的业务素质。③提高信息人员的素质。

8.3.6　组织决策的民主化

决策民主化是指必须保障广大人民群众和各种社会团体以及决策研究组织能够充分参与组织决策的过程，在决策中反映广大人民群众的根本利益和要求，并在决策系统及其运行中形成民主的体制、程序及气氛。决策民主化是决策目标民主化和决策过程民主化的统一。

1）把民主机制引入决策系统，营造良好的决策氛围。

2）重视发挥参谋咨询人员在决策中的作用。加强专家学者在决策中的地位和作用，这既是在高层次上民主化的体现，也是实现决策科学化的重要保证。①保证参谋机构的相对独立性。②在咨询机构内形成民主气氛，鼓励不同观点的自由讨论。③参谋咨询人员要准确定位。

3）提高政治生活透明度，实现决策目标的民主化。政治生活透明就是政务公开、政治民主。①建立重大问题的通报制度。②强化对决策的新闻舆论监督。③增强社会公众参与决策的意识水平。

8.3.7　组织决策的法制化

决策法制化是指通过宪法和法律来规定和约束决策主体的行为、决策体制和决策过程，特别是通过法律来保障广大人民群众参与组织决策的民主权利，并使组织领导者的决策权力受到法律和人民群众的有效监督。决策法制化是我国实现“依法治国”战略方针的一个重要方面，也是实现决策科学化和民主化的重要保证。

1）理顺决策主体关系，完善决策规则。特别是要理顺同级政权机关的中国共产党组织、人民代表大会与政府这 3 个决策主体之间的关系。理顺这三者的权限、范围的原则是，既要保证党组织对决策工作的领导，又要保证人大的最高决策权，以及保证和发挥政府在决策中的独立地位和作用。

具体措施有：①党政分开。②理顺党委对决策的领导权与人大最高决策权的关系。③处理好人大与政府的相互关系。④人大在监督政府决策时，应切实加强与政府的联系，了解政府的实际工作情况，促使政府决策的合法性、合理性与可行性。

2）决策程序法制化。决策程序法制化，就是将决策过程中最重要的步骤、程序以法律规范的形式确立下来。旨在防止少数决策者草率行事、滥用职权，或有意把一些方案不经过审议而出台的行为。决策过程中应加以规范的程序有：①调查程序。②方案设计程序。③可行性论证程序。④社会交流程序。⑤决策合法化程序。

3）充分发挥决策监控子系统的作用。①发挥内外两大监控体系的作用。②依法保护监控子系统成员的权利，既保护他们言论、批评、监督政务的权利，也要保护他们不要因为监督政务而受到打击、报复。

总之，科学化、民主化与法制化是现代决策的3个互相联系、密切配合的方面，民主化是现代化决策的基础，科学化是现代化决策的主导，而法制化则是现代化决策的保证。

本章小结

本章介绍了决策、群体决策和组织决策。决策是管理的核心问题，决策过程中必须遵循最优化的原则、系统原则、信息准全原则、可行性原则和集团决策原则。群体决策有其利弊，包括头脑风暴法、名义群体法、德尔菲法以及电子会议法等有效的群体决策方法。组织决策体现了组织的目标性，遵循一定的程序和方法，帮助组织提高决策的正确性和有效性。

关键概念

决策；确定型决策；非确定型决策；风险型决策；群体决策；组织决策。

复习思考题

1. 什么是决策？决策有哪些特点？
2. 科学决策应该遵从哪些原则？
3. 简述群体决策在管理中的利弊。
4. 简述组织决策的程序和方法。

阅读案例与材料

20个现代经典决策案例

商场如战场，这是久经商场的人士总结出来的金玉良言。决策者审时度势、发挥决策艺术的能力各不相同，因此所领导的企业才会在商战中各有沉浮。美国《财富》杂志近期刊登的一篇文章列举了20个决策实例，有的决策英明，让人敬佩，有的决策却愚蠢可怕，它们不仅塑造了整个现代商业世界，而且给人以深刻启迪与教训。

1. 1876年：西方联合电报公司大意失荆州

1876年，亚历山大·格雷厄姆·贝尔发明了电话，并先于伊莱沙·格雷几小时申请了专利。但是，其所做的一切努力也使贝尔几乎倾尽所有，因此贝尔的岳父加德纳·哈伯德打算将电话专利权卖掉。当然，他所瞄准的目标就是当时长途通信业的霸主——西方联合电报公司。

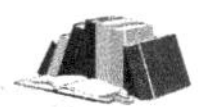

但是西方联合电报公司总裁威廉·奥顿拒绝了哈伯德的请求，他认为，“电话”有太多的缺点，因此不能严格地作为一种通信方式，这种装置对他们来说没有任何价值。奥顿拒绝哈伯德不仅因为他们之间早有过节，而且他认为不管电话取得多大的成就，他的公司都有实力轻松地将贝尔逼出市场。

很快，西方联合电报公司就为它的短视付出了巨大的代价。公司的客户纷纷放弃电传打字机而改从新成立的贝尔公司租借电话机。西方联合电报公司不得不被动跟进，利用格雷的专利以及托马斯·爱迪生的设计推出了自己公司版本的电话机。随后双方之间爆发了激烈的诉讼之争，西方联合电报公司最终败北，并被迫从贝尔公司租用电话设备。

2. 1903年：“安全剃刀大王”金·吉列开辟美国一次性物品时代

如今的美国到处充斥着一次性尿布、一次性相机等用后即可丢弃的一次性商品。但是当金·吉列在1903年开始销售装有一次性刀片的安全剃须刀时，美国人并未随意接受它，因为这与美国人的节俭观念相冲突。

当时男人剃须是一件不容易的活，吉列也常常深受其害，因此他决定发明简便的安全剃须刀。吉列花费了8年的时间研究如何将刀片变得足够薄、足够便宜，从而在其被用钝之后可以毫不心疼地将其扔掉。功夫不负有心人，终于在1901年，他发明了第一把带有一次性刀片的剃须刀，申请了专利，并成立了吉列公司。

第一次世界大战时，吉列公司更是向美国军队提供了350万把吉列剃须刀及3200万个刀片，赴外作战的美国士兵把吉列安全剃刀的影响扩展至全世界。

3. 1906年：詹尼尼地震后打开金库贷款给急需的人

当旧金山的地震将意大利银行创始人詹尼尼从床上抛出时，他的脑海中只有一件事：他的银行。他立刻与两个雇员一起赶在大火将银行吞没前抢救出价值8万美元的黄金。其他银行的金库则由于太热而数周不能打开。并且詹尼尼随后立刻向那些急需用钱的人贷款，帮助他们重建生活。

詹尼尼的这一举动为他赢得了荣誉。詹尼尼是意大利移民的后代，他于1904年创办了意大利银行，他所服务的对象并不是富裕的少数人，他向任何拥有工作的人提供10～300美元不等的贷款。

詹尼尼使住房抵押、购车贷款及其他消费信贷方式得到进一步的普及。1945年之前，他的名声已经响彻海内外。他的意大利银行也更名为美洲银行，位居全球最大银行之列。

4. 1914年：福特向工人提供每天5美元的报酬

1914年，亨利·福特宣布，将工人的工作时间从9小时减为8小时，并且向工人提供每天5美元的报酬，这是之前2.34美元工资水平的两倍多。

这一消息犹如晴天霹雳击中了美国人民。一时间，成千上万人聚集到工厂门口寻求工作，同时也有不少媒体指责福特犯了一个巨大的经济错误。自从1913年他的汽车生产线开工以来，他为不能留住工人而烦恼。370%的工人流转率使他不得不每年雇用几乎 5 万人才能保持 1.4 万人的劳动大军，从而使生产不受影响。福特希望每天向工人的口袋里放 5 美元可以获得更多的回报，即不仅可以大批量生产汽车，还可以占领大部分市场份额。

在某种意义上，每天 5 美元报酬的举措似乎改变了一切。历史上第一次一位主要的工业家提出了雇主和雇员之间的合同不应该仅仅包括工资。

5. 1925 年：西尔斯零售大扩张

金斯·罗伯特·伍德在第一次世界大战后归来发现，连锁商店开始席卷全国，通过产品价格手册邮购的业务受到冲击。1921 年，伍德向他的新雇主蒙哥马利-沃德公司指出，公司有四个分销点、一个组织有效的采购体系以及良好的声誉，如果公司能够利用这些优势便能竞争过其他连锁店。但是伍德的意见没有被管理层采纳，并于 1924 年被开除。伍德随后加入了西尔斯罗巴克公司，后来成为公司的总裁。

伍德意识到城市对零售商店的重要性，因此一上任，他就开始了行动，包括在哪里开设新店，谁将来管理它们。西尔斯早期的一些店铺选在城市外的高速公路旁边，这似乎有些滑稽，但是后来，随着城市的扩张，这些店被融进了城市之中。

3 年之内，西尔斯的零售商店已经扩张至 300 多家。在西尔斯，伍德被尊为西尔斯零售扩张之父。

6. 1929 年：乐天派梅里尔大萧条来临前卖掉手中的股票

美国美林证券公司的创始人查尔斯·梅里尔被人们称为乐天派，虽然他出身贫穷，却靠个人奋斗跻身华尔街。梅里尔对股票投资有着惊人的洞察力，在 1929 年美国大萧条来临之前他预测到股市将会遭受重创，因此早在 1928 年梅里尔就开始提醒他的顾客出售手中的股票，几乎所有的人都对他的意见嗤之以鼻。但是梅里尔相信自己的判断，及时将公司的大部分股票兑成现款，从而让美林证券公司逃过了那场大劫难，梅里尔也由于这一明智之举而被永载美国金融界史册。

梅里尔还最先提出股票和债券并不只是投机者的股掌玩物，它们还是美国普通大众的有效生财之道。他努力将小投资者造就为现代市场的基础，1945 年，美国只有 16%的家庭投资于股票，而如今这一比例已高达 50%。

7. 1935 年：泛美航空公司飞越大洋

20 世纪 30 年代的美国商业界阴霾笼罩，破产屡见不鲜，不过也有少数例外，泛美航空公司就是其中一例。自从查尔斯·林德伯格 1927 年单独飞越大西洋之后，航空业就迅速发展。泛美航空公司的老板胡安·特里普决心成为国际航空业的领头羊。起初，泛美航空公司严格上来说提供的是邮件服务。后来，特里普意识到捎带一两个乘客有助于提高利润，因此他就在机舱里安放了两个座椅供乘客使用。

不仅如此，特里普还将目标放得更远——中国。这简直是疯狂的举动，因为存在一系列的困难，比如缺乏跑道、导航简陋等，并且也不能确定到亚洲的航线有市场。但是特里普还是付诸实践，1935 年 11 月泛美航空公司开辟了横渡太平洋的 China Clipper 航空邮件服务，并在一年后迎来了第一个乘客。1939 年，泛美航空公司又第

一个开始了跨大西洋服务 Yankee Clipper。1935～1940 年，进行国际飞行的美国人数量大增。是特里普的决定刺激了大规模国际航空的腾飞。

8. 1950 年：爱德华兹·戴明对战后日本产业起死回生功不可没

1950 年的爱德华兹·戴明在美国还是一个名不见经传的统计学家，之前仅到过日本一次，但是他却清楚地知道如何解决日本战后的经济问题。戴明指出，对质量的追求是提高生产力、获得更多利润、创造更多就业机会的关键。他表示，如果日本公司采取他提出的 14 个质量管理原则的话，它们的产品在 5 年内将达到世界级标准。

戴明从 1950 年到日本指导质量管理长达近 40 年，且前二三十年几乎每年都去。结果也确如戴明所预料的那样，日本的产品质量赢得了全球的信赖。

由于戴明对日本质量管理的成功指导，美国人突然警醒，原来日本企业经营成功的背后竟然有一个美国人居功最大，因此开始对戴明另眼相看。从 80 年代开始，为了应对来自日本的挑战，美国企业采用了戴明的 14 个管理原则，戴明开始在美国名声大噪。

9. 1955 年：露丝·汉德勒在新兴电视媒体上打广告促销

1955 年，美泰玩具公司创办人之一、后来“芭比娃娃”的创意者露丝·汉德勒接到 ABC 公司的一个电话，问她是否愿意赞助“米老鼠俱乐部”的表演，并问她美泰玩具公司是否愿意花 50 万美元在电视台播放一年的电视广告。

这并不是个小数目，它相当于美泰公司当时的资本净值。并且当时电视广告的效应还不被人所知，也没有得到充分的利用。那时的玩具业也几乎不做广告宣传，只满足于圣诞节之前在一些大城市做一些促销活动。

然而，在接到电话之后的一个小时内，汉德勒和她的丈夫埃利奥特给了 ABC 公司一个肯定的答案。从此，他们在电视媒体上打广告销售玩具产品。汉德勒在自传中写道，在做电视广告之前，80%的玩具是在圣诞节前 6 周内售出的，而电视广告的播出刺激了孩子们整年对玩具的需求。

10. 1957 年：风险投资大王阿瑟·罗克资助“8 个叛逆”创办公司

1956 年，诺贝尔物理奖得主威廉·肖克利衣锦还乡，在旧金山成立了肖克利半导体实验室，同时还将 8 个知名的工程师及科学家招至麾下，其中包括戈登·摩尔、尤金·克莱纳。后来，由于肖克利与这八位相处不甚融洽，这 8 个人决定一起离开寻找新的雇主。肖克利愤愤地称他们为“8 个叛逆”。

当时年仅 31 岁的阿瑟·罗克闻讯后，建议 8 个人一起工作的最好方法就是他们一起创业成立自己的公司，而非成为别人的手下。不过有一个小问题——资金。因此罗克提供了一个融资计划，这八个人分别拥有新成立公司 10%的股份，他们提供的资产就是所拥有的技术，罗克的海登-斯通投资银行拥有剩下的 20%股份。

罗克开始四处奔走寻求创业资本，1957 年他接触的第 36 家公司费尔柴尔德照相器材公司终于同意资助成立费尔柴尔德半导体公司，根据协议投资公司以后有权将其买下。

罗克当时并没有意识到他发现了创办公司的一种全新的方式，同时也是加速新技术开发及创造个人财富的神奇法则。硅谷由此开始迅速发展壮大。

11. 1964 年：IBM 首席执行官托马斯·沃森推出 System/360 计算机

如果买了一台新电脑，结果旧电脑上的一切文件都无用了，打印机也不管用了，它们之间互不兼容，你需要重写程序，你肯定快要发疯了吧。不过别担心，那是 IBM 在 1964 年推出 System/360 之前才会发生的事情。

一些人士认为，System/360 是历史上最大的商业豪赌。当时正值 IBM 巅峰之际，首席执行官托马斯·沃森却将整个公司的命运压在计算兼容性这个概念上。为了研发 System/360 计算机，IBM 雇用了 6 万多名新员工，建立了 5 座新工厂，投入了 50 亿美元。终于在 1964 年 System/360 诞生了，历史上第一次，世界上的电脑有了一种共同的语言。由此引发了计算机和商业领域里的一场革命，并永远地改变了世界。

12. 1970 年：柯特·弗勒德对“保留条款”提起诉讼

柯特·弗勒德是美国圣路易斯一个棒球队的外场手，他对棒球运动员合同中的“保留条款”提出质疑，他认为这是不公平的，也是非美国的，棒球运动员应该有转会的权利。1969 年圣诞节前夕，弗勒德给棒球委员鲍伊·库恩写了一封信，请求库恩建议其他俱乐部接收他，参加 1970 年的赛季。

但是，库恩拒绝了他的请求。弗勒德提起上诉，结果法院判他败诉。虽然他为此举付出了巨大的代价，不过，弗勒德的质疑产生了很大的影响，1975 年棒球投手达维·麦克纳利和安迪·梅瑟史密斯在对“保留条款”的挑战中胜诉，从而改变了运动业界的运作模式，它标志着终身运动员向行动自由的职业运动员的转变。

13. 1972 年：福特公司对 Pinto 车的安全问题听之任之

20 世纪 70 年代初，福特公司的热销品牌 Pinto 车发生多起车毁人亡事故，但由于没有发现问题的所在，因此公司召回委员会经投票反对召回。大约一年以后，他们发现是油箱存在问题，但是他们决定不采取行动，他们的逻辑是小型车本来就是不安全的。并且公司还对减少汽车油箱起火的可能性进行了损益比较。

这一消息一经公布后，反响可想而知，福特被一系列公开发表的言论指责为了谋取利益无情地以牺牲人的生命为代价。但实际上，通过分析比较，将车辆召回，为每辆车安装安全装置的成本仅为 11 美元。

1980 年在一次昂贵的召回之后，福特公司停止了 Pinto 的生产，但消费者对公司的不信任感更有破坏力。

14. 1975 年：沃尔特·里斯顿批准自动柜员机计划

虽然不知道为什么，但是约翰·里德知道他是对的。所幸的是他的老板——花旗董事长沃尔特·里斯顿与他有相同的信念：技术能够与银行业相结合。因此在 1975 年，里斯顿同意了里德的计划。两年之后，花旗银行上市了，接着几乎一夜之间，花旗建成了 400 多台自动柜员机的网络。

新技术的采用受到了客户的认可，自动柜员机的使用量迅速攀升，一句妙语在当时流传开来：“花旗从来不睡眠”。到 1981 年之前，花旗在纽约所占的存款份额已经增长了一倍。竞争对手这才意识到问题的严重性，它们停止嘲笑花旗“没有灵魂的机器”，开始跟进自动柜员机的设置计划。

15. 1980 年：雷金纳德·琼斯选定杰克·韦尔奇为接班人

在杰克·韦尔奇成为美国通用电气公司的代名词之前，他是一个反通用人士，他常常嘲笑公司的官僚作风，因此公司总部的管理人士与他格格不入。并且刚开始的时候，他并不在首席执行官继任候选人名单之列，因为他太年轻、太急躁，而且口吃。但是，当时的首席执行官琼斯力排众议，在 1980 年任命韦尔奇为他的接班人。

也许琼斯在通用电气所做的最好的决定就是选择了一个改变通用决策方式的决策者——韦尔奇。在韦尔奇的领导下，通用公司从一家市场价值在美国上市公司中排名第 10 位的企业发展成市值位居世界第二、盈利能力全球第一的世界级大公司。琼斯曾经指出，选择接班人的首要就是不要选择与自己相像的人。其次就是要展望未来的环境，选择一个适合未来环境的人，而不是适合自己任职环境的人。

16. 1983 年：萨姆·沃尔顿批准了卫星系统计划

世界最大零售企业沃尔玛的创始人萨姆·沃尔顿并不是高新技术发烧友，但是在 1983 年，他听取了一个下属的 2400 万美元的投资计划。这个人就是负责公司数据处理的格伦·哈伯恩，他建议建立一个卫星系统。

沃尔玛无疑将成为尝试这项技术的第一个吃螃蟹的零售企业。风险是存在的，但它却有两大卖点，第一就是它有助于事必躬亲的沃尔顿与员工之间的交流，因为沃尔顿坚持到每一个店铺视察，但随着连锁店数量的扩张，这变得越来越困难。第二就是卫星系统有助于沃尔顿及时了解库存、跟踪每个店的日销售额、新产品的上架等问题。

4 年之后，卫星系统的建成使得沃尔玛的销售业绩一路飙红。1985 年，卫星系统完工前两年，沃尔玛的销售额为 84 亿美元，而 10 年后已经升至 936 亿美元，再 10 年后达到 2880 亿美元的历史最高纪录。

17. 1984 年：“贝尔大妈”与“贝尔宝宝”分离

以“贝尔大妈”著称的美国电话电报公司（AT&T）在美国称霸近一个世纪之后，受到了来自美国国会、联邦电信委员会及司法部等反垄断的压力。因此在 1982 年，公司董事长查利·布朗宣布，AT&T 自愿在 1984 年 1 月 1 日将公司分拆，保留设备生产企业西电、贝尔实验室以及公司最盈利的长话业务，将 7 个市话业务部门分离出去，也即“贝尔宝宝”。

当时，许多人士认为布朗会保留“贝尔宝宝”而剥离西电。但是布朗认为，拥有长话业务及技术两项资产可以使 AT&T 像以前一样强大，并且可以轻松击败“贝尔宝宝”们的竞争。

这是一个从来没有遇到过残酷价格竞争现实的人所做出的决定。结果我们可想而知，AT&T 迅速失去了许多客户，并且今年 1 月 31 日没能摆脱一个“贝尔宝宝”西南贝尔电信公司宣布以 160 亿美元将其收购的命运。

18. 1985 年：安迪·格鲁夫砍掉存储芯片生产业务

20 世纪 80 年代，英特尔的主营业务存储器受到了来自日本企业的挑战，日本的存储器生产厂家以价廉物美的优势在很短的时间内使英特尔感受到了竞争和生存的压力。有关数据显示，英特尔曾为此连续 6 个季度出现亏损，这样的业绩令业界对其能否生存下去表示了极大的怀疑，英特尔的管理层也围绕是否放弃存储器业务而一度展开了激烈争论。

当时，在所有人的心目中，英特尔就等于存储器，但格鲁夫却力排众议，坚决砍掉了存储器生产的业务，并把微处理器作为公司新的生产重点。到 1992 年，微处理器的巨大成功使英特尔成为世界上最大的半导体企业，甚至超过了当年曾在存储器业务上打败过它的日本公司。

19. 1985 年：德崇证券商品有限公司写了一封“高度自信”的信函

一个二月的深夜，一个名叫卡尔·伊坎的无名之辈想敌意收购美国飞利浦石油公司，但不幸的是他缺少 80 亿美元，这会妨碍他计划的实施。但是垃圾债券大王迈克尔·米尔肯发明了一种利用垃圾债券筹集资本的新方法，因此伊坎向米尔肯供职的德崇证券商品有限公司求助。

最后，德崇公司同意在次日早晨草拟一封信函，信中指出公司“高度自信”可以筹集到足够的资金。虽然最后伊坎放弃了敌意收购飞利浦石油公司的计划，但是敌意收购公司的时代从此开始。仅在 1986 年，美国就发生了 3973 宗接管、合并及收购案，涉及总成本高达 2360 亿美元。

20. 2000 年：杰里·莱文认为不需要保护性措施

2000 年 1 月，网络巨头美国在线公司宣布以换股及债务方式，收购世界最大的媒体公司时代华纳公司。时代华纳董事长杰里·莱文认为这简直是“天作之合”，由于他对这次传统和新兴媒体结合所产生的巨大商机深信不疑，以至于他坚决反对采取任何限制性的保护措施，即如果买方的股票价格下降至某一水平以下，买方将可以重新改写交易条款。

不幸的是，两家公司刚一宣布它们之间的合并，互联网泡沫就爆破了，美国在线的股票价格骤跌。由于没有保护措施，时代华纳不能就交易重新谈判。时代华纳的一些管理人士敦促莱文以美国在线的股价急剧下跌为借口取消这次合并。

但是莱文并没有听取这些建议，依然固执己见，从而使得曾经拥有价值 750 亿美元的公司 100%股份的时代华纳股东如今只拥有价值约 750 亿美元的公司 45%的股份。

（资料来源：http://news.xinhuanet.com/wond/2005-07/04/content_3172361.htm.）

案例思考：

从这些决策案例中你学到了什么？

第9章　组织结构设计

● **学习目标**

1. 了解组织结构设计的内容和特点。

2. 理解组织职能和了解组织结构设计的内涵、意义和效能。

3. 认识和了解组织结构设计的基本原则。

4. 学会分析现代组织结构设计。

5. 具有能根据组织结构的情况来分析其内在特点和进行组织结构设计的技巧。

6. 具有熟练分析组织结构的能力、在组织管理和组织职能发挥中运用现代组织结构设计的有关理论的能力。

导入案例

安捷伦公司——人性化的组织结构

安捷伦是1999年从惠普分割出来的公司，主要产品是一般消费者所不熟悉的两侧量测仪器等科技产品。其CEO班厚特沿袭惠普公司追求长期价值的做法，在作重大决策时，最常问的一个问题是："如果是两位创办人，会怎么做？"2000年景气高峰时，安捷伦的员工人数一度大幅成长，一年之内成长了12%。但是2001年，安捷伦开始发现业务开展得并不顺利，顾客抽掉订单。

安捷伦让员工充分了解公司营运状况，是员工充分配合的关键。通过电子报、会议，高层主管不断和员工沟通节省成本的重要性，让员工知道省下的钱对公司会有多少帮助。公司并没有硬性规定该砍哪些项目，省多少钱，但员工沉浸在这种召唤中，很多人主动勒紧腰带，不到几个月，公司差旅费就省了50%。

让员工感受到公司希望保住员工工作的努力，也是始终维持高向心力的原因。尽管安捷伦大幅节省成本，仍抵不过像溜滑梯一样的下滑情势，班厚特仍然先全面减薪，直到不得已，才进行裁员。

在裁员过程中，班厚特非常强调同情心。他在向员工宣布裁员消息时，非常详细地告诉员工，为什么需要裁员。接下来，安捷伦公布裁员标准，班厚特要求所有主管，确保所有被裁撤员工，都由直属主管那里得知消息。他送3000名主管接受一天的训练，通过角色扮演，来学习如何不伤感情地请员工离开。

安捷伦上年不但先减薪10%，而且两度宣布裁员。第一次裁减4000名，第二次又宣布在一年内裁减8000名员工，相当于总人数的1/4。但是，被裁员者没有怨恨，留下来的员工也依然气势旺盛，努力提高生产力。这些努力并没有白费。

一年一度的《财星》杂志会选出百个最受员工欢迎的公司。而在2002年，安捷伦公司仍然被选为最受欢迎的公司。过去景气畅旺时期，企业为了争抢人才，榜上有名的企业常常是提供优厚福利，包括替员工遛狗、送衣服干洗等，只希望员工能够留下来。在今天不景气的时候，《财星》杂志发现很多公司之所以名列前茅，原因却跟以往不太一样。

（资料来源：www.9968.cn/managetool/detail/83641.html.）

案例思考：

1. 为什么安捷伦公司大幅度裁员减薪，却仍然被选为最受欢迎的公司？
2. 安捷伦的例子说明了什么？

美的集团的组织结构设计

美的集团创立于1968年，目前美的集团员工近8万人，拥有美的、威灵等十余个品牌。在1968～1979年，美的处于创业阶段，人员不多，在组织结构方面也没有很完善和标准的形式。1980～1996年，美的处于单一业务时期，采用了直线职能制结构。1997～2000年，美的进行相关多元化，采取了事业部制结构。2001年至今，美的进行了不相关多元化，并对事业部制再度改造。具体包括：

（1）创业阶段（1968～1979年）

在创业初期，美的的经营目标就是找一条生存道路，以务实的态度来做事，没有战略规划的概念。再加上企业的规模小，人员不多，在组织结构方面也没有很完善和标准的形式。

（2）单一业务时期和直线职能制结构（1980～1996年）

1980年，美的刚进入家电业，只生产电风扇的时候，产品单一，简单地重复生产就可以满足美的的发展需要，直线职能制的组织结构在这个阶段可以很好地满足这一要求。

（3）相关多元化与事业部制结构的创建（1997～2000年）

1997年前后，美的的规模得到迅速扩张，产品类型急剧增多，另外环境处于时刻变化中，这就要求美的在面对任何情况都能够迅速、准确地反应以抓住有利于企业的商机，把权力下放到市场最前沿的事业部制就成了符合新时代要求的选择。

（4）不相关多元化与事业部制的再度改造（2001～2008年）

2001年，随着竞争的加剧，美的集团开始进军不相关多元化产业。不但产品越来越复杂（从电扇到空调、电饭煲甚至客车等），各个产业需要用到的技术千差万别，也越来越先进，而且生产过程的不确定性（如技术问题、产品复杂性带来的质量问题等）也大大增加，难以用统一的模式来管理。不相关多元化的发展促使美的继续寻找与之相适应的组织结构。

（资料来源：陈春花. 2009. 组织行为学. 北京：机械工业出版社.）

案例思考：

1. 企业从小到大，组织结构应如何随着环境变化以及自身战略来进行调整？
2. 美的组织结构是否可以移植到家电行业的中小企业身上？
3. 组织结构的分与合，实际上是权力的放与收的外部表现形式，企业领导人如何做好分权和集权的权衡？

9.1　组织职能的基本内容

组织的基本职能就是管理。组织管理的主要任务之一就是使其职能不断发展、完善，使之更加富有成效。

9.1.1　组织的含义

什么是组织？这个问题似乎非常简单，计算机开发公司是个组织，国务院是个组织，大学也是个组织，这样的例子人人都能说出许多，但这并没有说明组织的确切内涵。

1. 结构论

结构论是古典管理学派提出的：组织是为了达到某些特定目标而由分工与合作的不同层次的权利和责任制度而构成的人的集合。

这个定义更适用于组织的初创期。这个含义具有 3 层意思。

第一，组织必须具有目标。因为任何组织都只为目标而存在，不论这种目标是明确的，还是隐含的，目标都是组织存在的前提。例如，计算机开发公司的目标可能是推广计算机应用技术以获得盈利。大学的目标是为了培养高级人才。

第二，如果没有分工和合作，也不能称其为组织。分工与合作的关系是由组织目标限定的。企业为了达到目标，要有采购、生产、销售、财务和人事等许多部门。这是一种分工，每个部门都专门从事一种特定的工作，各个部门也要相互配合。只有把分工和合作结合起来才能产生较高的集团效率。

第三，组织要有不同层次的权利与责任制度。这是由于分工之后，就要赋予每个部门乃至每个人相应的权力和责任，以便于实现组织的目标。完成任何一种工作，都拥有完成该项工作所必需的权利，同时又必须负有相应的责任。权利和责任是实现组织目标的必要保证。

2. 行为论

行为论是社会系统学派的巴纳德提出的：“组织是两人或两人以上有意识加以协调的活动和教育系统。”这里强调的是组织成员的协调与合作，更适用于组织的运行分析。

3. 系统论

系统论是由系统学派提出的："组织是开放的社会需求，具有许多相互影响、共同工作的子系统，当一个子系统发生变化时，必然影响其他子系统和整个系统的工作。"这种定义把组织内的部门和成员看成是有机联系、互相作用的子系统。从作用上分，可以包括传感子系统、信息子系统、决策子系统、加工子系统等；从组织上分，可以包括个人子系统、群体子系统、士气子系统、组织结构子系统、目标子系统、相互关系子系统、权威子系统。"系统论"更适合于组织变革时使用。

综上我们可以给组织定以下的定义，组织（organization）是动态的组织，是指组织活动，即按照一定的目的、任务和形式，对做事的人进行编制并形成工作秩序；静态的组织是指组织系统，即通过组织活动而形成的功能相关的群体的集合，具有体现分工、协作以及相应权责关系的结构模式。因此组织是静态结构及其动态运行的统一。其实质是特殊的人际关系。

9.1.2 组织职能的内涵

优秀组织的基本职能可以归纳为对于个体力量的汇聚作用、放大作用和个人与组织间的交换作用。用简单的数学公式来表示，汇聚就是1+1=2，放大就是1+1＞2。个人往往会要求得自于所在组织的利益和报酬大于其对该组织所付出的投入，组织则要求取自于个人的贡献大于其为个人所投入的成本花费。这就必须借助组织活动合成效应的发挥，使个人集合成的整体在总体力量上大于所有组成人员的个体的简单相加。因此，个人与组织之间的关系是建立在一种相辅相成、平等交换的基础上的，并形成双方都感觉到满意的关系。正是在这种意义上，人们将"组织"誉为与人、财、物三大生产要素并重的"第四大要素"。

具体来说，组织职能是指为有效实现组织目标，建立组织结构，配备人员，使组织协调运行的一系列活动。是按计划对企业的活动及其生产要素进行的分派和组合。组织职能对于发挥集体力量、合理配置资源、提高劳动生产率具有重要的作用。管理学认为，组织职能一方面是指为了实施计划而建立起来的一种结构，该种结构在很大程度上决定着计划能否得以实现；另一方面，是指为了实现计划目标所进行的组织过程。

9.1.3 组织职能的基本内容

1）设计并建立组织结构。

2）设计并建立职权关系体系、组织制度规范体系与信息沟通模式，以完善并保证组织的有效运行。

3）人员配备与人力资源开发。

4）组织协调与变革。

9.1.4　组织职能的基本程序

1）第一阶段：组织结构设计过程，包括以下几个方面。

① 要根据组织的宗旨、目标和主客观环境，确定组织结构设计的基本思路与原则。

② 根据企业目标设置各项经营、管理职能，明确关键职能，并把公司总的管理职能分解为具体管理业务和工作等。

③ 选择总体结构模式，设计与建立组织结构的基本框架。

④ 设计纵向与横向组织结构之间的联系与协调方式、信息沟通模式和控制手段，并建立完善的制度规范体系。

2）第二阶段：组织运行过程，包括以下几个方面。

① 为组织运行配备相应的管理人员和工作人员，并进行培训。

② 对组织成员进行考核，并设计与实施奖酬体系。

③ 反馈与修正。在组织运行过程中，加强跟踪控制，适时进行修正，使其不断完善。

3）第三阶段：组织变革过程，包括以下几个方面。

① 发动变革，打破原有组织定势，为建立新组织模式扫清道路。

② 实施变革。

9.1.5　组织职能的基本原则

1）有效实现目标原则。即组织结构的设计必须从组织要实现的目标、任务出发，并为有效实现目标、任务服务。

2）专业分工与协作的原则。要按照专业化的原则设计部门和确定归属，同时要有利于组织单元之间的协作。

3）指挥统一原则。即在设计职权关系中，必须保证指挥的统一性，防止令出多门。

4）有效管理幅度原则。每个管理者管理幅度大小的设计，必须确保能实现有效控制。

5）集权与分权相结合的原则。要将高层管理者的适度权力集中与放权于基层有机结合起来。

6）责权利相结合原则。要使每一个组织单元或职位所拥有的责任、权力和利益相匹配。

7）稳定性和适应性相结合原则。既要保证组织的相对稳定性，又要在目标或环境变化情况下能够适应或及时调整。

8）决策执行和监督机构分设的原则。为了保证公正和制衡，决策执行机构和监督机构必须分别设置。

9）精简高效原则。机构既要有效率精简，又要精简有效率。

9.1.6　组织职能中的环境

任何组织都是在一定的环境下生存和发展的。环境给组织提供资源，吸收组织的产出，同时又给予组织许多约束。一个组织要保持持续的发展，它就必须适合其周围的环境。环境总是处于变化之中，等环境变化到足以阻碍组织的发展时，就必须对组织进行调整和改革，以适应环境的变化。不适应环境是组织失败的主要原因之一。组织与其环境是在相互作用的，组织依靠环境来换取资源以及某些必要的机会；环境给予组织活动某些限制，而且决定是否接受组织的产出。如果组织能够不断地提供环境所能接受的产品或服务，环境就会不断地给组织提供资源和机会。例如，一个企业如果能够不断地生产出顾客愿意接受的产品，顾客就会付出代价，这种代价将作为资源重新投入企业，使企业的生产进行下去。

组织环境包括许多要素，其中最主要的是人力、物力、资金、气候、市场、文化、政府政策和法律。这是一组几乎包罗了各种组织的环境要素，当然有些组织对其中几种要素依赖的程度更大些，而对其他要素依赖的程度更小些。这是因为各种组织对环境要求不同。

组织环境中最主要的资源是人力资源。如果在一个组织中没有足够的、训练有素的人来为组织工作，组织就不能生存。人力资源是组织最基本的资源和环境条件。此外，人力情况还决定着组织其他资源的可利用性，也对环境的其他要素产生影响。

任何组织几乎都离不开资金这一资源。资金可以靠本组织的产品或服务来换取，也可以通过银行贷款、出售股票、发行债券等方法取得。对于某些非营利性的组织，如机关、学校等可以从政府的财政中取得。资金对于组织的生存与发展起了重要的作用，做任何事情都离不开资金，而且组织环境中这一要素可能对其他要素产生巨大的影响。

市场是否愿意为组织的产品和服务付出一种满意的价格，这是营利性组织所关心的一个重要问题。如果市场愿意付出，组织就会繁荣；否则，组织就可能失败。

顾客是市场中的最终评判者，顾客的偏好直接影响着产品或服务的价格和销路。顾客的偏好直接影响着产品或服务的价格和销路。竞争也对组织活动产生影响，其他企业能够以更低的价格、更优的质量推出与本企业相同的产品或代用品，必然直接影响本企业的产品的价格和销路。

文化传统、社会风俗和政治背景等方面的条件是组织环境的重要组成部分。政府的政策活动与法律是组织环境的重要因素之一，他们对组织产生巨大的影响。组织必须按照政府的政策和法律形式活动，同时也受到政策和法律的保护。总之，政府的政策与法律是组织环境的重要因素之一，它对组织也能产生巨大的影响。

综上所述，组织环境对组织具有两个方面的影响，一是提供资源和机会，二是给予限制。因此，组织要适合于环境，并利用环境提供的资源和机会以求生存和发展。组织要了解环境的各种要素，明确哪些要素对组织的成功与否起关键作用，它们是怎样影响组织活动的，采用什么措施才能适应组织环境的变化，是改变环境还是变革组织。只有这样，才能立于不败之地。

9.2 组织理论的发展阶段

组织管理活动源远流长，自古即有。《韩非子·扬权》指出：“事在四方，要在中央，圣人执要，四方来效”。其区分子决策层与执行层两个组织层次：中央政府政策，地方政府执行。这其中最高决策者十分关键，应该是“圣人”来进行决策，然后地方竞相效法、执行。“威不两错，政不二门”。管子这句话强调了统一指挥、不能政出二门的原则。但形成一套比较完整的理论，则是经历了一段漫长的历史发展过程。因此，回顾组织管理学的形成与发展，了解一些组织管理先驱对组织管理理论和实践所做的贡献，以及组织管理活动的演变和历史，对每个学习组织管理学的人来说都是必要的。自从有了人类社会，人们的社会生活就离不开组织管理，所以组织管理的实践早就出现了。经过长期的积累和总结，对组织管理实践有了初步的认识和见解，从而开始形成组织管理思想。随着社会的发展、科学技术的进步，人们又对组织管理思想加以进一步的总结，提出组织管理中带有规律性的东西，并将其作为一种假设，结合科学技术的发展，在组织管理实践中进行验证，继而对验证结果加以分析研究，从中提炼出了属于组织管理活动普遍原理的东西。对这些原理的抽象综合，就形成了组织管理的基本理论。这些理论又被人们运用到组织管理实践中，指导组织管理活动的进行，同时又进一步对这些理论进行实践验证，这就是组织管理学的整个形成过程，也就是从实践到思想再到理论，然后又将理论应用于实践。关于组织理论的发展阶段如表9-1所示。

表9-1 不同阶段的组织理论

理论名称	古典	行为	现代
时代	手工业时代 （工业革命前时代）	机器生产时代 （工业革命时代）	系统时代 （现代化大工业生产时代）
理论基础	经济人	社会人	决策人
组织特点	独断	从小到大的分解	从个别转向整体
主要理论	泰罗的组织理论 法约尔的组织理论 韦伯的组织理论 厄威克的组织理论	社会系统学派的组织理论 行为科学学派的组织理论	经验主义学派的组织理论 系统管理学派的组织理论 权变理论学派的组织理论 新组织结构学派的组织理论

9.2.1 古典管理理论

1. 科学管理理论

(1) 泰罗其人其事

弗雷德里克·温斯洛·泰罗，是美国古典管理学家、科学管理的创始人。他1856年出生于美国一个富有的律师家庭，后因眼疾从哈佛大学中途退学。1875年进入工厂当一名学徒工，1878年转入费城的米德维尔钢铁公司，先后当过工人、技工、工长、车间主任、总机械师、总工程师。1893年从事管理咨询工作。1906年升迁为美国机械工程师协会主席，并和宾夕法尼亚大学和霍巴特学院的荣誉博士学位。在他的管理生涯中，他不断在工厂实地进行试验，系统地研究和分析工人的操作方法和动作，逐渐形成其管理体系——科学管理，这套管理理论被后人称为“泰罗制”。泰罗的主要著作是《计件工资》（1895年）、《车间管理》（1903年）、《科学管理原理》（1911年）和《科学管理》（1912年）。其中所阐释的管理理论，使人们认识到了管理是一门建立在明确的法规、条文和原则上的科学，它适用于人类的各种活动，从最简单的个人行为到经过充分组织安排的大公司的业务活动。

（2）泰罗“科学管理原理”的主要内容

1）工作定额原理。泰罗认为管理的中心问题是提高劳动生产率。为了改善工作表现，他提出：第一，企业要设立一个专门的制订定额的部门和机构，这样的机构不但在管理上是必要的，而且在经济上也是合理的；第二，要制订出有科学依据的工人的“合理的日工作量”，就必须通过各种试验和测量，进行劳动动作研究和工作研究；第三，根据定额完成情况，实行差别计件工资制，使工人的贡献大小与工资高低紧密挂钩。

2）标准化管理。泰罗认为，在科学管理情况下，要想使科学知识代替个人经验，一个很重要的措施就是实行工具标准化、操作标准化、劳动动作标准化、劳动环境标准化等标准化管理。实行标准化，才能使工人使用更有效的工具，采用更有效的工作方法，从而达到提高劳动生产率的目的。

3）挑选头等工人。为了提高劳动生产率，必须为工作挑选头等工人（泰罗所说的头等工人是指那些最适合又最愿意干某种工作的人），对他们进行科学的教育和培训，并且管理当局必须使工人的劳动能力同工作相配合。因而必须给他们安排干得最好的工作。

4）劳资双方的密切合作。泰罗指出，必须对劳资双方进行“一次完全的思想革命”和“精神和观念上的伟大转变”，即工人与雇主双方必须都认识到提高效率对双方都有利，因而强调“合作精神”。双方应把注意力从剩余价值的分配上转移到剩余价值的增加上，以致没有必要为如何分配剩余价值而争吵。

5）差别计件工资制。他认为合理的计件工资制度应体现差别，应充分体现工人的劳动成果而不是职位，应制订一套科学而合理的定额与标准。

6）计划职能与执行职能分开。他认为应该有专门的计划部门承担计划职能，由所有的工人和部分工长承担执行职能。

7）职能工长制。泰罗主张实行“职能工长制”，将各项管理工作细分，根据管理工作的特点与管理者的能力，使每一位管理者只承担一项管理职能。

8）实行“例外原则”。泰罗认为，对一定规模与组织的管理必须实行“例外原则”。即企业的主管人员把经常重复出现的管理业务，按照一定的标准、程序与方法，授权给下级去处理，而自己只保留对例外事件的决定权与监督权等。

2. 泰罗科学管理理论的发展

（1）卡尔·巴思的研究

卡尔·巴思是出生于挪威的美国工程师，他是泰罗最早、最亲密的合作者，为科学管理工作做出了很大贡献。他是个很有造诣的数学家，其研究的许多数学方法和公式，为泰罗的工时研究、动作研究、金属切削试验等研究工作提供了理论依据。

（2）亨利·甘特的研究

美国管理学家、机械工程师甘特是泰罗在创建和推广科学管理时的亲密合作者，他与泰罗密切配合，使“科学管理”理论得到了进一步的发展。其主要贡献：①提出了一种“工作任务和奖金”的工资制度；②制订了用于生产控制的各种图表，特别是甘特图；③强调对工人进行培训；④强调工业民主和更重视人的劳动方式。

（3）弗兰克·吉尔布雷斯夫妇的研究

弗兰克·吉尔布雷斯出身于美国的一个五金商人家庭，主要致力于动作研究和科学管理运动（时间和动作研究），被称为“动作研究之父”。美国工程师弗兰克·吉尔布雷斯与夫人（心理学博士莉莲·吉尔布雷斯）在动作研究和工作简化方面做出了特殊贡献。他们采用两种手段进行时间与动作研究：①工人的操作动作分解为17种基本动作，吉尔布雷斯称之为“therbligs”（这个字即为吉尔布雷斯英文名字母的倒写）；②用拍影片的方法记录和分析工人的操作动作，寻找合理的最佳动作，以提高工作效率。通过这些手段，他们纠正了工人操作时某些不必要的多余动作，形成了快速准确的工作方法。与泰罗不同的是，吉尔布雷斯夫妇在工作中开始注意到人的因素，在一定程度上试图把效率和人的关系结合起来。吉尔布雷斯毕生致力于提高效率，即通过减少劳动中的动作浪费来提高效率，被人们称之为“动作专家”。

3. 一般管理理论

如前文所述，科学管理理论由于时代的局限和泰罗自身阅历的限制，研究的视角非常狭隘，仅限于生产车间现场管理，对管理的人事、财务、销售、采购等其他方面没有涉及，而首次完成这个任务的，则是另一位管理学大师——亨利·法约尔（Henri Fayol，1841～1925）。

（1）亨利·法约尔简介

亨利·法约尔，法国人，1860年从圣艾蒂安国立矿业学院毕业后进入康门塔里-福尔香堡采矿冶金公司担任工程师和矿长职务，后担任该公司经理，1888年，47岁的他被任命为总经理。1918年他成立了管理科学方面的研究中心，专门从事对管理方面的研究，直到1925年逝世。法约尔和泰罗不同，他认为研究是从“车床前的工人”开始，重点内容是企业内部具体工作的效率。法约尔的研究则是从办公桌前的总经理出发的，以企业整体作为研究对象。他认为，管理理论是“指有关管理的、得到普遍承认的理论，是经过普遍经验检验并得到论证的一套有关原则、标准、方法、程序等内容的完整体系”；有关管理的理论和方法不仅适用于公私企业，也适用于军政机关和社会团体。这正是其一般管理理论的基石。法约尔的著作很多，1916 年出版的《工业管理和一般管理》是其最主要的代表作，标志着一般管理理论的形成。

（2）法约尔的主要观点

在工业管理和一般原理一书中，法约尔阐述了他的基本观点。

法约尔指出，任何企业都存在着 6 种基本活动，这六种基本活动是技术活动、商业活动、财务活动、安全活动、会计活动、管理活动。管理的五项职能又分为计划、组织、指挥、协调和控制。

法约尔根据自己的工作经验，结合实践研究，归纳出了 14 条管理原则：

第 1 条：分工能提高劳动熟练的程度，有利于专业化生产。

第 2 条：职责与权限。职权是发号施令的权力和要求服从的威望，职权与职责应该相互对等，在行使职权时，必须承担相应的责任，一旦授予任务，必须授予相应的职权。

第 3 条：纪律是管理所必需的，是对协定的遵从。

第 4 条：同一命令。组织内一个下属只能接受一个上级的命令，不能有多头领导。

第 5 条：统一指挥。对同一目的的系列活动，只能有一个领导人和一个计划。

第 6 条：个人利益服从集体利益。个人利益必须与集体利益相一致，当个人利益与集体利益不一致时，个人利益必须服从集体利益。

第 7 条：报酬公平。个人报酬应以公平的概念为基础，它应以激励人们实现最佳工作为目的，并应使雇主与雇员双方都感到满足。

第 8 条：集权。集权与分权是相对的，任何增加下级作用的重要性的行动就是分权，而减少这种作用的行动就是集权，集权与分权应视不同情况而定。

第 9 条：等级链。在管理机构中，最高一级到最低一级应该建立关系明确的职权等级系列。

第 10 条：秩序。一切工作都应按部就班地进行，不管是人或物，应该有自己适当的位置。

第 11 条：公正。主管人员对其下属应该仁慈、公平，只有这样，才有可能使其下属对上级表现出热心和忠诚。

第 12 条：人员的稳定。制订有秩序地人员安排和人员来源计划，如果人员不断变动，工作将无法实现良好的效率与效益。

第 13 条：首创精神。就是要提高组织内所有成员工作的积极性与主动性。

第 14 条：团结精神。只必须注意保持与维护组织内的和谐与团结的关系，特别是人与人之间的关系。

提出了管理者应具备的品质与能力包括身体条件、智力条件、道德品质、知识、专业和经验。

4. 行政组织理论

（1）马克思·韦伯其人其事

马克思·韦伯（1864～1920），是与泰罗和法约尔生活与工作在同一时代并且对西方

管理理论的确立做出杰出贡献的德国著名社会学家和哲学家。1864 年韦伯出生于德国爱尔福特的一个中产阶级家庭，1882 年进入海得堡大学攻读经济学和法律，之后又就读于柏林大学。在此期间，他还曾入军队服役，1891 年他获得博士学位，1894 年获教授资格，1904 年出版了他的名著《新教伦理与资本主义精神》。

韦伯是一位现代社会学的奠基人，同时他对宗教、经济学与政治学有着广泛的兴趣。他提出了所谓理想的行政组织体系理论，其核心是组织活动要通过职务和职位而不是通过个人和世袭地位来管理。他的理论是对泰罗和法约尔理论的一种补充，对后世的管理学家，尤其是组织理论学家有重大影响，因而他被人们称为“组织理论之父”。

（2）韦伯的主要观点

1）权力的分类。韦伯把社会所接受的权利分为 3 类：第一类是理性的、法定的权利；第二类是传统的权利；第三类是超凡魅力型的权利。韦伯认为，在这 3 种纯粹形态的权利中，传统权利的效率较差，因为其领导人不是按能力来挑选的，只是单纯为了保存过去的传统而行事。超凡权力过于带感情色彩并且是非理性的，不是依据规章制度而是依据神秘和神圣的启示，所以这两种权力都不宜作为行政组织体系的基础，只有理性的和法律的权力（合法权利）才能作为行政组织的技术。

2）理想的行政组织体系理论。韦伯认为，“理想的行政组织体系”应该具有如下特征：明确的分工、自上而下的等级系统、人员的任用、职业管理人员、组织中人员之间的关系。

9.2.2　近代行为管理理论

1. 巴纳德的系统组织理论

（1）巴纳德其人其事

切斯特·巴纳德（1886～1961）1886 年出生于美国，1906 年进入哈佛大学经济系学习，三年内他以优异的成绩学完全部课程，但因缺少实验科学学分未获学士学位；1909 年进入美国电报公司统计服务部；1927 年担任美国新泽西贝尔公司的总经理直到退休。他一生中还在许多组织之中兼职，如在洛克菲勒基金会任董事长四年，在联合服务组织任主席三年。巴纳德将社会学概念用于管理上，在组织的性质和理论方面做出了杰出的贡献，他一生中获得了 7 个荣誉博士学位。他从自身的实践经验出发，通过大量的例证研究，最后总结出一套“自觉协作活动系统”理论。对组织理论及其发展做出了重要贡献。他的代表作是 1938 年出版的《经理人员的职能》和 1948 年写成的《组织与管理》。巴纳德的这些著作为建立和发展现代管理科学做出了重要贡献，也使得巴纳德成为社会系统学派的创始人。

（2）巴纳德的主要观点

1）组织是一个协作系统。

2）组织存在的三要素：共同的目标；协作的意愿；信息的沟通。

3）经理人员的职能。

4）权威接受论。

2. 梅奥的人际关系学说

（1）梅奥及其霍桑实验

人际关系理论的代表人物：乔治·埃尔顿·梅奥（1880～1949），美国管理学家，早期行为科学——人际关系学说的创始人。梅奥原籍澳大利亚，20 岁时在澳大利亚阿得雷德大学获得逻辑学与哲学硕士学位，并在澳大利亚昆士兰大学讲授多年的逻辑学、伦理学和哲学，后又到过苏格兰研究精神病理学，对精神上的不正常现象进行分析。在洛克菲勒基金会的资助下，梅奥移居美国，在宾夕法尼亚大学任教。1926 年，他进入哈佛大学工商管理学院专事工业研究，以后一直在哈佛大学工作直到退休。在美国芝加哥郊外的西方电器公司的霍桑工厂具有比较完善的娱乐设施、医疗保险制度和养老退休金制度，理论上说，工人应有较高的劳动效率，拥有一定的积极性、主动性和创造性。然而实际上，工人们仍有强烈的不满情绪，生产效率依然很低。为了探究原因，1924 年，美国国家研究委员会组织了一个包括许多专家在内的研究小组进驻霍桑工厂，进行了大规模、多方面的试验。在 1927 年，梅奥参加了中途遇到困难的霍桑实验。总体来说，霍桑实验可以分为 4 个阶段：照明试验、继电器装配试验、大规模的访谈计划以及继电器绕线组的工作室实验。

（2）梅奥的人际关系学说的主要观点

梅奥在其代表作《工业文明中的人的问题》中，总结了他的人际关系学说的主要思想，其主要观点是：

1）工人是“社会人”而不是“经济人”。

2）工人的工作态度与士气是影响工作效率的关键因素。

3）企业中存在着“非正式组织”，并且“非正式组织”影响工人的工作效率与正式组织的工作效率。

9.2.3 现代管理理论

在现实实践中，随着生产力的发展和理论研究的进步，这些理论也逐渐表现出一定的局限性。于是管理理论逐渐转向科学化与人际化的结合。而在结合中，由于研究的侧重点等都不同，出现了一系列学派，下面分别作一些简单介绍。

1. 管理过程学派

管理过程学派又被称作管理职能学派，是美国加利福尼亚大学的教授哈罗德·孔茨与西里尔·奥康奈和韦里奇提出的。该学派主张按管理职能建立一个作为研究管理问题的概念框架。

2. 管理科学学派

管理学界形成了所谓管理科学学派，又称作管理当中的数量学派，也称之为运筹学。这个学派认为，解决复杂系统的管理决策问题，可以用电子计算机作为工具，寻求最佳计划方案，以达到企业的目标。

3. 组织管理学派

组织管理学派的突出特征是将组织作为一个合作的社会系统进行研究，试图对关系学派的观点做出修正。

4. 行为科学学派

在 20 世纪末 20 年代末 30 年代初由美国哈佛大学教授、管理学家梅奥指导并参与的霍桑实验的研究成果否定了古典管理理论对人性的假设，并提出了自己的一系列观点，指出新的领导能力在于提高工人的满意度。

5. 经验主义学派

经验主义学派又称为经理主义学派，以向企业的经理提供管理企业所必需的经验和科学方法为目标，其中主要代表人物是彼得·德鲁克（1909～2005），主要作品有《管理的实践》《管理：使命、责任、实务》等。另一个代表人物是欧内斯特·戴尔，代表作是《伟大的组织者》。该学派认为：管理与管理学就是研究经验。通过对成功的管理经验与失败的管理教学的研究与分析，并在管理中具体运用就能实现有效的管理。

9.3　组织结构设计的内涵

组织发展是进行有计划地组织变革的一种长期的、系统的、约定俗成的方法，是组织为了适应内外环境的变化，改进和更新组织，以求达到最佳化和高效化。为此必须加强组织结构的设计。

9.3.1　组织结构设计的含义

1. 组织结构

组织结构是指组织内部各机构组合及其组织形式，即基本架构，是对完成组织目标的人员、工作、技术和信息所做的制度性安排，是组织内关于职务及权力关系的一套形式化系统，它阐明各项工作如何分配，谁向谁负责及内部协调的机制。

组织结构可以用复杂性、规范化和集权化 3 个基本特性来描述：

1）复杂性：指组织内部结构的分化程度。

2）正规化：指组织依靠制订的工作程序、规章制度、规则引导员工行为的程度。

3）集权化：指组织在决策时正式权力在管理层级中的分布与集中的程度。

2. 组织结构设计

组织结构设计就是指对一个组织的结构进行规划、构造、创新或再构造，以便从组织结构上确保组织目标的有效实现，就是对组织的结构和活动进行创构、变革和再设计。管理者建立和改进一个组织结构时，就是将上述三大特性相互结合与配合，以便创造出各式各样的组织结构设计。一般来说，个体劳动者和作坊式手工业组织——不存在组织结构设计的问题现代化的大型组织——需要进行细致的组织结构设计管理者由于能力和精力的有限性，根本无法直接安排组织内部所有的活动管理者，无法安排组织中每一个人的每一项具体工作。

组织理论对组织结构设计的讨论，主要围绕几个基本要素（表 9-2）。这些要素一般包括工作专门化（job specialization）、部门化（departmentalization）、控制幅度（span of control）、命令链（chain of command）、集权与分权（centralization－decentralization）、正规化（formalization）。

表 9-2　在设计适当的组织结构时需要回答的 6 个关键问题

关键问题	答案提供
把人物分解成各自独立的工作应细化到什么程度？	工作专门化
对工作进行分类的基础是什么？	部门化
员工个人和工作群体向谁汇报工作？	命令链
一位管理者可以有效地指导多少个员工？	控制幅度
决策权应该放在哪一级？	集权与分权
应该在多大程度上利用规章制度？	正规化

9.3.2　组织结构设计的内容

1）确定目标。

2）确定实现目标所需的各项活动，业务，并且分类、归并。

3）建立组织机构：层次划分、部门划分；明确各层次、各部门间的关系。

① 职能与职务的分析与设计：以职能分析工作为核心，研究确定的职能结构，为管理组织提供客观依据。

职能设计的目标包括：列出职能清单；明确各职能之间的关系；分清主要职能和辅助职能；落实各职能的职责。

② 部门设计：对企业各种职能加以分类后所组成的专业化单位。部门设计主要有两个工作：一是确定企业应设置哪些部门，二是规定这些部门间相互的联系。

③ 层次设计：是指组织内部的纵向分工的形式。包括管理幅度和管理层次两个问题。

4）划分职责和权力：明确职责和相应的职权范围。

5）形成信息沟通渠道。

6）调配各种资源：保证资源的合理配置。

9.3.3　组织结构设计所面对的基本矛盾

为什么非得设计出一套组织结构？为什么不能由一个首长来管理好一个组织？人们经常会提出这样的问题。实际上，在一个较大的组织内，人们可以感受到一个共同的矛盾，就是管理对象的复杂性与个人能力的有限性。面对全球化的经济形势，面对变幻莫测的市场，面对日新月异的科学技术，面对需要层次的各不相同的员工，面对日趋激烈的竞争，任何组织的领导都会发现自己的知识面太窄，需要决策的事情太多，时间不够用，能力不够大。在这种情况下，唯一的选择是有一群人来管理。这就存在一个权力和责任划分的问题、分工与协调的问题，所以必须设计出相应的组织结构。组织结构设计的基本任务就是发挥管理者的群体的作用，有效地管理复杂多变的对象。

9.3.4　组织结构设计的目的

借用系统论的观点，组织结构设计的目的就是："发挥整体大于部分之和的优势，使有限的人力资源形成最佳的综合效果。"

系统功能大于部分功能之和，这是系统论揭露的普遍规律。同样，对 2000 名员工采用不同的组织结构进行分工，会得出完全不同的组织效应。一个优秀的组织结构，能够做到机构精简、高效，职能分工合理而明确，既高效又统一，既发挥了个人的积极性、创造性，又能保持高度的和谐统一，甚至发挥出"以一当十"的神奇作用。

9.3.5　组织结构设计的步骤

组织结构设计通常可分为以下几个步骤：

1. 工作划分

根据目标一致和效率优先的原则，把达到组织目标的总任务划分为一系列既不相同又相互联系的具体工作任务。

2. 建立部门

把相近的工作归为一类，在每一类的基础之上建立相应的部门。这样，在组织内根据工作分工建立了职能各异的组织部门。

3. 决定管理跨度

所谓管理跨度，就是一个上级直接指挥的下级数目。应该根据人员素质、工作复杂程度、授权情况等合理地决定管理跨度。相应地，也就决定了管理层次和职权、职责的范围。

4. 确定职权关系

授予各级管理者完成任务所必须的职务、责任和权力，从而确定组织成员间的职权关系。一是上下级间的职权关系就是纵向职权关系：上下级间权利和责任的分配，关键在于授权程度。二是直线部门与参谋部门之间的职权关系也就是横向职权关系：直线职权是一种等级式的职权，直线管理人员具有决策权与指挥权，可以向下级发布命令，下级必须执行。而参谋职权是一种顾问性质的职权，其作用主要是协助直线职权去完成组织目标。参谋人员一般具有专业知识，可以就自己职能范围内的事情向直线管理人员提出各种建议，但没有越过直线管理人员去命令下级的权利。

5. 通过组织运行不断修改和完善组织结构

组织结构设计不是一蹴而就的，而是一个动态的不断修改和完善的过程。在组织运行中，必然暴露出许多矛盾和问题，也获得某些有益的经验，这一切都应作为反馈信息，促使领导重新审视原有的组织结构设计，并进行相应的修改，使其日臻完善。

9.3.6 组织结构设计的重点

1）组织的目标性：使组织内各部分于公司整体经营目标下能充分发挥能力而达成各自目标。

2）组织的成长性：考虑公司的业绩经营与持续成长。

3）组织的稳定性：随着公司成长而逐步调整组织是必要的，但组织、权责、程序经常变更将使员工信心动摇。

4）组织的简单性：组织的简单性将有助于内部协调与人力分配。

5）组织的弹性：既能保持基本形态，又能配合各种环境条件的变化。

6）组织的均衡性：各部门业务量的均衡，将有助于内部的平衡与分工。

7）指挥的统一性：一人同时接受两位以上主管管理，将使其产生无所适从的感觉。

8）权责明确化：权责或职责不清将使工作发生重复或遗漏、推诿现象，易使员工产生挫折感。

9）作业制度化：明确的制度与标准作业可减少摸索时间，增加作业效率。

9.3.7 组织结构设计的维度

组织的维度分为两类：结构性维度和关联性维度。结构性维度描述了一个组织内部特征，他们为衡量和比较组织提供了基础。关联性维度反映整个组织的特征，包括组织的规模、技术、环境和目标等，他们描述了影响和改变组织维度的环境。关联性维度由于同时反映组织和环境，因而易于混淆，可以设想为处于组织结构和工作过程之下的一系列因素的重叠。要了解和评价组织，必须同时考察结构性维度和关联性维度。

1. 结构性维度

1）规范化是指组织文书中书面文件的数量。这些文件包括工作程序、工作细则、规章和政策手册等。这些书面文件描述组织的行为和活动。规范化通常是通过对组织内的文档数目的简单清点来衡量的。

2）专门化是将组织的任务分解成为单个工作的程度。

3）标准化是指将类似的工作活动以统一的方式来执行的程度。

4）权力层级是描述谁向谁报告以及每个管理者管理的跨度。这种层级通过组织表中的竖线描述。

5）复杂性是指组织内活动或子系统的数量，复杂性可以从 3 个方面衡量：横向、纵向和空间。

6）集权化是指有权做出决策的层级。当决策在最高层级上时，组织就被集权化；当决策处于较低层级上时，就是分权化。

7）职业化是指雇员的培训和正规教育程度。当雇员需要较长时间的训练才能掌握工作时，该组织被认为是具有较高的职业化特征。

8）人员比率是指组织人员在不同部门及功能间的配置。

2. 关联性维度

1）规模是以组织中的人数来反映的组织的大小。

2）组织技术是生产子系统的属性，它包括用以改变组织从投入到产出的行动和技术。

3）环境包括所有组织边界之外的因素，主要有产业、政府、顾客、供应商和金融机构等，影响组织的最大的环境性因素通常是其他组织。

4）组织的目标和战略决定了它的目的和竞争性技巧，从而区别于其他组织。

5）组织文化是由雇员共享的价值观、信念、理解与标准等的基本结合。

这里讨论的结构性维度和关联性维度是相互依存的，所有这些都试图创造一个具有较高规范化、专门化和集权化的组织。

9.3.8 组织结构设计的任务

1）建立组织结构：明确组织内部的相互关系；提供组织结构图和职务说明书。

2）提供结构系统图：显示各个部门是如何按照基本职权范围连接在一起的，即正式的职权关系。

3）编制职务说明书：使人人都知道任职人员应该做什么事，为判断该职务提供依据。

为了达到组织结构设计的理想效果，组织结构设计者需要完成以下几项工作：职能与职务的分析与设计；部门设计；层级设计。

9.3.9 组织结构设计的影响因素

组织结构设计的影响因素包括环境、战略、技术、组织规模和组织的生命周期。

1. 环境的影响

环境可分为 3 类：①高度确定的环境；②比较确定的环境；③很不确定的环境。研究中发现，在上述 3 种环境中，需要根据不同情况分别采取有机式和机械式结构。

2. 战略的影响

组织结构是帮助管理当局实现其目标的手段，而目标体现在组织的总战略中，因此战略与组织结构应当紧密配合。特别是组织结构应当服从战略，如果组织的战略作了重大调整，就需要修改结构，以适应和支持这一调整变革。

Alfred Chandler 对美国 100 家大公司进行追踪考察，通过分析他们 50 年的发展历史资料，得出结论——公司战略变化先行于并且导致了组织结构的变化；战略决定结构，结构跟随战略。

3. 技术的影响

琼·伍德沃德认为，成功企业是那些能根据技术的要求而采取合适的结构安排的企业。任何组织都需要采用某些技术，也就是组织在将投入转为产出时所使用的过程和方法。通过研究得出的结论是：组织中采用的技术在常规化程度上是各不相同的——技术愈是常规，结构就愈是标准化，应当采取机械式结构与常规技术相配合。越是非常规技术，结构就越应该是有机式的。

佩罗的研究从两个方面对技术进行考察：第一，任务多变性。成员在工作中遇到的例外的数目。第二，问题可分析性。技术在工作过程中可分析的难易程度。

4. 组织规模的影响

组织的规模对其具有明显的影响作用。大型组织倾向于比小型组织具有更高程度的专业化和横向及纵向的分化，规则条例也更多。但这种关系并非线性的，规模对结构的影响的强度是逐渐减弱的。

5. 组织的生命周期的影响

据相关研究表明，在迅速成长的组织中，管理人员要比其他人员增幅大得多，在组织衰退过程中，管理人员要比其他人员减幅小得多。也有研究表明，随着组织规模的扩大，管理人员的比率是下降的，而其他人员的比率则是上升的。组织的演化呈现明显的生命周期特征。像任何机体一样，组织也有其生命周期。葛瑞纳最早提出企业生命周期理论，认为企业的成长如同生物的成长一样要经过诞生、成长和衰退几个过程。

奎因和卡梅隆把组织的生命周期划为 4 个阶段：创业——集合——规范化——精细。

1）创业阶段。起初，组织是小规模的、非官僚制的和非规范化的。高层管理者制订组织结构框架并控制整个运行系统，组织的精力放在生存和单一产品的生产和服务上。随着组织的成长，组织需要及时调整产品的结构，这就必然会产生调整组织结构和调换更具能力的高层管理者的压力。

2）集合阶段。这是组织发展的成长期。组织在调换了高层主管之后便会明确新的目标和方向，此时便进入了迅速成长期，员工受到激励之后也开始与组织的使命保持一致，尽管某些职能部门已经建立或调整，可能也已开始程序化工作，但组织结构可能仍然欠规范合理。一个突出的矛盾是，高层主管往往居功自傲，迟迟不愿放权，组织面临的任务是如何使基层管理者更好地开展工作，如何在放权之后协调和控制好各部门的工作。

3）规范化阶段。组织进入成熟期之后就会出现官僚制特征。组织可能会大量增加人员，并通过建构清晰的层级制和专业化劳动分工进行规范化、程序化工作。组织的主要目标是提高内部的稳定性和扩大市场。组织往往会通过建立独立研究和开发部门来实现创新，这又使得创新的范围受到了限制，因此，高层管理者不仅要懂得如何通过授权调动各个层级管理者的积极性，还要能够不失控制。

4）精细阶段。成熟的组织往往显得规模巨大和官僚化，继续演化可能会使组织步入僵化的衰退期。这时，组织管理者可能会尝试跨越部门界限组建团队来提高组织的效率，阻止进一步的官僚化。如果绩效仍不明显，必须考虑更换在层管理者并进行组织重构，以重塑组织的形象，否则，组织的发展将会受到很大的限制。

9.4　组织结构设计的基本原则

在进行组织结构设计和改革的时候，要对组织结构设计的原则加以认真的研究。这些原则是在大量实践的基础上总结出来的。他们凝聚了在组织结构设计方面成功的经验与失败的教训。尽量遵循这些原则就会大大减少管理上发生的障碍。可以说组织结构的好坏，对于组织成功具有举足轻重的作用。所以，在组织结构设计和组织改革的过程中，应该经常对照组织结构设计原则进行检查，衡量利弊，排除隐患。传统的组织结构设计原则主要适用于那些从事重复的、稳定的例行工作的组织。管理学家所提出的组织结构设计的经典概念，为管理者从事组织结构设计提供了一套可遵循的原则。一般来说，组织结构设计过程中应遵循以下 13 项基本原则：

9.4.1　层级原则

组织当中的每一个人都必须明确以下几点：

1）明确自己的岗位、任务、职责与权限。

2）明确自己在组织系统中的位置，上级是谁，下级是谁，对谁负责。

3）明确自己工作的程序和渠道，从何处取得情报和信息，从何处取得需要的决策和指示，从何处取得所需的合作。

任何组织都必须遵守层级原则，这是组织能够运行的基础。

9.4.2 管理跨度原则

管理跨度是指一个领导者直接指挥下级的数目。管理跨度的原则要求一个领导人有一个适当的管理跨度。管理跨度与管理层次成反比关系。管理跨度大，管理层次就少；反之管理跨度越小，管理层次就越大。管理幅度指一个单位的负责人能够直接而有效地管理的下属的可能人数。管理幅度的宽窄取决于很多因素。

组织层次是指组织内部纵向管理系统所划分的等级数。幅度与层次关系密切。一般而言，组织层次与管理幅度成反比关系。一般来说，任何主管的管理幅度总是有限的，因为主管处理的关系数（C）与下属人数（N）成几何级数关系，用格兰丘纳斯公式描述就是：$C=N[2N-1+(N-1)]$。

影响管理幅度的因素包括：接受更多训练、具有更丰富经验的下属；下属任务的相似性；任务的复杂性；工作地点的相近性；使用标准程序的程度；组织管理信息系统的先进程度；组织文化的凝聚力，以及管理者的管理风格等。

我们可以看出管理层次和管理跨度之间的关系。当最底层需要 16 个人时，如果管理跨度为 2，则需要 4 个管理层次；如果管理跨度为 4，则需要 2 个管理层次。此外，管理跨度的大小又间接影响到各级干部的多少。具体地说，当直接指挥的下级数目呈算术级数增长时，主管领导人需要协调的关系呈几何级数增长。

需要协调的关系包括上级与下级的直接关系，下级之间的交叉关系和其他集体关系。

具体来说，管理跨度受到以下主要因素的影响：①职能相似性；②地区相近性质；③职能复杂性；④指导和控制工作量；⑤计划工作量；⑥协调工作量。

目前，人们主要采用定性的办法确定管理跨度，一般除了考虑上面的 6 个因素之外，还应该考虑以下因素：①主管人员的能力；②下级人员的能力；③沟通能力；④层次高低。

综上所述，在确定管理跨度时应具体问题具体分析。管理跨度的大小是有条件的，条件不同，适当的管理跨度可能相同，也可能不同。粗略地讲，上层管理跨度 4～8 人为宜，下层管理跨度 8～15 人为宜。

9.4.3 统一指挥原则

统一指挥原则最早是由法约尔提出来的。他认为无论什么工作，一个下级只能接受一个上级的指挥。如果两个或两个以上的领导人都是对一个下级和一件工作行使权力，就会出现混乱的局面。在法约尔之后，人们又把该原则发展为一个人只能接受同一命令。如果需要两个或两个以上领导人同时指挥的话，那么必须在下达命令之前，领导人互相沟通，达成一致的意见之后再下达，这样下级才不会无所适从。在一个领导人下达命令时可能情况紧急，来不及与其他领导人进行沟通，但事后必须及时把情况向其他领导人讲清楚，形成统一意见，避免出现多头指挥的现象。一般要求每位下属只能向一个上级

主管直接负责，在上下级之间形成一条清晰的指挥链。这一原则适合组织相对简单的情况，今天许多组织仍然严格遵守它。统一指挥原则非常重要，现代组织中出现的许多问题都是由于领导人违反这一原则引起的。

9.4.4　责权一致原则

职权（authority）指的是管理职位所固有的发布命令和希望命令得到执行的这样一种权力。每一个管理职位都具有某种特定的、内在的的权力，任职者可以从该职位的等级或头衔中获得这种权力。

职责（responsibility）是个人得到某种“权力”时，他也就承担一种相应的“责任”。

一般包括两种不同形式的职责：执行职责和最终职责。区分职权关系的两种形式是直线职权与参谋职权。

直线职权（line authority）是指给予一位管理者指挥其下属工作的权力。这种上级—下级职权关系从组织的最高层贯穿到最底层，从而形成了一条指挥链（chain of command），在指挥链中的每个链环处，拥有直线职权的管理者均有权指导下属人员的工作，并无须征得他人同意而做出某些决策。指挥链中的每个管理者，也都要听从其上级的指挥。

参谋职权（staff authority）是为直线职权服务的顾问性质的职权。随着组织规模的扩大，直线管理者发现他们没有足够的时间、技能或办法有效地完成工作，因此，配置了参谋职权职能来支持、协助，为他们提供建议，减轻他们的信息负担。

责权一致的原则要求在委任责任的同时，必须委任完成任务所必需的权利。权力是完成任务的必要工具。权力必须与职责相适应。有责无权不仅束缚管理人员的积极性和主动性，而且使责任制度形同虚设，最后无法完成任务；有权无责必然助长瞎指挥、滥用权力和官僚主义。

9.4.5　适当授权原则

授权是指领导一部分事情的决定权由高阶层移至低阶层。授权可以将某些职能转交给下级，也可以针对某个项目把某项特殊任务的处理权力交给下级，完成之后将权力收回。领导者可以把职权授予下级，但是责任不可以下授，工作可以让下级完成，但是出了问题时，领导者还要对自己的上级负责。当然，得到权利的下级要对授予自己权利的领导者负责。

9.4.6　分工与协作原则

斯密认为，专业化分工程度越高，工作效率越高。这适合专业化没有得到普遍推广的情况，应用劳动分工能产生更高的生产率。

所谓物极必反，由于专业化劳动分工带来的工作单一、重复，员工感到疲劳、厌倦，导致低生产率、劣质品、旷工和高的离职率等。罗宾斯教授将这种现象称为人员的非经济性。专业化劳动分工发展到一定程度之后，这种人员的非经济性会超过专业化分工带来的经济优势。20 世纪 60 年代，这种情况出现了。如何解决？通过工作的扩大化和丰富化，让员工独立完成一项完整的任务，或组织团队进行工作协作，以提高员工的成就感，激发员工的工作积极性，而不是缩小工作范围来提高生产率。

分工就是按照管理的专业化程度和工作效率的要求，把组织的任务和目标分成各个层次、各个部门以及各个人的任务和目标，明确各个层次、各个部门乃至个人该做的工作，以及完成工作手段、方式和方法。分工是提高工作效率的有效手段，人们可以专心从事某一方面的工作，会对工作更加熟练，能提高工作效率。

一般而言有 6 种常见的分工方法：

1）操作专业化——按操作技术进行分工。

2）职能专业化——按管理职能进行分工。

3）过程专业化——按生产过程进行分工。

4）产品专业化——按不同的产品进行分工。

5）地区专业化——按不同的地区进行分工。

6）顾客专业化——按不同的顾客群进行分工。

实事求是、讲求实效是合理分工的要点。

协作与分工是相联系的一个概念，它是指明确部门与部门之间以及部门内部的协调关系与配合方法。组织作为一个系统，各个部门都是其子系统，各部门不能脱离其他部门而单独运行，必须经常与其他部门相互协调，实现本部门的目标，同时保证整个组织目标的实现。只有分工没有协作，分工就失去意义，而没有分工就谈不上协作，它们之间的关系是相辅相成的。因此，在进行组织结构设计时，要同时考虑这两方面的问题。

9.4.7 执行与监督分离原则

在组织结构设计时，应该将外部监督人员与执行人员在组织上分开，避免组织上的一体化。否则，由于监督者与被监督者的利益上趋于一体化，使监督职能名存实亡。

9.4.8 精简与效率原则

在组织结构设计中，精简、统一、效率是组织结构设计的最重要原则。机构精简、人员精干，才能实现高效率。

9.4.9 动态原则

在一个比较稳定的环境中，使用传统的组织结构设计原则就足够了，但是由于当今技术发展迅速，市场变幻莫测，企业之间竞争激烈，传统的组织结构设计原则已经不能完全适应组织发展的需要了。组织结构设计的动态原则应运而生，这些原则的指导思想是为了让组织结构更具弹性，能够比较快速的适应环境变化，并迅速地做出决策。

9.4.10　职权和知识相结合的原则

职权和知识相结合的原则要求职能人员和专家要有一些必要的职权，以便使他们能更有效地发挥作用，为组织服务。

企业管理人员可以分为两类：一类是直线指挥人员，他们直接负责完成企业的组织目标，同时对下级实行指挥和命令权利，并且对所管辖的工作负全部责任。另一类是职能管理人员，他们是直线管理人员的参谋，只是协助直线管理人员。他们只能对下级机构进行业务指导，提出建议和忠告，而无决策职权，更不能对下级机构直接进行指挥和命令。这样的好处是保证指挥命令一致，缺点是妨碍专家和职能人员专业技能的发挥。直线人员对职能人员提出的建议可接受也可以不接受，对忠告可听可不听。这就不能保证组织及时地采纳正确的意见。为此，可以将职能部门的功能加以扩大，扩大的方法有 3 种。

1. 强制性磋商

为了使下一级的直线指挥人员在一些特殊的问题上能和职能部门加以磋商，上级直线人员可授权某一职能部门，即让下级直线人员在采取某项行动之前，必须先和该部门商量，否则不予商谈和批准，以加强职能人员的发言权和影响力。

2. 赞同性职权

如果上级直线指挥人员希望职能人员和专家能有更多的影响力，他可以要求下级主管在采取行动之前，不仅要征求职能部门的意见，而且必须获得职能部门同意。职能部门和专家具有否决权，这种赞同性职权的出现，使有关的专家有机会及时纠正直线指挥人员的一些错误，避免灾祸和损失。

3. 功能性职权

所谓功能性职权是指上级直线指挥人员将某一方面的权利完全下授给某一职能部门，该部门可直接行使直线指挥人员的权力，向下级直线人员下达命令，其效力和上级主管相同。功能性职权在理论上是希望专家们在他们的领域内握有实权，而打破一般组织中直线指挥人员和职能人员的界限。但是过多的功能性职权将会破坏命令统一的原则。对直线指挥人员应该强调尊重专业知识、尊重科学。对于职能人员应该强调尊重权利、重视管理，讲求经济效益。双方都应当认识到相互争权必然会损害组织利益，只有知识和权利相结合，直线人员和职能人员结合才有利于组织目标的实现。

9.4.11　集权与分权相平衡原则

所谓分权，就是现代企业组织为发挥低层组织的主动性和创造性，而把生产管理决策权分给下属组织，最高领导层只集中少数关系全局利益和重大问题的决策权。分权管理通常适用于规模较大、产品品种多、市场变化快、地区分布较分散的产业。而分权的对称则是集权。集权是指决策权在组织系统中较高层次的一定程度的集中。在这里集权和分权是一对相对的概念。一般要做到：

1. 该项工作的重要性

凡是涉及庞大费用支出和影响职工士气的问题都属于重要事项，有关的决策权应集中在上层，不便分权。相反，决定比较不重要的事情可以实行分权。

2. 方针的统一性

组织的方针政策有必要统一时，应实行集权。但是组织的方针政策不需要统一的时候，可实行分权。

3. 经营规模

规模越大，经营管理越复杂、越困难，越应将单位划小，实行分权管理。

4. 组织的工作性质

凡属于流动性大、变化性大的，适合采用分权管理。变化较小、正规的性能，宜采用集权管理。

5. 组织历史

若现有企业由原来若干独立小单位合并而成，适合实行分权管理。相反，由企业成长而成的大组织，适合实行集权管理。

6. 管理者的数量和质量

当管理者的数量足够时，可以实行分权管理；如管理者数量不足，则可以实行集权管理。管理水平高时，可以实行分权管理；反之，则可以实行集权管理。

7. 被管理者的素质和能力

被管理者素质高、能力强，适宜采用分权管理；被管理者素质低、能力弱，则适合采用集权管理。

8. 企业外部的环境

外界环境变化大，宜采用分权管理；外界环境变化小，则适合采用集权管理。

总之，企业的权力结构受国家政策和社会影响很大。权力的集散程度需要视组织的特性、所处的环境和管理人员的数量和水平而定。但是不管是权力相对集中，还是权力相对分散，其考虑的出发点都是如何保证决策的迅速性、正确性以及如何有利于决策的

实施。如果一个组织很容易获得信息，迅速正确地做出决策，并能够很快地传送到各个部门，则可采用较为集权的形式；反之则可以采用分权形式。

9.4.12　弹性结构原则

传统的组织理论强调组织结构明确、稳定和决策的可替换性。而近代的组织理论则强调为了适应环境的变化，提高竞争能力和提高效率，一个组织应具有弹性。所谓具有弹性，是指一个组织的部门结构、人员的职责和职位都是可以变动的，以保证知识和职权的结合，保证集权和分权的均衡。这种组织结构设计的核心在于不是依靠权力影响力，而是依赖于员工的心理过程，依赖于每个员工内心深处激发的主动性、内在潜力和创造精神，因此具有明显的内在驱动性。弹性组织结构原则包括如下两点：

1. 使部门结构具有弹性

在现实的生活中，我们常可以发现部门结构缺乏弹性的事例，如许多部门已经存在了很久，但他们对完成整个组织目标并没有什么贡献。他们之所以存在，只是因为别的单位有，所以我们也应当有；形式或因为过去有，所以现在也应当有。这个事例从反面说明了部门结构具有弹性的重要性。怎样使部门结构具有弹性，重要的措施之一就是根据任务和完成组织目标的需要，定期审查组织内任何一个部门存在的必要性，如果已经无必要，就应该改组。

另外，根据环境和任务的要求，成立工作小组，也是增加组织结构弹性的良好方法。一个问题产生之后，将解决此问题的有关人员从各单位抽出，临时组成一个工作小组来专门解决问题，问题解决后小组解散。

2. 使职位具有弹性

要使职位具有弹性，可以采用下面的一些办法：

1）按任务和目标需要设立岗位，不按人设岗。一个人的职责也不是一成不变的，要根据不同时期的组织目标和分配给他的任务而改变职责。

2）干部的定期更换。要求干部都有一定的任期，不能无限制地任职下去。目的是增加弹性，也给更多人提供机会。

3）职工一专多能、一人多岗，使岗位人员具有弹性。

4）实行多种用工制度，使组织内人员富有弹性。

9.4.13　部门化原则

部门的建立通常以开展工作的职能、所提供的产品和服务、目标顾客、所覆盖的地理区域或生产工艺流程等为依据，不同的部门有相应的任务分配和责任归属，此即职能部门化、产品部门化、顾客部门化、地区部门化以及工艺流程部门化等。

9.5 现代组织结构设计的内容

企业管理组织结构是由生产力和生产关系共同决定的。企业管理组织结构的具体形式受企业的目标、行业特点、企业规模、市场大小、经营的内外部条件的影响。组织结构反映组织成员之间的分工协作关系，设计组织结构的目的就是为了更有效、更合理地整合组织成员的力量形成组织合力，为实现组织的目标而协同努力。随着企业的产生和发展及机制的演变，企业组织结构形式也经历了一个发展变化的过程。迄今，企业组织结构主要的形式有较为简单的直线制、职能制、直线职能制，还有较为复杂的事业部制、矩阵制、模拟分散管理制等。

9.5.1 直线制

直线制组织结构是最早使用也是最为简单的一种结构，是一种集权式的组织结构形式。其特点是：组织中各种职位是按垂直系统直线排列的，各级行政领导人执行统一指挥和管理职能，不设专门的职能机构。直线制组织结构的优点是设置简单、权责分明、信息沟通方便，便于统一指挥、集中管理；缺点是缺乏横向的协调关系，没有职能机构作领导的助手，容易产生忙乱现象。所以，一旦企业规模扩大，管理工作复杂化，领导者势必因经验、精力不及而顾此失彼，难以进行有效的管理。直线制组织结构主要适用于企业规模不大、职工人数不多、生产和管理工作都比较简单的情况，如图 9-1 所示。

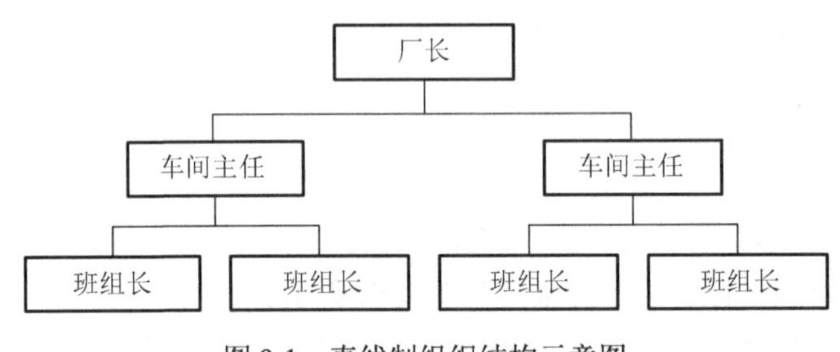

图 9-1 直线制组织结构示意图

9.5.2 职能制

职能制是在直线制的基础上为各级行政领导设置职能机构或人员的一种形式。这是以工作方法和技能作为部门划分的依据。现代企业中许多业务活动都需要有专门的知识和能力。通过将专业技能紧密联系的业务活动归类组合到一个单位内部，可以更有效地开发和使用技能，提高工作效率。特点：将技能相似的专业人员集合在各自专门的职能机构内，并在各自的业务范围内分工合作，组织任务集中明确，上行下达。

优点：适应了大生产分工合作的要求，提高了专业化管理水平，降低了设备和

职能人员的重复性，减轻了高层管理者的责任压力，使其能专心致力于最主要的决策工作。

缺点：组织中常常因为片面追求职能目标而看不到全局的最佳利益。没有一项职能对最终结果负全部责任。职能经理们的职能只涉及组织的一部分，对其他职能的接触非常有限。因此，这种结构不能给管理者带来关于整个组织活动的广阔视野。

职能制组织结构如图 9-2 所示。

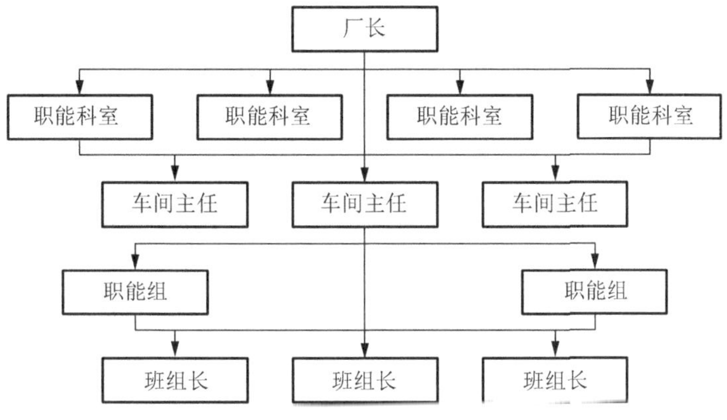

图 9-2　职能制组织结构示意图

在相当简单、稳定的环境中，职能型结构可能是最理想的选择。职能型结构不会消失，因为永远需要职能专家，但在今天的企业环境中，职能型管理人员作决策的机会越来越少，而跨职能的团队将会变得越来越重要。

9.5.3　直线职能制

直线职能制又称直线参谋制、生产区域制等，是直线制和职能制相结合的一种形式。其组织结构如图 9-3 所示。

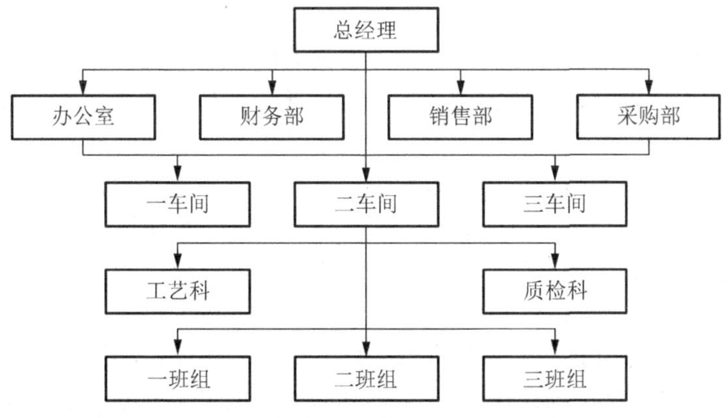

图 9-3　直线职能制组织结构示意图

这种组织结构的特点是：以直线为基础，在各级行政负责人之下设置相应的职能部门，分别从事专业管理，作为该级领导者的参谋，实行主管统一指挥与职能部门参谋、指导相结合的组织结构形式。职能部门拟定的计划、方案，以及有关指令，统一由直线领导者批准下达，职能部门无权直接下达命令或进行指挥，只起业务指导作用，各级行政领导人逐级负责，高度集权。直线职能制组织结构既保持了直线制的集中统一指挥的优点，又吸取了职能制发挥专业管理的长处，从而提高了管理工作的效率。

直线职能制的缺点是权力集中于最高管理层，下级缺乏必要的自主权，各职能部门之间的横向联系较差，容易产生脱节与矛盾，各参谋部门与指挥部门之间的目标不统一，容易产生矛盾，信息传递路线较长，反馈较慢，适应环境变化较难，实际上是典型的“集权式”管理组织结构。我国目前大多数企业，甚至机关、学校、医院等都采用直线职能制的结构。

此外还有许多企业对直线职能制进行补充和发挥，在保证直线指挥的前提下，又充分发挥专业职能机构的作用，直线领导权授予某些职能机构一定程度的职权，如给予生产调度、销售、质量检查等部门相应的权利，从而形成一定的新组织结构形式，总的来说比传统直线参谋制更为有效，因此被各国企业广泛采用。

9.5.4　事业部制

事业部制又称部门化结构，是从直线职能制转变而来的，也是现代化工业发展的产物。它以产生目标和结果为基准来进行部门的划分和组合。事业部制是西方经济从自由资本主义过渡到垄断资本主义以后，在企业规模大型化、企业经营多样化、市场竞争激烈化的条件下出现的一种分权式的组织形式。事业部制的主要特点是：“集中政策，分散经营”，即在集权领导下实行分权管理。这种组织结构形式，就是在总公司的领导下，按产品或地区分别设立若干事业部，每个事业部都是独立核算单位，在经营管理上拥有很大的自主权。总公司只保留预算、人事任免和重大问题的决策等权力，并运用利润等指标对事业部进行控制。例如，企业的具体部门划分依据包括产品、地区、顾客或销售渠道等。

事业部制组织结构的优点是提高了管理的灵活性和适应性。由于各事业部单独核算、自成体系，在生产经营上具有较大的自主权，这样既有利于调动各事业部的积极性和主动性，有利于培养和训练高级管理人才，又便于各事业部之间开展竞争，从而有利于增强企业对环境条件变化的适应能力，有利于最高管理层摆脱日常行政事务，集中精力做好有关企业大政方针的决策。便于组织专业化生产，便于采用流水作业和自动线等先进的生产组织形式，有利于提高生产效率，保证产品质量，降低产品成本。

事业部制组织结构的缺点是增加了管理层次，造成机构重叠，管理人员和管理费用增加。由于各事业部独立经营，各事业部之间人员互换困难，相互支援较差，各事业部经常从本部门出发，容易滋长不顾公司整体利益的本位主义和分散主义倾向。其组织结构如图 9-4 所示。

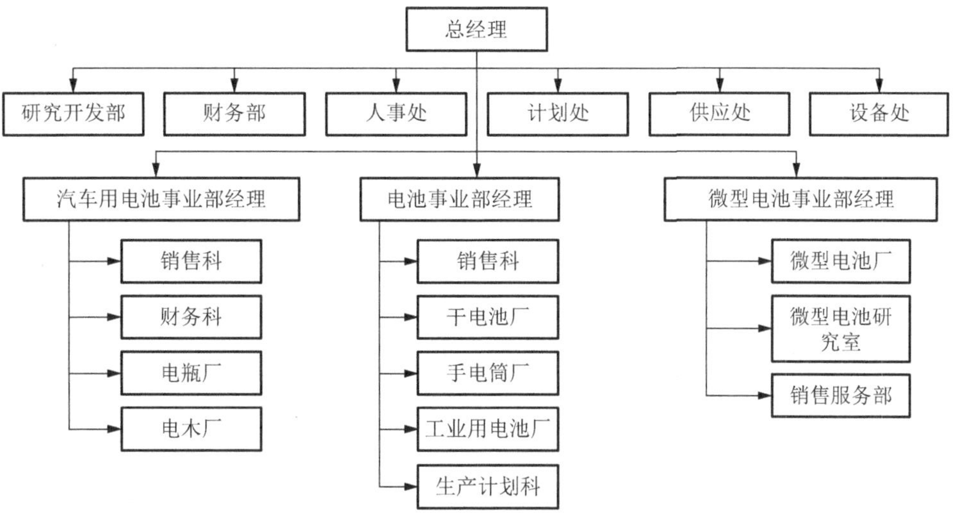

图 9-4　事业部制组织结构示意图

事业部型组织一般适于在具有较复杂的产品类别或较广泛的地区分布的企业中采用。

其优点包括：

1）更好谋划。最高管理层可专注于公司的战略决策等事务。各事业部可以更好地以顾客为中心促进资源的有效整合。

2）适应性。有利于调动经营者的积极性，培养“多面手”级的管理人才。有利于发挥经营者的灵活性和主动性，提高对市场竞争环境的敏捷适应性。

其缺点包括：

1）管理成本大。各事业部有完备的职能部门，机构重复，管理人员增多，管理成本增高。

2）本位主义。相互间支持与协调困难，限制资源共享，出现各自为政的部门主义倾向，损失总体利益，影响组织长远目标的实现。

事业部制的组织结构适用于采用多样化战略、国际化战略的大型组织，ve 组织的产品或服务分散在各个市场，且规模较大。

9.5.5　矩阵制

矩阵制又称目标规划制，是 20 世纪 50 年代末在美国宇航技术的发展过程中产生的。矩阵制是由纵横两套管理系统组成的组织结构，一套是纵向的职能领导系统，另一套是为完成某一任务而组成的横向项目系统，也就是既有按职能划分的垂直领导系统，又有按项目划分的横向领导系统的结构。有的企业同时有几个项目需要完成，每个项目要求配备不同专业的技术人员或其他资源。为了加强对项目的管理，每个项目在总经理或厂长领导下由专人负责。其组织结构如图 9-5 所示。

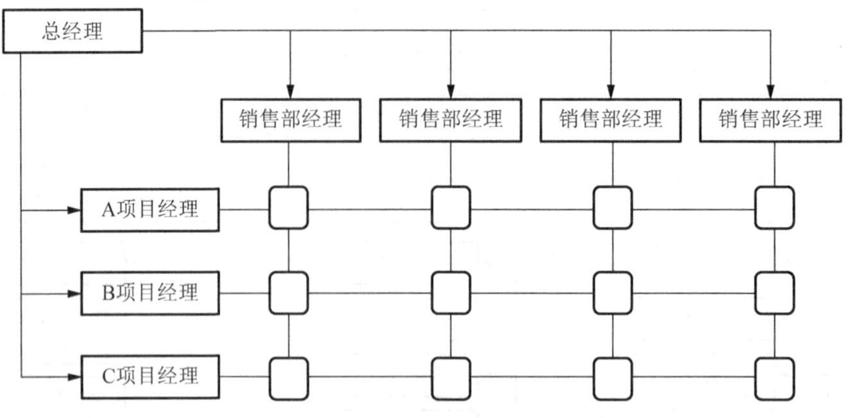

图 9-5 矩阵制组织结构示意图

因此，在直线职能结构的纵向领导系统的基础上，又出现了一种横向项目系统，形成纵横交错的矩阵结构。其中，工作小组或项目小组一般是由不同背景、不同技能、不同知识、分别选自不同部门的人员所组成的。组成工作小组后，大家为某个特定的项目而共同工作。

矩阵制组织结构的优点是将组织的纵向联系和横向联系很好地结合起来，有利于加强各职能部门之间的协作和配合，及时沟通情况，解决问题；具有较强的机动性，能根据特定需要和环境活动的变化，保持高度民主的适应性；把不同部门、具有不同专长的专业人员组织在一起，有利于互相启发，集思广益，有利于攻克各种复杂的技术难题，更加圆满地完成工作任务，在发挥人的才能方面具有很大的灵活性。

矩阵制组织结构的缺点是在资源管理方面存在复杂性；稳定性差，由于小组成员是由各职能部门临时抽调的，任务完成以后，还要回到原职能部门工作，容易使小组成员产生临时观点，不安心工作，从而对工作产生一定影响；权责不清，由于每个成员都要接受两个或两个以上的上级领导，潜伏着职权关系的混乱和冲突，造成管理秩序混乱，从而使组织工作过程容易丧失效率性。矩阵型组织适合在需要对环境变化做出迅速而一致反应的大型企业中使用。矩阵结构具体还包括两种类型：

1. 二维矩阵结构

二维矩阵结构是第二次世界大战后在美国首先出现的。它是为了适应在一个组织内同时有几个项目需要完成，每个项目需要具有不同专长的人在一起工作才能完成这一特殊的要求。一个企业可能有几个项目，每一个项目都有一个人在总经理的直接领导之下专门负责。根据项目的特殊需要，从各个职能部门和车间抽调若干人组成各个项目小组。

由于二维矩阵结构是按项目进行组织的，所以它加强了不同部门之间的配合和信息交流，克服了直线职能结构中各部门相互脱节的现象。它同样具有工作小组那样的机动

灵活性，可以随项目的开始与结束进行组织或者给予解散。一个人还可以同时参加集体项目小组，这就大大提高了人员的利用率。此外，由于职能人员直接参与项目，而且在重要决策问题上有发言权，这使他们增加了责任感，激发了工作热情。

二维矩阵结构最主要的缺点是项目负责人的责任大于权利。因为参加项目的每个人都是来自不同的部门，一般隶属关系仍在原部门，而仅仅是临时参加该项目。所以，项目负责人对他们工作的好坏没有足够的激励手段与惩治手段，这些权利依然在原部门领导人手中。另外，矩阵结构造成双重指挥也是一大缺陷，项目负责人和原部门负责人都对参加该项目的人有指挥权。所以，项目负责人必须与各个部门负责人配合，才能顺利地进行工作。

二维矩阵结构适用于产品品种多且变化大的组织，特别适用于以开发和实验项目为主的单位，如应用研究单位。

2. 三维矩阵结构

目前已经有人根据矩阵结构的特点，发展了一种三维矩阵组织结构，这个组织机构由 3 方面构成，有专业职能部门、按产品划分的产品事业部门，以及按区域划分的各地区管理机构。这 3 方面结合在一起，共同研究某种产品的开发、生产和销售等重大问题，协调了各方面之间产生的矛盾，加强了信息沟通，对于大规模的企业较为适用。

二维矩阵结构多应用于建筑公司、房地产公司、飞机制造公司等企业。特别适用于单件、小批量、高单价的制造业企业，以及以项目为单元的服务业和创新性较强的科研机构。一些大型活动（如奥运会）也适合采用这种矩阵结构。

9.5.6 模拟分权结构管理

介于直线职能结构和事业部结构之间有一种模拟分权结构。事业部结构是由于企业规模不断扩大而发展起来的一种组织形态。但是有许多大企业，如连续生产的化工企业，由于产品品种和生产过程所限，根本无法分解成几个独立的事业部门。然而企业的规模又很大，以至于高层管理人员采用其他组织形态都无法管理时，就出现了模拟分权结构的组织。

模拟分权结构是模仿事业部的结构形式进行分权，它与事业部结构的重要差别是：

1）这种结构的组成单元并不是真正的事业部门，实际上是生产阶段。

2）这些生产阶段有自己的管理层，有自己的利润指标，这种指标是按整个企业的内部价格确定的，而不是来源于市场。

3）这些生产阶段都没有自己独立的外部市场，而且生产阶段之间关系相当密切，一个生产阶段出现障碍，可能导致其他生产阶段出现障碍。

模拟分权结构的最大优点在于它解决了企业规模扩大而不易管理的问题。在这种结构之下，高层管理人员可以在可能的范围内把权力分给生产阶段一级的管理人员，减少了自己的行政工作，从而能够把精力集中于战略性的问题上来。这种结构的缺点使无法使组织中每一个成员都能明确自身的任务，各个部门的领导人也不容易了解整个企业的全貌，在沟通效率和决策权力方面还存在着较大的缺陷。此外，这种结构要求各个生产阶段的负责人有较强的容忍力。

尽管模拟分权结构同事业部结构相比仍然有些缺陷，但对于大型材料工业企业，如玻璃、造纸、钢铁、化工等企业解决组织结构问题，是唯一可以采用的结构。

9.5.7 多维制

多维制是在事业部制和矩阵制结构基础上发展起来的，由美国道-科宁于 1967 年首先建立。多维立体组织结构由三维的管理系统组成，即按产品划分的事业部，是结算和利润中心；按职能划分的专业参谋机构，是专业成本中心；按地区划分的专门管理机构，是地区结算和利润中心。由上述 3 个方面代表共同组成的产品事业委员会领导各类产品的产销工作，从而有效地把 3 个方面的管理协调并且统一起来。这种组织结构形式有利于沟通信息，集思广益，共同决策，改进决策质量，充分发挥整个企业组织系统的整体效能。一般比较适合于跨国公司或规模巨大的跨地区公司。

9.5.8 战略联盟与网络型组织

“网络型组织结构”是一种目前流行的、新的组织形式。它是指这样一个小的核心组织：它通过合作关系（以合同形式），依靠其他组织执行制造、营销等经营功能。它的特色是以项目为中心，将企业内部各项工作，包括生产、销售、财务和其他关键业务等，以合同为基础，依靠其他组织承担，有效发挥核心业务专长的协作型组织形式。

网络型组织在实践中已十分普遍，这主要归功于网络经济性这一概念的提出。在工业经济时代，人们普遍意识到规模经济给企业带来了强大的竞争优势。1975 年美国经济学家约翰·潘泽和罗伯特·维立格提出“范围经济”的概念，它是指企业多样化经营（扩大经营范围）带来的经济性。然而，进入 1990 年以后，市场环境的不确定性增强，竞争空前激烈，消费者需求的多样化和个性化，使得这些巨型组织无力控制环境，规模本身不再是竞争制胜的利器。反之，这些庞然大物适应能力差，反应迟钝，动作缓慢，效率低下的弊端在新环境下越发突出。

随着信息技术的发展，工业社会开始向信息社会转变，必须有一个与信息社会相适应的经济模式，这就是网络经济。网络经济强调企业之间的联合，进行资源共享，一个企业不必拥有所有职能，它可以将一部分职能“外包”出去，只保留一些有竞争优势的职能。

对小企业来说，网络型结构是合适的选择。相比较而言，小企业在资金、技术、规模上无法与大企业相抗衡。网络型结构也适用于一些大型组织，如耐克公司。

网络型组织的进一步发展是虚拟网络组织，它是一个暂时联合起来寻找独特的机会或战略优势的企业群体，目的达到后即解散。网络型组织是一场革命。它很难用传统的术语回答：“组织在哪？”。例如，一家公司可以把培训、运输、法律、工程等昂贵的服务承包出去，这些职能不再是传统意义上的组织的一部分。

网络型组织的优点和缺点：网络型组织的第一个优点是具有全球性的竞争能力。

第二个优点是劳动力的灵活性和挑战性。第三个优点是这一结构是所有组织结构中最精干的一种。

网络型组织的一个缺点是缺乏实际控制，具有较高的不确定性。而且在这种类型的组织中，员工忠诚度可能较低。网络型组织结构获得了高度的灵活性，便于适应动态变化的环境。随着信息技术的发展和在企业中的应用，网络型结构将会逐渐显示出它的生命力。其组织结构图如图 9-6 所示。

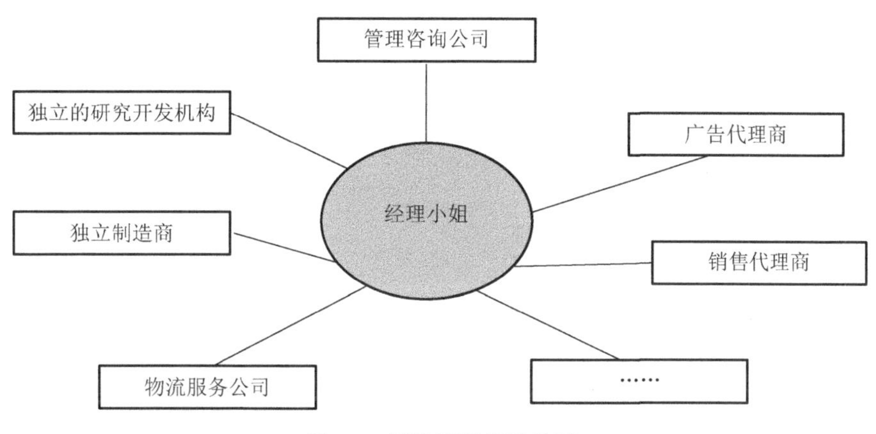

图 9-6　网络型组织结构图

9.5.9　一些新型组织结构

1. 团队结构

这种结构方式的主要特点是打破部门界限，并把决策权下放到工作团队。在小型公司中，可以把团队结构作为整个组织形式。例如，一个三十多人的市场销售公司要完全按团队来组织，团队对日常的大多数操作性问题和顾客服务问题负全部责任。在大型组织中，团队结构一般作为典型的行政性层系结构的补充。

2. 虚拟组织

虚拟组织是一种规模小，却可以发挥主要商业职能的核心组织，用理论术语来讲，虚拟组织决策集中化的程度很高，但部门化程度很低，或根本不存在。管理人员把公司职能都移交给了外部力量，组织的核心是一小群管理人员。

3. 无边界组织

无边界组织所寻求的是缩短命令链，对控制跨度不加限制，取消各种职能部门，代之以授权的团队。无边界组织的主要特点有：

① 通过取消组织垂直界限而使组织的结构趋向扁平化，使等级秩序作用降到最低限度。

② 为消除组织的水平界限，以多功能团队取代职能部门，围绕公司的工作流程来组织活动。

③ 充分发挥无边界组织的职能，还要打破组织与客户之间的专业界限及心理障碍。

4. 女性化组织

组织社会学家乔伊斯·露丝查德对女性化组织方面的有关研究进行了归纳和发展，建立了具有如下6个特点的女性化组织模型。

① 重视组织成员的个人价值。

② 非投机性。

③ 事业成功与否的标志是为别人提供了多少服务。

④ 重视员工的成长。

⑤ 创造一种相互关心的社会氛围。

⑥ 分享权力。

从以上几种组织结构形式可以看到，各种组织结构形式各有特点，各有利弊。因此，企业必须从实际出发，灵活加以应用。一般来说，企业组织结构形成并不苛求某种单纯的理论形式，往往可以混合性地运用多种组织结构形式。管理组织现代化是企业管理现代化的重要组成部分。随着我国企业改革的发展，我国企业也将会创造出更多的符合我国国情的管理组织机构。

本章小结

在组织结构设计过程中，要充分考虑各种因素的影响，如环境的不确定性、技术水平、组织规模的大小、与战略的匹配、文化的认同等。

在不同的发展时代，组织结构出现了不同的理论，手工业时代出现了泰罗的组织理论、法约尔的组织理论、韦伯的组织理论、厄威克的组织理论；机器生产时代主要成就包括社会系统学派的组织理论、行为科学学派的组织理论；系统时代的主要理论有经验主义学派的组织理论、系统管理学派的组织理论等；常见的组织结构形式包括直线结构、职能结构、直线职能结构、事业部结构、矩阵结构、超事业部结构等，新型的组织结构如无边界组织、虚拟组织、横向组织结构、混合型结构也被许多组织应用。在全球化的背景下，应注意新的组织形态类型。

关键概念

直线结构；直线职能制；事业部结构；矩阵结构；无边界组织；虚拟组织；横向组织结构；混合型结构。

复习思考题

1. 组织结构设计原则有哪些?
2. 怎样理解责权一致原则?
3. 动态的组织结构设计原则适用于什么情况?
4. 举例说明违反统一指挥原则会给组织带来哪些危害。
5. 目前一些组织的跨度不合理是什么原因造成的?
6. 当前组织机构改革遇到了哪些困难?
7. 现代企业中应用了哪些动态的组织结构设计原则?
8. 怎样进行组织结构设计?
9. 如果你所在的公司要实行矩阵结构,你认为这种结构有何优点和弊端?管理者在何种情况下可以采用这种结构?
10. 谈谈你所知道的采用了事业部结构的组织情况。

阅读案例与材料

联想的组织结构设计

联想集团于 2004 年调整了企业战略,并做了相应的组织结构变革。首先是统一了中央市场部,在这个平台上进一步研究识别细分客户的需求,同时指导整个市场的工作。与此同时,把原来的华南、华中、华东、西南、东北、华北 7 个销售大区进行了重新划分。例如,把以前属于华东销售区所辖的湖北、河南和江西 3 个销售分区重新划分为湖北销售大区、河南销售大区,江西销售分区则和湖南销售分区一起组成湘赣销售大区。

结果减少了销售过程中的层次,使营销更加贴近用户,以便于更加深入地了解区域市场。联想集团组织结构调整后,原六大业务群调整为三大业务群组:A 群组(信息产品业务群),主要包括 PC、笔记本电脑业务,由吕岩负责;B 群组(移动通信业务),主要包括移动、通信业务,由刘志军负责;C 群组(IT 服务业务群),主要是 IT 服务业,由俞兵负责,国际业务由乔松负责。

2003 年 6 月,在联想更名为“Lenovo”后,杨元庆接受记者采访时谈起联想的核心业务、成长业务和增值业务。他意味深长地说:“一定要看清产业布局。”

“看清布局之后,下半年联想最主要的事情就是做未来 3～5 年的业务规划。”

在当时,恐怕还没有人能意识到杨元庆话语背后的潜流:完不成以前提出的“三年规划”基本已成定局,他正考虑的问题其实就是在 2004 年初让媒体大书特书的联想战略转型与组织结构调整。

联想究竟想干什么？其新的组织结构将如何支撑其长期战略？在2004年2月18日，杨元庆和柳传志在香港正式露面给予解释之前，媒体和评论家们就已经凭借各种迹象猜测出了千奇百怪、自相矛盾的回答：联想将会全面收缩战线，联想将大举突破，联想要开始直销，联想还是会固守其渠道，联想要继续其IT服务的路线，联想将回归PC……

而联想的杨元庆在2月20日，在对《21世纪经济报道》解释其有关联想组织结构的设计时，语速缓慢、非常耐心地讲道："是的，这不光是我们遇到的问题……""联想也在探索的过程中。"

在2月18日发布的2003/04财年第三财报的同时，联想宣布了它最新的战略目标：专注于PC业务，要做好两元化（指手机业务），再发展多元化（指IT服务业务）。评论家们普遍认为这是联想采取守势收缩战线的一个证据，杨元庆则纠正说："我宁可称之为专注。"

与其纠缠于争论"守势"和"专注"在语义上的微妙差别，人们不如从联想新的组织架构上寻找端倪——一个企业的组织架构必映射出其未来战略。

在联想新的组织架构图里，本着共享和降低成本的原则，联想已经把自己在上一个三年规划中散见于消费IT、企业IT、IT服务等六大业务群组中的研发、市场等部门合并在一个统一平台上。这个统一平台被分成两部分：一部分做企业总体规划和管理，被称为管理平台，其中包括所战略规划的中央企划系统，以及由财务、人力资源、信息化建设等职能部门组成的中央智能系统，这些部门的员工的工作和上一个三年规划中相比，变化并不大；另外一部分则是运营平台，包括市场、运作、研发系统。其中联想自定义的运作系统包含了通常意义上的组织生产计划、制造安排物流、商务等业务环节。同一平台中最为关键的部分便是运营平台的设置，其原始动因来源于杨元庆认为有些资源可以让各业务群共享（如市场、制造和研发），其中最明显的例子是采购，集中采购可以让企业享受巨大的折扣。因此运营平台上的这三个系统，实际上是从联想所有业务中合并出的职能同类项。

"专注"或者说"采取守势"，甚至联想的侧重点回归PC。

在过去的三年中，联想把许多销售、研发等方面的资源给了手机IT业务等新兴业务，对PC业务要求只是在原有模式上继续发展，为种子业务提供资源保障。但杨元庆在总结中承认：集团实际上对多元化业务扩展的经验及管理能力不足。于是PC业务再次成为联想的重中之重，副总裁吕岩领导的信息产品业务群组也便成了众人瞩目的中心。

在这个有趣的具体组织结构设计上，即便是再苛刻的评论家也不得不承认，杨元庆找到了"打仗的感觉"。由中央平台统一指导工作的前提下，联想把原来的7个大区进一步细分为18个分区。因为销售和市场等"战斗部队"的实体都在分区里面，联想企图使区域管理和指挥不断前移，以求"贴近客户"和"迅速扩大地盘"。

支撑这些堂皇语言的是细分市场、权力适度下放、结构扁平化和矩阵管理。细分地域后管理更加清晰，更了解客户需求。为了增强其“攻城略地”的主动性和积极性，新上任的18位分区总经理，有着比过去宽泛得多的权利。他们握有充分的人权、财权、市场权，自主性更强。甚至可以自己商定与销售代理之间的返点，并拒绝销售不适合自己区域的产品。但这并不意味着中央控制的放松。在这个体系中，虽然有自主权，但是财务仍旧由中央财务部门纵向管理，其他职能部门也如此。如果以区域为横轴，职能部门为纵轴，来画出一个矩阵的话，分区中的每一个人员既要接受统一平台上的职能部门的管理，也要接受分区的管理。举例来说，联想推出一款新的家用计算机，其市场的整体企划由中央市场系统来完成，分配到各个区中去后，市场人员可以根据该用户需求的特点对市场的计划进行相应的调整，这些决策权将会被放到各个分区中去。

对于那些雄心勃勃开赴前线的分区总经理来说，在新的组合字架构中，他们会发现能对自己“指手画脚”的领导少了许多。“扁平化”会提高效率，制造便利，但也是无形的压力。“分区总经理会在自己认为值得的客户和产品上投入，但是最后交账的时候，营业额和利润是衡量他们业绩的唯一标准。”

在这种情况下，把大区副总的工作称为“督战队”，其实是非常贴切的形容。借助扁平化的结构和原有的信息系统，杨元庆和“督战队”离战场的距离越来越近了。

就在联想开始全面转向核心业务时，它的战略中原有的一条主线开始牵动人心了。

在过去的三年中，杨元庆一直试图改变其在大众眼中“PC厂商”的角色，取而代之以“全方位IT服务提供商”。随着新战略的公布，IT业务被划为第三类业务，在联想的资源分配原则里，对第三类业务的关注相比核心业务是微不足道的。对于所有看好IT服务市场并且在艰难转型的国内企业来说，这个消息可能意味着IT服务在联想的“边缘化”，同时被搁置起来的还有联想要成为IBM的计划和雄心。

但杨元庆并不承认“企业要根据自己的实际情况和大环境决定要不要转变”，杨元庆回答，“联想还需要做IT服务的，但是我们没到大规模向服务转型的时候”。

这个结论和一部分论据来自于国内IT服务市场的大环境，大多数希望在未来的服务市场上占有一席之地的企业都和联想一样，将面临“鸡肋”的窘境。同质化竞争导致利润太低、用户不够成熟、市场不大、强大的国际对手，还有一部分显然要归结于联想的实际情况：联想的成长性业务2002年占了全部收入的23%，IT服务业务虽然增幅达到200%，但因为基数很小，只贡献了1.1%。联想如果决心在核心业务上投入管理资源，得到的便是源源不断的利润；但对于发展中的业务，除了要投入管理资源以外，还要投入财务资源，而且要允许它有亏损，甚至是比较大的亏损。

但或许在观察者的眼里，还有其他因素在过去三年里影响了联想向服务业的转型——在联想目前新的高管名单中，所有的副总裁和高级副总裁几乎都有着九年以上的联想工龄。在过去乃至新三年中，这些人一直都会是联想的主力。它的管理层中从来没有出现过太多新人的面孔。“你是问我，这些在制造业文化中成长起来的领导者究竟能在多大程度上理解并且管理 IT 服务？”杨元庆问。他思考良久后承认，“改变一个人确实是有难度的。”

（资料来源：刘燕，2006. 组织行为学案例集. 上海：立信会计出版社.）

案例讨论：

1. 联想进行组织架构改革的原因是什么？
2. 新的组织架构有什么优缺点？
3. 根据你所了解的联想目前的组织架构，谈一谈你对联想组织结构变革的理解。

第 10 章　组织文化与组织变革

学习目标

1. 了解组织文化的具体内涵，知晓如何塑造组织文化，并维持对于企业发展有利的组织文化。

2. 当组织文化阻碍企业发展时，能够分析出强化组织变革的动力，并学会克服在组织变革过程所产生的各种阻力。

导入案例

安妮·马卡尔希拯救了富士施乐公司

马卡尔希是如何进行变革的？

在 2001 年，世界知名的复印机公司——富士施乐濒临破产。野心勃勃的日本同行竞争者以低价出售复印机，加之全球向数码影印时代迈进，使得最初由施乐公司发明的激光打印技术已无用武之地，这两方面原因的结合导致施乐的销售量骤然下滑，在短时期内就损失了数十亿美元。在这种情况下，董事会不得不尽快找到一位能够挽救公司生命的 CEO，这位 CEO 就是已经在施乐工作了 26 年的安妮·马卡尔希。最初是一名销售人员，后来调到公司人力资源部门，正是由于她的出色领导能力才被董事会选中担当此重任。

马卡尔希上任之初面临的最大挑战是缩减目前巨大的运营成本以达到节省开支的目的，另外将资金投入研发部门以实现研发新产品的目的，只有同时实现这两个目标才能挽救公司。为了寻求解决问题的方法，马卡尔希致力于融入员工和客户中，倾听他们的意见，并开始了一系列的座谈会，她告诉员工困难就摆在前方，为了公司的长远利益，短期的裁员是必须的，另外她还强调只有员工群策群力，提出富有革新性的改革方法，在大家的共同努力下才能拯救公司。

为了找到更有效的投资于研发的方法，马卡尔希制定了“顾客至上”的宗旨，将满足顾客的需要放在优先考虑的位置。她坚决要求上至公司的最高层下到最基层的管理者、工程设计师和销售人员都必须不断地与客户沟通，确认客户究竟需要何种类型和功能的复印机。马卡尔希还实行了一项名为“聚焦前 500”的策略，即施乐的前 200 名高级执行官深入到自己负责的部门来倾听施乐的前 500 个客户的建议，并努力与之建立长久的合作关系。她反复强调“顾客至上”的重要，以身作则，以此作为指导自己行为的准则，她还特别指出，即使施乐的管理者正在参加重要的会议，当有客户打来电话询问有关事宜时，也要放下手头的会议，先回复客户的电话。

在马卡尔希的领导下，通过与员工和客户零距离的接触，施乐的管理者、研究人员、工程师已经拟定出新生产线的初步模型。马卡尔希还决定让 R D 部门要集中精力先设计两种类型的打印机：一种是专门为大中型企业设计的彩色数码打印机；一种是以高质、快速、低价为特点的，在这方面即使是日本同行竞争者也无法媲美的中端打印机。同时，施乐还打算建立并发展一个高效服务的网络系统用以宣传新产品及保持与客户的紧密联系。在此期间，施乐成功地缩减了公司 26%的日常开支和 29%的研发开支，并且将员工人数由原来的 95 000 人缩减到 55 000 人。

2005 年的销售业绩证明了马卡尔希与施乐的管理层已经成功地拯救了公司。将赌注压在两种新型打印机上，并对公司进行痛苦的裁员和重组现在看来也是值得的。现在，富士施乐又重新成为高端、低端数码打印机市场上的领头羊，并且施乐目前 2/3 的收入都要归功于 2001 年开始进行的变革。由于外部竞争者如利盟、佳能、惠普所实施的“价格战”，目前施乐的利润还不是很高，但是施乐已经在市场上重新找到了自己的位置，员工在此期间所做的努力也被证明是值得的，对他们来说，工作和自己的未来都已经有了保障。事实上，在 2006 年因为市场上对产品的需求量的增加，施乐又招聘了 1000 名员工。

马卡尔希变革策略的另外一个结果是已经形成了基于强调产品和服务质量的全面质量管理之上的属于自己的企业文化。通过施乐员工持续不断的努力，他们发现了更好、更实用、更具效率的处理工作的方式，使得施乐成功实现了低成本的目标。另外施乐产品的质量也大为提高，其所倡导的文化价值观中强调顾客至上和向顾客负责的宗旨也令客户十分满意。马卡尔希希望在她的带领下，施乐能够再次成为全球最受人尊重的公司之一。

案例思考：

马卡尔希是如何进行变革的？

10.1 组织文化的内涵

10.1.1 组织文化

能够形成集体认同感及归属感的共有信念、价值观、专有语言等群体意识的总称。组织文化这一概念根植于文化人类学当中，具体来说，组织文化（organizational culture）指的是组织全体成员共同接受的价值观念、信念（明文规定的或潜在的）、行为准则、传奇故事、专有语言等群体意识的总称。尽管组织文化在很大程度上以“虚幻”或“无形”的因素为基础，但它却能够对个体行为产生十分深刻的影响。例如，一些调查者耗时 6 年，针对 900 名大学应届毕业生进行了一项调查研究，研究结果发现，在组织文化侧重于对人权的尊重及团队协作观念的会计师事务所中工作的毕业生的离职率相对较低，而在组织文化侧重细节、稳定及革新的会计师事务所中，毕业生的离职时间往往比那些在

组织文化相对更为人性化的组织中工作的同类毕业生早 14 个月。根据调查者的预算，由于相对较低的人员周转率，组织文化相对较人性化的组织在人力资源方面可以节省 600 万美元/年的开支。

然而，不幸的是组织文化同样也有黑暗面。伴随着不负责任的价值观及职业道德的匮乏而来的是机能失调的组织文化，它被指责为是美国安然能源公司（Enron）、安达信公司（Arthur Anderson）、世界电信公司（World Com）的破产及使 7 名航天员丧生的美国哥伦比亚号（Columbia）航空航天飞机失事的罪魁祸首。当代管理者需要充分理解既微妙又强大的组织文化影响力并恰当地利用它。以福特公司（Ford）为例，下文是《商业周刊》报（*Business Week*）近期对福特公司新上任的 CEO 艾伦 • R.穆拉里所面临的挑战进行的分析：

休整福特公司所需要的不仅仅是削减开支，公司管理者还必须想出能够使公司生产出更多适应市场需求的汽车产品的方法，并采取一系列可能的措施来应对组织发展中最基本的问题——功能失调、屡战屡败的组织文化。

有些人称组织文化为“social glue”（社会戮合剂），又称企业文化，它把组织成员紧密地联系在一起。相应地，最后这一版块将我们在本章中所讨论的所有关于组织的知识紧密地联系在一起，没有对于组织文化的崇尚，组织只是一个由图表、人员及工作人员组成的空白集合。一位曾为人类学家的管理者提供了如下这些忠告：

企业文化并不是由管理人员或管理顾问公司所要的思想花招，它是人类社会组织必不可少的一部分。我们必须接受这一不可否认的事实——如果不将企业文化考虑在内，它将赶走企业发展中最宝贵的东西。

组织是依据某些目的和情形而构建起来的社会集合体。鉴于各个组织都有各自的历史传统和环境条件，从而形成与众不同的哲学信仰、意识形态、价值观念和行为准则，于是每一种组织也都形成了自己特有的组织文化。例如，松下的文化精髓认为“松下电器公司可以给员工更高的晋升空间，是专业人才的摇篮”，索尼公司享有“索尼产品永远是最新的”的赞誉。曾经有人统计过组织文化定义的说法，大概有 180 多种，对于每一个管理学家和组织文化学家来说它的概念都不尽相同。

埃德 • 沙因与大多数成员都认同的观点是企业文化是通过企业成员相互作用而形成的，并用来规范新成员的共同意识、价值观念、职业道德、行为准则等。彼得斯和沃特曼认为：组织文化就是要求员工产生有高度价值的目标感，并为此做出不同凡响的贡献，这种目标感源于鼓励革新、自觉提高产品质量和服务质量，以及对生产、产品的热爱，以及对每个人的贡献给予承认和荣誉。

迪尔和肯尼迪认为：组织文化主要包括价值观、英雄人物、习俗仪式、文化网络、企业环境这五个要素。

10.1.2　组织子文化

当谈论到组织文化时，我们实际上是指主流文化，即被组织成员最一致、最广泛共享的价值观和假设。主流文化通常被高级管理层理解并内化；有时主流文化也会存在，即使高级管理层期望的是另一种文化。而且，正如前面已提过的，一个组织的主流文化并不会像许多顾问和商界领导者认为的那样统一或清晰。事实上，组织是由存在于不同区域、不同地理位置和职业群体的子文化而组成的。一些子文化通过支持相似的假设和价值观来强化主流文化；一些虽然不同但并不与主流文化相对；另外还有一些被称作反文化，因为它们包含的价值观或假设直接与组织的主流文化相对。还有可能一些组织（包括一些大学，根据一项研究显示）只有子文化而识别不出任何主流文化。

子文化，特别是反文化，可能会引发员工间的冲突和意见分歧，但它们也可以提供两个重要的功能。第一，它们可以维持组织中的绩效和职业道德的标准。那些有着反文化价值观的员工可以为主流文化提供更多的监督和批评。他们促进了组织与其环境相互作用的建设性冲突，并使创造性的想法能出现。子文化避免了员工盲目遵从一套价值观，并因此帮助组织更好地遵守社会的道德价值。第二，它们是产生新价值观的温床，可以使得公司与客户、供应商、社会及其他利益相关者的需求保持一致。公司最终需要将其主流文化替换为更适应环境变化的文化。如果子文化受到抑制，组织就需要更长的时间去发现并选用与新环境相一致的文化。

10.1.3 组织文化特征

由于进展变化性原因，组织文化能够由一种状态置换成另一种状态。即使如此，组织文化学权威学者还是总结出 6 种大多数组织所共有的特征。下面让我们对这些共有特征进行概要分析，以对组织文化进行更加全面的了解。

1. 集体性

组织文化是不同的社会实体。一个个体也许会对组织产生文化上的影响，但是要想形成组织所特有的文化，就需要获得集体的认同。组织文化具有真正的协同性（1+1=3），通用电气公司（General Electric）总裁杰弗里·伊梅尔特一上任后便阐明了他在管理整个公司方面的看法：“我们是一个多元化管理的公司，我们依赖于统一的管理、相同的文化……来经营发展。就文化而言，公司中集体的力量绝不只是各部分力量的简单相加。

2. 情感控制性

人们倾向于将他们的组织文化视为一个舒适的“安全毯”，它使他们能够正视（或者有时掩饰）自己的不安全感和不确定感。毫无疑问，人们最终会对他们的“文化安全毯”形成一种强烈的情感依赖，人们将会尽力地去维护它，拒绝对其基本价值进行任何质疑，因此一些进行兼并的企业往往会陷入激烈的文化冲突中。

3. 历史基础性

在很长一段时间中，共同的经历将一群人紧密地联系在一起，我们倾向于结交那些与我们有相似经历的人。信任及忠诚是组织文化的两个最关键的组成部分，人们往往通过特定的言行风格来赢得别人的信任及忠诚。

4. 固有象征性

事实胜于雄辩，令人难忘的象征性行为是组织文化的生命之源。以宝洁公司（Procter Gamble）为例：从外部看，宝洁公司的辛辛那提（Cincinnati）总部没有任何变化，但是在最高首脑层——控制公司长达 50 年之久——一个重大的颠覆性变革正在进行中，他们取消了专为高层准备的高级实木饰板办公室及行政自助餐厅，取而代之的是一个培训中心，它可以使公司世界各地雇员的情况都在 CEO 雷富礼的掌控中。“我已经开展了许多具有象征性意义的变革，所以人们明白我们公司是变革的‘领头羊’，”雷富礼说。在宝洁公司进行的变革象征性地指示上层执行人员应减少对权力及特权的关注，而应将更多的精力放在职员发展及沟通上。

5. 动态性

由长远的角度出发，组织文化可以提升集体的一致性、稳定性及预见性。在一个看似十分平稳的现象背后，当人们还在努力地去领会一些极细小的文化变化线索时，一些剧烈的变化正在发生。一位企业管理实习生曾受到总裁的要求直呼她的名讳，而他照做后却发现没有人真正地直呼过总裁的名字，即使总裁也曾要求过他们这样做。这时，他可能会感到十分尴尬。

6. 固有的模糊性

含糊不清、相互矛盾及多重含义是组织文化的基础特性。一位摄影师不可能只进行一次抓拍就能把你真实的繁忙工作状态记录下来。同样，我们需要认真地进行长期观察才能抓住组织文化的核心精髓。

迪士尼游乐园的成功并不是米奇鼠的杰作，迪士尼在“魔术王国主题公园”创建了一个十分富有成效且有趣的组织文化，这不仅促成了它的成功，还促使它为其他公司开办了一系列培训课程。

罗布莫顿中心（Rob Morton Center）的一家迪士尼业务咨询机构正在对两位来自佛罗里达（Florida）华特迪士尼乐园的员工进行指导。学习别人的最佳经验并不是件愚蠢的事情。

10.1.4　组织文化的形式及作用

组织价值观是指以组织为主体的价值取向。

组织价值观是一个非常关键的因素，与前面所讨论的个人信念的工具价值观及终极价值不同，组织价值观（organizational values）是以集体为中心的共同价值取向，当共同价值观被完全植入集体文化中时，它就与 DNA 具有相同的意义。与我们身体细胞中决定我们是谁的 DNA 一样，共有价值观决定了一个组织。例如，位于休斯敦（Houston）的布里奇韦基金凭借着积极的榜样形象在最近的基金贸易丑闻中脱颖而出。公司创办者兼董事长约翰·蒙哥马利解释了该公司能够成功的原因：我们最大的防卫武器就是一个非常有力的组织文化……从公司成立之初，我们就一直奉守着 4 个基本商业价值观，分别是正直诚实、投资效果、低成本及优质服务。我们另一个行事准则是不断考虑一个问题——当前的股东能带给我们什么远期利益？

由此看来，布里奇韦基金公司从未发行过任何烟草股票，且将多半的收益都用于慈善捐助是不足为奇的。

10.2 组织文化的塑造、维持和变革

10.2.1 组织文化的塑造

对于在进展中的集体而言，怎样创建较好的组织文化？如何保持已经取得的文化建设的成果？怎样更新或改进组织的文化来适应纷乱的环境？这些问题是人们最为关心的。

1. 加强企业家的培养

随着对现代企业经营活动认识的逐步深入，我们越来越意识到企业经营活动的优劣主要取决于企业是否具有一定数量和水平的企业家队伍。一个企业能否在角逐激烈的市场上有一席之地，关键是看现有管理者培养下一代继承人的效果。对于大部分企业而言，公司初期文化主要受企业领袖，尤其是创立者的影响。组织目前的处事方式、习惯、原有的制度，很大部分全是创立者不懈的努力和其所带来的胜利。在公司刚开始发展不久，创立者之所以可以用自己的方式和状态来感染其他职员，是因为其常常不受传统思想的约束，还有新成立的公司规模一般不大。

通过创新满足需求、自己追求机遇是企业家的成长经历。一个杰出的公司经营者具备以下 3 个特征：①对成就的渴望；②对把握自己命运的强烈自信；③对冒险的适度节制。

公司的经营者在创业和管理过程中，他的动力来源主要是以下 4 个方面：①企业家在追求创业和创新的条件下，有更加广阔的发展机会，如广东潮汕地区、浙江温州地区、香港地区崇尚个人独立创业，企业家发展很快。②在后代的企业家发展中有着举足轻重地位的是父母的支持。③企业家通常都有自己崇拜和试图模仿的偶像。④企业家以前的创业经历。企业家之所以在企业管理中取得高效率的成就，是因为他们摆脱了传统管理的各种束缚。企业家和传统的管理者在工作动机、时间的未来取向、管理方式、冒险倾向以及对待失败和错误的观念等方面存在明显的区别。

企业的整体形象很大程度上会受到企业家形象的影响，企业家的形象基本上代表了他们所带领的企业形象。因此，企业家有必要关注自身形象。世界微型计算机销量第一的戴尔公司的这些特点也正是戴尔公司留给人们的印象。

企业的高层管理者也会给企业文化带来不容轻视的影响。主要原因是高层管理人员时常用自己的行为举止，把行为规范、组织精神和价值观等贯彻到企业中。因此，要对公司经营者及其精神培养重视起来。如果在企业前期的发展过程中，尚未产生很有影

响的企业家，或是新组建的公司，那么通过如下3种途径可获得与培养其高层管理者：①企业家通过自我学习、完善、超越自我来实现企业精神，现在，大部分公司经营者通过参加EMBA培训等方式提高自身素质，正是这方面的体现；②企业为公司经营管理者的发展提供了优越的环境和条件，包含在职培训、挑战性的工作、职务轮换等；③通过招聘的方式面向社会招纳英才，日前国内许多公司开始面向全国甚至全世界招揽精英管理人才。

小资料

山姆·沃尔顿

沃尔玛是全球最大的连锁店，拥有全球3000多家连锁店。零售精英——山姆·沃尔顿是其创始人。1985年，他跻身《福布斯》排行榜，成为美国第一富豪；1991年，山姆因其饱满的创业精神、卓越的冒险精神和辛勤劳动，获得了美国最高荣誉，收到了布什总统授予的“总统自由勋章”。

沃尔玛的员工总是富有创意，设法让平淡的生活变得丰富有趣且充满意外，他们经常会用看起来疯狂的举动来吸引同仁的目光，让顾客和同仁觉得别有一番滋味。山姆·沃尔顿就是其中的一员，有一次他做出承诺，如果公司业绩出现飞跃，他会大胆地穿上草裙，搭配夏威夷衫，当众在华尔街上跳草裙舞。公司副董事长曾穿着粉红色裤袜，戴上金色假发，骑着白马在本特维拉闹市区招摇过市。公司副董事长着装夸张，搭配怪异，粉红色裤袜在白马的映衬下如此明显，还有一头金色假发格外引人瞩目，招摇地在本特维拉闹市区行走。尽管有些人认为沃尔玛的员工疯疯癫癫，但了解沃尔玛文化的人懂得它的目的是鼓励人们推陈出新，改变现有平淡的生活，开拓思维，积极创新。

2. 改善组织内部环境

组织文化的外在物质文化设施一经固化，不可大幅度修进。但是，在固化以后，可以反映设定者的价值取向、文学素养、艺术品位，并反映出一些潜在的文化艺术价值。它主要包括企业形象、劳动环境和生活娱乐设施3个方面。

（1）企业形象

企业文化的整体概括。从厂房的建造风格、色彩搭配到空间结构设计，从整体印象到细枝末节的安排是否有条有理，可以在一定程度上看出一个企业的形象展示和特色，体现企业文化的鲜明特征以及企业领导人的文化品位。

（2）劳动环境

劳动环境包括办公室设计、生产流水线流程、视觉效果、设施安装、安全措施等。一个优越的工作环境不仅能够愉悦身心，还能提高生产效率，激发员工的工作兴趣，确保员工对公司忠诚，同时大大地提高了劳动安全度。

（3）生活娱乐设施

生活娱乐设施指文体中心、健身器材、图书馆、职工培训中心、浴室、食堂等。建设生活设施既要迎合职工需求，又要体现企业价值观和企业文化。优化企业职工的生活娱乐环境，能够创造和谐的工作氛围，提高工作效率，增强企业的凝聚力。

3. 提高组织的产品文化内涵

组织文化中的基本物质文化内容包括了组织的产品文化，组织文化的载体产品，常常是具有价值和使用价值的物品，而产品结构及产品外观的形象设计，又使产品体现出企业文化的特征与风格。

组织的产品文化内容涉及面很广，主要概括为以下 10 个方面：

1）组织产品可分为实质层、形式层和扩展层 3 个层次。

2）企业产品构成的要素、零件与部件的整合方式与系统结构（主要指其物理结构）。

3）企业产品所具有的物理、化学、生物等性状与功能。

4）企业生产经营产品的外观、视觉效果、包装、商标等方面的设计与安排。

5）企业产品结构，产品系列的现状、前景和特性。

6）企业产品投入—产出状况、成本控制手段与特色。

7）企业产品开发和创新的能力、潜力、方向与方式。

8）企业产品生命周期的形成、持久和利用。

9）企业产品的技术开发前提和工艺流程基础。

10）企业产品在生产与消费的循环过程中对生态环境所造成的影响。

组织产品文化管理就是围绕上述几个方面进行和展开的，就是要在这诸多方面，甚至于产品管理过程中的每一项具体活动都形成一种相对稳定的、富有魅力又颇具特色的个性文化，以使组织的顾客和消费者只要接触和使用到公司某种产品，就会产生一系列美好的联想，获得一种发自内心深处的愉快和舒适。

日本的东芝公司、索尼公司和丰田公司，美国的 IBM 公司、HP 公司，德国的大众汽车公司，都只有一种中心产品或中心产品线、一个中心市场、一种中心技术。所有这些大公司全都有着一种明确的使命、一项重点，在一个领域中具有一种特长、一种市场，而且基本上是一条产品线。在英国，那些成功的公司干脆把这一点视为企业经营的制胜之道。

组织产品个性文化能否形成，一方面涉及企业的常规经营管理，另一方面又涉及组织经营的战略规划和战略管理。如果说产品质量是组织的生命线，产品的价格、品种、造型、包装、牌子等方面的优势，则是组织生产经营的基本，产品的开发创新、产品的生态性质、产品的生命周期会对企业经营、发展的未来产生影响，那么，企业产品生产经营过程中的成本控制、企业的产品结构与系列的建立和完善、企业产品的技术基础则直接影响着企业的日常经营。

事实上，不论经济环境、社会环境发生怎样的变动，始终坚持和维护企业已有的优

良产品文化，并不断把它发扬光大，这是企业经营得以成功并立于不败之地的基本条件之一。

小资料

百年老字号全聚德创新餐饮

1993年5月20日，中国北京全聚德集团在北京市政府的支持下于1993年5月20日在北京隆重拉开了成立仪式。此后，它不断积极开拓创新，使用新的经营理念，打造新产品，并采用形式各异的营销手段来进行宣传，最重要的是改变了传统的经营方式，通过引进西方工业化大生产的生产理念，完成了鸭坯、荷叶饼等主要半成品在流水线机械化生产的有效运作，创造出将鸭肉和山珍海味相结合、集川鲁粤淮为一席的数百种美味佳肴，其中的“全鸭席”“鸭四吃”则是全部菜肴中的经典。全面采集全聚德的百年历史底蕴和名人齐聚一堂的文化特色，打造成为反映前门店百年历史的首家“老铺”餐厅。“名人苑”餐厅折射出了平门店的名人效应，王府井“萃锦园”等餐厅则反映了清代达官贵人的饮食特点，各有千秋。它们都深受消费者欢迎。社会大众最为广泛关注的是：在全聚德建店135周年的庆典活动中，其推出了全聚德第一亿只烤鸭的出炉仪式。

并且为了北京成功申办2008年夏季奥运会，全聚德热情接待了26个单项国际体育组织和国际奥委会申办城市评估代表团全体成员，为其安排了美味的餐饮。席后评估委员会主席维尔·布鲁根先生发出感叹，他认为全聚德有着最好的菜品和服务。

4. 培育优良的组织精神

组织精神是区别于物质财富或经济价值观的组织观念体系的核心内容。组织精神是组织里的全部员工在组织长期的生产经营过程中所凝聚形成的信念与追求，在符合组织内部自身的性质、宗旨、时代要求和发展方向的基础上，为使组织获得深远发展而经过长期精心培育逐渐形成的。

换言之，组织精神是隐藏于组织经营思想和管理哲学之后并构成它们强有力支撑的组织最基本的信念或者信仰体系。事实上，组织的主要文化现象、文化特征、文化创新均是以此为源泉，组织的可持续发展均是以此为核心而得到实现的。组织精神体现的是群体的价值取向，是组织价值观的外在表现，它用简明的语言阐释了组织在所有行为和观念中的主导地位。由于企业精神是某个特定组织的精神，它应该在本组织的特定条件下创设并形成，反映本组织的追求和一定的精神面貌。组织精神应有其个性特征，而不是千篇一律。

小资料

美国 IBM 公司的企业精神

美国 IBM 公司的企业精神就是服务，根据公司主营的计算机行业特征，结合企业宗旨，以及价值观提炼而来。为在激烈的竞争中占据优势，美国 IBM 公司认为，相比较计算机开发研制来说，软件开发、人员培训、周到的维修服务要比单纯出售硬件设备对企业的发展更为重要。正是根据这一点，IBM 公司确立了以服务为内涵的企业精神，与此同时，它也确定了以提高顾客满意度为服务核心开展所有生产经营活动的企业发展方向。因此，IBM 公司在近几年来的主营业务的利润均是由于其精心的服务所得，而不是大家看来的计算机硬件的销售所得。

我国的一些著名企业集团也提出了自己的组织精神口号，青岛海尔集团则根据电器行业售后服务质量这个顾客最为关心的问题，提出“真诚到永远”的企业精神，使顾客无后顾之忧而乐于购买其产品。

组织精神需要用简明而内涵丰富深刻的语言来表述，这种表述要符合以下五点要求：①具有组织个性；②符合时代与民族特点；③体现组织价值观；④寓意深刻；⑤便于记忆与宣传。

小资料

上海-易初摩托车有限公司的企业精神

上海-易初摩托车有限公司经过全体员工激烈反复的讨论过后，最终决定，要根据企业的主导产品——“幸福牌摩托车”以及其与人民大众日常生活密切相关的特点，在参照中国国情并以企业的价值观为积淀的情况下，选择富有鲜明个性的“创造幸福”作为企业精神。

该公司是这样解释他们的企业精神的：“创造幸福”是数代上易人为之不懈拼搏、团结奋斗的共同目标，并且在创造幸福摩托的这一艰辛过程中继承和发扬了历代上易人的优良传统：团结一致、精益求精、开拓创新、实事求是。这种传统不仅是上易人个人风范的外在表现，而且是创造幸福摩托车新品质的价值追求。

“创造幸福”也是新一代上易人用自己辛勤的双手去不断追梦，为全社会创造安详美好的幸福生活所追求的理想目标，当然在逐梦路上，他们同时也创造出了自身和家庭的幸福，不断地实现了自我。“创造幸福”严格要求公司全体员工在生产幸福牌摩托车时，要把讲质量、争速度、创效益放到生产的第一位，时刻为用户的安全和幸福着想，从而在实现企业自身价值的过程中不断提高企业自身的信誉，以及其在社会上的价值和地位。

企业精神形成之后，不能停留在口号上，而应让企业的每一位员工去了解、接受和履行。通常采取以下 4 种方法：①强化灌输法。如日本松下集团，员工在每天早上上班前，都要站在厂门口背诵反映企业价值观的司训。也可以通过培训班的形式向员工讲解企业精神。②领导引导法。企业领导要将企业精神外化为日常生活行为，引导和熏陶员工。如遇到困难，就要用企业价值观去鼓励大家知难而进；员工间发生了矛盾，就要用企业精神去化解；员工犯了错误，就用企业精神去帮助他改正和克服。③触目可见法。把企业精神印在企业简介中，印在信封上，挂在办公室，刻在建筑上，使员工随处可见，形成一种企业精神无时不在、无处不在的氛围。④文化宣传法。举办各种文化娱乐活动，如通过赞助文艺晚会、体育比赛、向灾区捐款、扶贫救弱、支持希望工程等方式，向全社会宣传企业精神。在国际企业文化发展趋势日益社会化的情况下，社会责任越发重要，因此，要把企业的社会责任作为新时期企业前进的重要动力，以及企业文化整合和创新的重要内容。

5. 建设稳定的组织制度文化

企业制度演进、规范、内容、运转、创新等的统称就是我们所说的制度文化。现代企业组织制度的作用是有效整合资源，达到企业目标，领导与协调关系。如果把企业看成一个生物有机体，那么企业组织机构就是这个有机体的最基本的存在，即有机体的骨骼。企业组织机构的构建不仅受到领导体制的影响，还要受到企业环境、企业目标、企业生产技术以及企业职工的思想文化修养的影响。

企业旗下所有子公司的制度、文化氛围、办公环境等都是企业的制度文化的体现。企业制度文化的具体方面或种类很多，但集中起来可以概括为五大子文化系统：①企业财产制度文化；②企业决策制度文化；③企业组织制度文化；④企业人事制度文化；⑤企业财会制度文化。这五大子系统之间存在着密切的联系，是企业制度文化体系的重要组成部分。决策制度文化是企业的中心，它对企业组织制度文化、人事制度文化和财会制度文化都起到了决定性作用，这充分体现了决策制度文化的核心领导地位。企业制度文化体系的本身从企业制度文化整合。其中，领导体制中的领导方式带来组织机构巨大的影响，因为组织机构不是一旦确定后就不会改变的，领导方式变换就可能导致部分机构的变化。所以，从这些因素来看，一个企业组织机构的设置是一定的企业文化特质的反映。组织文化制度建设由组织的领导体制、组织结构和管理方针与制度组成。组织领导体制包括领导方式、领导结构和领导制度。领导体制在某种意义上也是企业价值观的一种体现。领导方式多种多样，有民主型、专制型、放任型等。管理者选择哪种方式，实际上体现了个人的价值观和喜好，反映了他的文化修养、知识结构及个性特征，而这是符合企业文化的文化氛围的。当企业领导方式具体分为权威与服从式时，则不会提出“和为贵”的价值观。

领导结构和领导制度，它们虽然反映了企业的生产经营、管理要求，但同时会在具体的构造中反映出企业价值观、企业精神的内涵。德国企业的领导结构与其他国家企业不同，德国企业在总经理之上设置管理委员会，作为企业最高的日常领导机构，管理委员会成员中有三分之一由工人组成，这一领导结构是德国企业在长期发展中形成的，但也反映了德国文化和企业的价值观。

小资料

戴姆勒与克莱斯勒并购案

企业文化在受到民族文化影响的同时，企业员工的构成情况、企业的价值观、企业制度、企业所处的地理位置等因素的差异也会对企业文化带来一定的冲突。戴姆勒与克莱斯勒两家企业在一起并购案中的表现就证实了这一点，二者在并购之前都是经营状况良好的企业，大多数人推断它们的并购将会使二者在某些方面优势互补，取长补短，对于利益相关者来说，它们则持乐观态度。而出人意料的是在并购数月之后，公司股票跌至一半，克莱斯勒业绩大幅度下滑，员工也被大量解雇，企业面临着巨大危机。寻找其中的原因则是两家企业巨大的文化冲突使管理层和运营层不能很好地融合。在文化冲突方面，戴姆勒主张的是较为规范和制度化的管理风格，而克莱斯勒则更为注重放任自由的风格。除此之外，文化冲突使他们在对于一些较为重要的问题，如报酬规模、旅行费用等也存在较大的分歧。最终由于两个公司内的职员相互之间相处不好，克莱斯勒的一批主要职员大多相继离开，业绩的下滑也就是正常现象了。

企业管理方针与制度是企业为实现企业目标，在生产经营管理活动中制定各项规定和条例，其中带有强制性义务，并能保障一定权利。规定和条例中包括人力资源管理、生产管理、经营、分配等方面的一切规章制度。企业管理制度是帮助企业实现目标的有力手段，它是企业员工必须遵守的准则，使员工个人的生产经营活动符合企业要求。然而，企业管理制度在所有企业中并不都是一样的，每个企业的管理制度因为其生产领域、产品结构、生产工艺、技术特点、市场状况和员工素质的不同而不同。企业管理制度的特性以及它的规范性的存在，促使员工养成一定的行为习惯，这对员工行为是一种很好的引导规范。

传统的日企具有两个制度：一是终身雇佣制度，二是年功序列工资制度。第二次世界大战之后，日企广泛认为，在调解劳动与薪资的关系、加强管理规章、提升经营成果等方面，日企的终身雇佣制度、年功序列工资制度有利于促进日企职员养成对企业的整体观念，增强对企业忠实精神，把企业的荣誉作为自我荣誉的工作方式存在着很大的作用，更甚于被称为是推动日本经济奇迹的根本因素。终身雇佣制度是，被雇佣者被雇到一个企业之后，通过试用期，就明确了终身雇佣的地位，通常是要工作到退休，不随便改变雇主，而雇主只要确定了被雇佣者，同样不随便解雇他们。日企的成长受终身雇佣制度的影响很大：①在终身雇佣制度下，员工的发展与企业的成长紧紧绑在一块，致使成为“命运共同体”，使职员可以更尽全力地为公司出力，促进企业发展，直到退休为止。②通过终身雇佣制度，公司可以慢慢地涨薪资，确保提供低廉的员工，推动企业成长。

③对稳固雇佣关系有帮助，雇佣者能够放心实行人事、脑力投入，为公司培育成功人士和储备力量。终身雇佣制度，是日式经营管制的基准点之一，更是日企共同体的支撑力量。

年功序列工资制度，则是凸显日企劳动者绩效与薪资关系特色的管理规章。这里提到的年功序列工资制度是在明确薪资时根据资历，而非职务或业绩。它的主要特点是，薪资多少与在企业中时间长短有关，薪资随着员工年龄和在某一特定公司的连续工作时间的增加而增加，年龄越大，连续工作时间越长，工资也越高……而工作能力和奉献对薪资的影响却相比较下更小。

不管终身雇佣制或年功序列工作制，都是日企制度在雇佣方面的重要特征，其基础是以产权规章方面的法人资本占有。

成功企业的文化，尤其是制度文化的最大特点就是把企业员工的价值放在重要的地位，从尊重、信任、依赖、激励他们的方面出发，以此原则为起点，硬性规章变软性，刚性制度有弹性，使那些强制和外来的拘束转变成为自发的自我管理，把提防、处置变为十分的信任和鼓励。因为它们在最高层面上开展其制度文化，所以它们的制度文化最宝贵的是精神力量，是具备充裕弹性的自发的自我提升与管理。

一方面，企业制度文化只有保持其必要充分的刚性，保证企业文化共同体从总体上协调好其与外界环境的关系，保证其在空间里能长期地延续发展，促使企业员工对企业制度的文化认同，以及保持对它的信赖感；另一方面发挥其弹性文化的作用，充分展现其尽可能大的弹性，从而使企业具有很强的应变能力，可以灵活敏锐地通过制度规范的更新，可以通过制度文化自身的弹力来及时、有效地调整各种关系，才能使企业制度文化不仅有坚实可靠的基础，又有足够的灵活性和创新活力。成熟的、优秀的企业文化都有着一个共同的特点，在其制度规范的形成和贯彻中既坚定不移地坚持他们的基本准则——对那些令人信服、值得称赞的宗旨原则，精神上追求的规范的制定和落实中展现出明确的不能变更性，同时又对种种新思想、新流行、新状况等新鲜的事物持有充足的敏锐性和应对变故的能力。

10.2.2　组织社会化过程

1. 组织社会化过程的含义

由于组织内的新员工很难马上熟悉并适应组织文化的要求，因此，在组织中，总会出现新员工干扰组织已有的价值观念和工作习惯的情形。组织社会化过程是指个人进修组织的价值观、基础原则和需要的工作方式，并使组织许可他成为组织的一员而参加工作的过程。例如，日本三洋公司的新员工都必须经过 5 个月的强化训练，通过在公司集体宿舍一起生活，使得他们迅速掌握三洋公司的工作方式。

2. 干扰新职员组织社会化的原因

影响新员工组织社会化的因素很多，主要有组织能够控制的与组织不能控制的两大类。

（1）组织能够控制的因素

组织可以调控的原因重点包含如下 5 个方面：①管理层对社会化的认识；②对新员工的招聘面试；③正式的新员工定向培训；④各种工作培训；⑤组织的监督。

（2）组织不能控制的因素

组织不能控制的因素主要包括如下 4 个方面：①新员工的个性；②新员工对企业的第一印象；③其他员工给新员工留下的印象；④新员工个人需要的满足。

3. 组织社会化过程对组织的影响

组织社会化过程对组织的意义主要包括如下 5 个方面：

（1）有利于企业长盛不衰

市场竞争日趋激烈，一个有效的组织社会化过程有助于提高企业的凝聚力，使企业立于不败之地。

（2）有利于提高企业的生产效率

由于组织社会化过程有助于使新员工融入组织，迅速成为一名合格的员工，因此，也有利于提高企业的生产效率。

（3）有助于减少公司职员的流动

随着时代的发展，员工的忠诚度日益减弱，而组织社会化过程是减少企业员工流动率的一种有效手段。

（4）有利于满足员工的心理需求

员工（特别是新员工）对工作环境存在一定的焦虑，甚至恐惧，而组织社会化过程可以帮助员工克服一些消极的情绪，满足其各种心理需求。

（5）有利于员工的职业发展

在组织内部，员工晋升一般要经过哪些途径和步骤应该是有明确的规章制度的，而组织社会化过程可以使员工迅速理解企业的文化与各种规章制度，这有利于他们在职业上的成功，迅速成长为企业的骨干。

4. 组织社会化过程的 3 个阶段的模式

组织社会化过程的重点包含以下 3 个阶段：

（1）原有状态阶段

新员工进入组织前的所有学习活动。在这一阶段，每一个员工还带有原先形成的价值观念、工作态度和期望。

（2）碰撞阶段

新员工在进入组织之后，他们可能会发现自己的期望与现实存在着不一致。如果他们的期望与现实期望存在差异，员工就必须经过组织社会化过程，使自己从以前的假设中彻底摆脱出来，换之以另一套期望，贯彻新组织的期望。在极端情况下，新员工可能会对他的工作现状彻底失望，甚至会辞职。有效的员工甄选过程应该尽量避免后一种情况发生。

（3）调整阶段

通过管理者的努力，在组织文化正规化、整体化、固定化的影响下，新职员的个性和职员之间的差别就更容易被消除，职员工作的准则化和可预见程度就越高。通过控制新职员的组织社会化过程，管理者不仅能创造出按部就班的温顺型职员，也能创造出富含创新精神的创作型职员。

小资料

华为公司的服从文化

华为集团公司总部位于深圳市，是一家专供通信网络软件和硬件的研究、开发、生产与销售的大型公司，2004 年销售额已达 33 亿美元。总裁任正非的自我抱负、对员工的严格要求以及企业的发展道路，横贯着其成长历程。为了实现这一切，都需要职员的“服从”。华为集团所聘用的大学生到华为报到后，就要参加五个月严格的封锁式培训，其中包括一个月时间的军事训练。主抓军事训练的教官是优秀的退伍军人，只要是在训练过程中被淘汰的职员将被解雇。职员在本次训练中就如同军人一般，对上级的指示必须遵守，这是本职的意识。在入职后，依旧需要增强意识，导致有人说，华为具备将不一样的人招聘后培养出有类似气质职员的强大力量。对这种说法，任正非认为——最自信的企业之所以最自信，就是有改变人的能力。

5. 组织社会化过程的维度

人们已从各种视角分析过组织社会化过程，并且按一系列维度指标将其概念化，这些维度指标突出地揭示了不同的组织怎样对待该过程的变异。美国学者范马南提出了组织社会化过程能够促进组织文化产生和改变的 7 个分析维度指标。它们分别是：

（1）群体与个体

新职员可以通过个体社会化，如在音乐家培养过程中；也可以将职员结合成一定的群体接受同样的训练内容，如在军队新兵训练过程中。

（2）正式与非正式

被正式化的程度，如在培训课程中；或者通过由顶头上司、同事施行的学徒、个人教练等加以非正式培训的程度。

（3）授权式和集权式

授权式即假设新职员的素质和资格足以能够应付工作的要求，因此在评估职员应该具备的资格以后，相应授予职员一定的工作的权力；而集权式则是通过摧毁职员自我个性的一些不利因素，训练职员的组织观念。

（4）有序性和随意性

有序性是指组织通过设计一定的角色模式来训练和鼓励新进职员，如在学徒或辅导课程中；随意性是指组织故意不提供角色模范的程度，如在“不是下沉就是游泳”类型的培训中，新职员被期待想出他自己的解决办法。

（5）顺序性和非顺序性

该过程以指导新成员的不同方法构成的程度，例如，通过一系列审慎的步骤和角色；或者开放式的，即从来不让新职员预测下面将出现哪一个组织角色。

（6）固定和可变动

培训过程的每个阶段有无固定时间表的程度。如在军事学院、新兵训练中心或轮训课程中；或者是开放式的，如在典型的晋升系统中，直到人们“准备好了”之前，他们都不会被提升到下一个阶段。

（7）锦标赛和达标赛

在锦标赛中，每个阶段都是一次淘汰，即谁输谁被剔除出该组织；或者在达标赛中，人们在建立自己的成绩记录和打破平均记录。

10.3　组织文化的维系、保持和强化

组织文化一经成立，组织管理方案通过给组织成员供应许多类似的经验，而发挥维持和强化文化的作用。组织的每一项管理方案和操作流程也许都和组织文化的维系有关，如组织对职员的招聘过程、业绩评估准则、奖惩制度、培训和职业开发、升职降职制度等。我们在这里只讨论几个在组织文化的维持和强化中起着特别重要作用的原因。

10.3.1　甄选过程

组织甄选过程有明确目标指向，即识别并雇用那些有知识、有技巧、有能力来做好组织工作的人。一般来说，能够满足工作需要的人肯定不止一位，组织就会对这些人进行评价，公开、公平、择优录用。在这里，一个很重要的评价标准就是观察候选者的价值观是否与组织价值观一致。因为一致的价值观可以确保职员与组织的恰当的匹配，有利于职员为组织付出更高效率的个人努力。这样，组织可以筛选即将进入的新职员，过滤掉那些可能对组织的核心价值观造成危害的人，从而维持和强化组织文化。

10.3.2　高层管理者

组织中的高管的语言谈吐、行为方式对组织文化有着重要影响。组织文化的维持和强化是一个长期的过程，它需要组织的高层领导者的高度重视，不但对其有着明确的表述，而且在实际生活中要身体力行，通过自己的所作所为，把组织文化带入到组织日常生活的每一方面。正如美国学者彼得斯和沃特曼在《追求卓越》一书中所指出的：有名公司的“价值是由高管们以时时刻刻、日复一日的工作凸显出来的，并且在整个公司上

下所清晰认识并深入全体人心的东西。”高层管理者表率作用的言行，及他们在坚信组织价值观中所表现的信心和无私奉献精神，能够更加坚定组织成员对组织文化的信仰。

10.3.3　培训

无论组织的选拔录用工作做得有多完美，都不可能绝对保证所有新职员都能够全部认同和适应组织文化的需要。所以，组织必须认真对待对职员的培训工作。培训是组织经常使用的一种手段，它以各种方式方法进行指导，把技术、理论知识以及技能传授给职员。从一个角度来讲，培训要看重加强职员的工作技巧和才能，告诉他们怎样完成好某一项任务，从技术性的方面使职员了解到在组织中工作方式和正确的生活是什么。从另一角度来讲，培训更要看重加强职员的观察力，让职员们懂得用这种方法来达成一项工作目标的原因，让职员对行为规范有加倍的了解。从组织文化的维持和强化的方面看，培训是职员社会化的必经之路。在这条道路上，使职员改动自己原来的价值取向，与组织的价值观始终持一致方向。

10.3.4　强化

强化是激励的延展，是在原来的行为根本上，对正确的举止给予确定、激励，让其维持和增强，对错误的举止给予否认，让其削弱和消弭。尽管人的举止各种各样，然而对一个组织来说，人的举止只有两种：一种是组织的期望举止，即组织所期待发生的举止，如热爱集体、勤奋工作、听从指挥安排等组织文化中所提倡的好的举止；一种是组织的非期望行为，如好逸恶劳、极端个人主义等不符合组织文化要求的举止。我们所说的强化，就是指对职员切合组织文化的举止给予鼓励和表扬，对不符合组织文化的举止给予制止和批评，让职员进一步了解组织内的工作方式，进而强化组织文化。

10.3.5　组织文化的变革

组织文化对组织的成功具有重要作用。因此，对一个组织而言，依据自己所在的环境与自身的类别特点，选取一个适当的组织文化，显得更加重要。倘若组织成长迅速，小规模组织时适宜的文化对于成长后的大规模组织就可能不适宜了。随着生产技术的发展和环境的转变，如技术能力的提高和竞争压力的加大，企业组织文化也需要做出与之相应的调整。因此，在管理中，我们要有意识地使组织文化发生连续的变化，来获得更多的组织效益。

纵然组织文化的变革过程很艰难，需要较长的时间，但在通常情况下，是通过以下几项活动来实现的。

1. 明确解释

在我们致力于改变组织文化之前，一个很重要的问题是把设想的变革方向及目标确定好。组织要明确解释说明以下几点：现有的组织文化存在的不足以及要改变的原因；

组织未来希望把组织文化建设成什么样，这种文化的优势及合理性各存在于何处，组织文化如何改变，如何具体操作，操作方法是如何进行的。在对这些问题做出清晰、准确、合理及可操作性的解释之后，才能使组织成员开始认同组织文化的改变。而这种认同是确保组织文化改变顺利实施，同时减少阻力的关键性环节。

2. 高层管理者的赞同

高层管理者肯定组织文化改变，显得至关重要。从某种层面上看，只有高层管理者才有权力改变组织现有价值观。而他们的表率作用将直接影响到其成员。所以，高层管理者必须努力做到与新组织文化的理念相吻合。只有这样，才能使组织成员践行新的组织文化。组织文化的改变需要来自上层的真正支持，无论内部还是外部。

3. 制度性的支持

为了支持组织文化的改变，我们需要在组织结构、规章制度、工作程序和管理风格等方面做出变革，从而符合组织新文化的发展前进方向。倘若组织强调在管理系统中实行森严的等级，进行详细的请示汇报，就不会鼓励人们的参与、权力的下放，也不会产生与之相适应的组织文化。我们不应该把组织的管理理念仍然建立在对组织成员“经济人”的假设之上，否则将不能形成支持成员创造性的组织文化。伴随着组织结构、规章制度以及管理风格等各方面的改变，意味着在我们员工的组织生活中，可以为他们提供一套新的行为规则。

4. 组织成员的变化

从外界吸引新的成员，由他们带来组织文化变革所必需的新价值观理念、思想行为意识，这对组织文化的改变而言，会是很大的帮助。而促使那些不愿意接受变化的人离开组织，也会加速组织变革的进度。这就需要组织重新进行调整，并改变其雇用新成员的方法策略，选择那些与新组织文化相统一的人，鼓励他们去影响更多的组织成员，用新组织文化来代替原有组织文化。

但是组织成员的变化，并不简单地意味着进行员工的任用与解聘，更为有效的方法是用各种各样的方法改变所有选择留在组织中的人的态度和信念。这涉及很多问题，如教育和培训及奖惩问题。通过开展教育、培训活动，以及奖励符合新组织文化的行为，惩罚不符合新组织文化的行为，从而让新组织文化进一步被推广接受。

10.4 组织变革的阻力及克服

10.4.1 组织变革的阻力

组织变革的意思是指组织为顺应环境及条件变革，对集体的目的、构造及构成要素等有用而合时地实行的种种调动和批改。组织变革是组织成长过程中的一项经常性的活

动，所有组织在运行一段时间后，为了适应其内外条件的变化，都必须进行相应的变革。这是因为，一方面，组织是一个由多种要素组成的生命个体，要经历产生、成长、成熟和衰退的过程；另一方面，社会是一个大系统，而组织是其中的一个子系统，要不断与四周环境交流物质、人员和信息。因而，组织内部原因及其所处外部条件的发展变化必然导致其变革，这种变革涉及组织结构、组织制度、成员构成、组织文化、组织行为等多个层面。可见，组织是一个动态系统，组织的生存与发展就是不断寻求和保持组织目标与组织内部条件、组织外部环境之间动态平衡的过程。

10.4.2　组织变革阻力的主要来源

（1）个体和群体方面的阻力

个人对于组织变革的障碍，关键原因是其原本的工作任务和举止方式很难转变、对未来变化的畏惧、得到工作的需求、对变革的认识不彻底、经济收入改变等而导致的。

群体对变革的障碍，或许来源于群体标准的约束。其中，之前的人际交往关系或许会因为变革而变化和毁坏，如发生在集体变革带头者与领导人物之间的冲突和争执，还有与集体利益相关联的集体对变革也许不切合集体或该集体本身的最大好处的担忧等。

（2）组织的阻力

源于组织层次的对其变革的障碍，包含集体实施的原有状态、现行集体构成的管束、变革对现在的资源分配形式所引起的威吓和毁坏，以及寻求安稳和确定性超过变革的守旧型组织文化等，都可能导致集体变革失败。另外，对于所有的组织体系来讲，外部组织之间与内部组织之间都具有一定程度的彼此依附的联系，这种关系是组织作为体系本来拥有的特性。但是，在固定的时期内实行组织的变革，从一个角度来讲出于克服变革障碍的需求，从另一个角度上来讲是因为集体困难本质就是盘根错节的，所以很大程度上难以一蹴即至，因此，采取有计划的分步骤地慢慢推动的逐渐式变革战略适合于具备一定深度和广度的集体变革。在这种战略下，在每一阶段内的变革都仅仅针对一些限定的集体问题，这将会导致内外体系还未变革的因素对目前阶段的变革造成一种内部的管束和感召力。此种约束力量必须要变革管理者在策划组织变革计划时就开始思量，便于计划切合变革的进度、广度和深度。

（3）外部环境的阻力

组织的外部环境条件时常成为集体变革力量的一个重要构成部分。例如，和竞争力强的产品市场相比，能促使集体变革，竞争力弱的市场相比，时常让集体成员形成安闲舒服的状态，管束集体变革的进程；对于经理人员筹划经管公司绩效的考核没有足够重视，会致使集体变革紧张和驱动力的减弱；全社会对于变革的带头人、促进人的赞同态度与期盼及关联的言论和举止，还有企业集体文化在产生和进展中所扎根的民族的文化特性或现实生活，这些都关系到企业组织变革的成败。

10.4.3 克服变革阻力的对策

组织变革过程是一个革故鼎新的过程，一定会面对鞭策力和约束力彼此交缠的状况。集体变革管理者的职责，是选择适宜的举措改变其力量的比较，推动变革的顺畅实行。总的来说，转变组织变革力量和比较的战略有 3 种：一是增强或增加驱动力；二是减少或减弱阻力；三是同时增强动力与减少阻力。有实践证明，在不克服阻碍的条件下让鞭策力增加，会让集体的紧张感加强，因而隐形中提高对变革的阻碍；让增加鞭策力和选取措施克服阻碍同时进行，这样会有利于提高变革的速度。下面介绍一些克服组织变革阻力常用的策略：

（1）教育与沟通

通过与职员们商议交流，帮助员工们认识变革的原因，这样会克服一部分阻碍。这一战略假设阻碍源于获得信息的失真，也许是沟通的不顺畅所导致。倘若职员们认识到所有的真相，消除他们的误解，变革的困难程度会降低。这个能够通过小组探讨、单个商谈等方式得到。这种策略能否见效？如果产生阻碍的原因仅仅在于沟通不彻底，而且劳资双方从始至终都是彼此信赖的关系，那么它是有效的。但假如这些条件不存在，它就不可能成功。此外，尤其是当变革触及很多的职员时，这一战略必须花费的精力和时间也应考虑在内。

（2）参与

只要一个人参加到了变革的战略中，就很难成为阻碍。所以，在变革确定前，应当把有不同意态度的人吸取到战略中。倘若参与人员能用自己的特长为战略做出功劳，那其就能在参与克服一部分阻碍、得到赞同的同时提高变革策略的有效性。但是，这一决策也有缺点，也许会得到稍差的策略，而且会浪费很多时间。

（3）促进与支持

变革的带头人能够用一连串支撑性举措来降低难度。倘若职员对变革的担忧和畏惧强烈，为了有助于促使其重新调配整顿，我们可以向员工提供新技能的培养训练、心理咨询和治疗等服务。这一策略与其他策略一样，也是有缺陷的，其中之一是消耗时间。另外，它的推动花费较大，且没有成功的把握。

（4）谈判

变革带头人解决变革隐藏阻碍的另一种方法是，用一种有价值的事物来交换，使难度降低。例如，倘若阻碍主要在某一小部分有感召力的个人上，我们能够通过交涉在奖酬方面让其满意。阻碍来源于某势力源（如工会），将交涉作为一种战略是十分实用的。但其潜在的高成本是不可低估的。只要变革带头者为克服阻碍做出妥协，他或她就会遇到其他有权者的恐吓的情况，这是这种战略存在的另一种风险。

（5）操纵与合作

操纵是将努力转换到施加影响上。如故意歪曲真相而让变革变得更有说服力，将破坏性的消息掩饰等，全是操纵的案例。一个企业的管理当局也许会威吓员工们说，如果

不支持全部的工资缩减计划，他将辞退所有工厂的工人。他只是为了使用操纵，完全没有关闭工厂的想法。合作是介于操纵和参与之间的一种形式。它用“收买”的持不赞同态度的带头者参与变革战略来减少阻碍。因此征询其看法，不是为了达成统一观点，而是为了得到其承诺。合作与摆布的方法所花费的成本比较低，也利于得到抗议派的赞同，但是若被看出是利用或诱骗的企图，将会事与愿违。只要阴谋被戳穿，变革带头人的威望也许会江河日下。

（6）强制

降低变革阻碍的最后一种战略是强制，就是直接对反对者运用控制和恐吓。例如，一个企业管理当局真的决定关闭这家工厂，除非员工们同意缩减工资。这时就是使用了强制策略。强制的例子还包括不准升职、变动工作和不和善的举荐信等。强制的优点类似于操纵和合作。然而这种方法的缺点在于，强迫一般来说是非法的，即使是合法的强迫也很难被看成是和平，最后会影响变革带头人的威望。

本 章 小 结

组织文化（organizational culture）指的是组织全体成员共同接受的价值观念、信念（明文规定的或潜在的）、行为准则、传奇故事、专有语言等群体意识的总称。

组织文化具有集体性、情感控制性、历史基础性、固有象征性、动太性、固有的模糊性的特征。

组织价值观（organizational values）是以集体为中心的共同价值取向，当共同价值观被完全植入集体文化中时，它就与 DNA 具有相同的意义。

组织社会化过程是指个人进修组织的价值观、基础原则和需要的工作方式，并使组织许可他成为组织的一员而参加工作的过程。

关 键 概 念

组织文化；组织变革；组织社会化。

复习思考题

1．简述组织文化的内涵。组织文化的构成要素包括哪些？

2．组织文化的功能包括哪些方面？

3．试述组织文化建设的途径？

4．组织变革有哪些阻力？

阅读案例与材料

华为文化是华为凝聚力的源泉

企业从一次创业进入到二次创业，需要寻找二次企业的内在支撑，华为二次创业的内在支撑在于华为的组织建设与文化建设。华为文化之所以能发挥使员工凝聚在一起的功能作用，关键在于华为文化的假设系统，也就是隐含在华为核心价值观背后的假设系统。如“知识是资本”的假设，“智力资本是企业价值创造的主导要素”的假设。再如学雷锋的文化假设是：雷锋精神的核心本质就是奉献，做好本职工作就是奉献，踏踏实实地做好了本职工作的精神，就是雷锋精神。而华为的价值评价与价值分配系统要保证使这种奉献得到合理的回报。正是这种文化的假设系统使全体华为人认同公司的目标，并把自己的人生追求与公司的目标相结合，帮助员工了解公司的政策；调节人与人之间、个人与团队之间、个人与公司之间相互利益关系，从而形成文化对华为人的行为的牵引和约束。

（资料来源：http://www.51papers.com/lw/60/wz95508.htm.）

案例讨论：华为文化为华为公司带来了什么？

第 11 章　组织变革与发展

● 学习目标

1. 理解组织变革的目标及影响因素。
2. 了解组织变革的理论与模型。
3. 掌握组织变革的程序。
4. 理解组织变革的动力和阻力。
5. 掌握工作设计的方法。
6. 理解组织发展的内容与目标。

导入案例

腾讯马化腾：组织变革和内部创新很有必要

2015 年 12 月 17 日，第二届世界互联网大会在中国乌镇召开，此次会议主题为“互联互通·共享共治——构建网络空间命运共同体”。在上午的“互联网创新”论坛上，腾讯公司董事会主席兼首席执行官马化腾表示，中国很多企业现在还是第一代创业者在掌管公司，还没有像欧美那样经过两三百年的传承，这是非常大的问题，也是非常严峻的问题。

马化腾表示，第一，组织变革以及去鼓励内部创新，甚至是内部竞争是非常有必要的。一个企业如果只靠创始人的精神在支撑，其实它的寿命和可持续性是值得怀疑的，所以腾讯也在思考一个机构、一个企业怎样能从组织上的创新保持活力。在过去腾讯也曾走过弯路，包括不断调整组织架构，差不多每隔 7 年就会做大的调整，也是根据行业内部的管制以及创新的压力需求来发展的。第二，要匹配类似创始人内部的适度的激励机制。马化腾表示，互联网和各行各业融合得很快，这不仅可以帮助我们探索新的经济增长方式，同时也为解决社会发展的问题提供新的思路。如腾讯的游戏工作室，做了很多次改革。“但我们不会像业界的游戏公司，一下子说给他 50%、80%，这种反而会加速他的崩溃，这个机制也太过激励了，反而不一定是对的……像基金的二八原则，如说 20%的利润应该是鼓励和奖励……像我们的工作室和我们现在非创意产业的平台部门也在思考怎样用二八原则来鼓励他们做出新的东西，我觉得有这样的平台，有这个激励机制才能够保持组织健康发展。”马化腾说。

（资料来源：http: //tech.qq.com/a/20151217/034967.htm.）

案例思考：

组织变革和内部创新必要性体现在何处？

11.1 组织变革概述

组织是一个动态开放的系统，其内部构成因素及外部环境的变动都会对组织产生影响。现代组织越来越多地面临动荡的环境。高新技术的发展和应用、竞争的国际化、公众的偏好和员工期望的不断变化，给组织带来越来越多的挑战，要求组织根据内外环境和员工状况的变化而变革。那种静态的、不适应形势变化的、不进行变革的组织是难以生存的。任何一个组织，无论过去如何成功，都必须随着环境的变化而不断地调整自我并与之相适应。

11.1.1 组织变革的定义

组织变革（origination change，OC）是指组织根据外部环境的变化和内部情况的变化，及时调整并完善自身的结构和功能，以提高组织适应环境变化能力的过程。管理变革已成为全世界范围内有效的组织注意的中心问题。

11.1.2 组织变革的类型

依据不同的划分标准，组织变革可以有不同的类型。如按照变革的程度与速度不同，可以分为渐进式变革和激进式变革；按照工作的对象不同，可以分为以组织为重点的变革和以人为重点的变革；按照组织所处的经营环境状况不同，可以分为主动性变革和被动性变革。我们根据变革的不同侧重，将组织变革分为以下几种类型：

（1）战略性变革

战略性变革是指组织对其长期发展战略或使命所做的变革。假如组织决定进行战略扩张，就必须考虑购并的对象和方式，以及组织文化的重新构建等；假如组织想进行业务收缩，则应考虑如何剥离非关联业务。

（2）结构性变革

结构性变革是指组织需要根据环境的变化对组织的结构进行变革并重置，在组织中进行权力和责任的分配，使组织变得更为柔性灵活、易于合作。

（3）流程主导性变革

流程主导性变革是指组织紧密围绕其关键目标和核心能力，充分应用现代信息技术对业务流程进行重新构造，这种变革会对组织结构、组织文化、用户服务、质量、成本等各个方面产生重大的影响。

（4）以人为中心的变革

组织中人是最为重要的因素，一个组织若不能改变其员工的观念和态度，其组织变革就无从谈起。以人为中心的变革是指组织必须通过对员工的培训、教育等，使员工的观念、态度和行为等方面与组织保持一致。

11.1.3　组织变革的目标

组织变革必须有其基本的目标，否则变革便失去了意义。总的来说，组织变革的目标应包括如下几个方面：

（1）使组织更具环境适应性

组织所处的环境总是不断变化的。组织要想在动荡的环境中求得生存并得以不断地发展壮大，就必须根据环境的变化发展规律，顺势变革自己的任务目标、组织结构、决策程序、人员配备、管理制度等，只有这样，组织才能更好地把握机会，识别并应对各种威胁，使组织更好地适应环境。

（2）使管理者更具环境适应性

管理者是组织中决策的制定者和资源的分配者。在组织变革中，管理者要能够清醒地认识到自己是否具备足够的决策、组织和领导能力来应对未来的挑战。因此，管理者要调整过去的领导风格和决策程序，使政治更具灵活性和柔性，同时还要能根据环境的变化，重新构建组织的层级之间、工作团队之间的各种关系，使组织变革的实施更具针对性和可操作性。

（3）使员工更具环境适应性

组织变革的最直接感受者是组织的员工。若不能使组织的员工充分认识到变革的重要性，将其观念、态度、行为引导与组织保持一致，就无法实施组织变革。组织必须不断地对员工进行再教育和再培训，决策中应更多地重视员工的参与，更多地向员工授权，要能够根据组织所处环境的变化，改造和更新组织的文化，使员工更好地适应组织及环境的变化。

11.1.4　影响组织变革的因素

（1）组织目标的选择与修正

组织目标的选择与修正决定着组织变革的方向，同时在一定程度上规定了组织发展的范围。3 种基本状态的改变会相应地要求组织进行调整和变革：第一，组织既定日标已经实现或即将实现，需要寻求新的发展、新的目标。第二，组织既定目标无法实现，需要及时地转轨变型，寻求新的发展。第三，组织目标在实施过程中与组织环境互不适应，出现差异，不得不对原有目标进行修正。

（2）组织结构的变动

组织结构的变动主要是指对组织结构中的权责体系、部门体系等的调整。这种调整必然要求组织进行相应的变革。组织结构设计不合理或原有结构不适应新的发展变化，也需要进行结构的变革。

（3）组织职能的转变

随着社会的发展变化，现代组织的职能和基本内容也要发生相应的变化，这种变化成为组织发展的内在因素之一。社会组织的职能从原来的混浊不清向高度细化转变，就要求组织变革原有的组织权责体系，明确组织内部合理的管理层次与幅度，建立有效的沟通体系等。现代的企业组织必须兼顾社会的利益。这种组织职能的转变，迫使组织必须做出相应的调整和变革，才能求得组织的生存和发展。

（4）组织成员内在动机和需求的变化

在组织中，组织成员的需求变化也是构成影响组织变革与发展的又一重要原因。如组织成员有更高的追求（如参与感、责任感、创造性的增强），纯粹的物质刺激不再起作用的时候，就要求组织相应地变革组织的激励环境，改进工作设计，变更工作内容，调整工资，改善工作环境，改变工作时间等，以满足组织成员不同层次的需要及逐步提高的需要。

（5）组织环境的变化

每一个组织都存在着限制其生存和发展的约束力量，这些约束力量来源于组织的环境。组织环境是指影响组织生存和发展一切要素的总和。组织环境的变化使得传统的专制集权的组织形态难以适应社会发展的需要，必须改变组织结构及管理策略和技术，以适应不断变化的组织环境。如通过建立目标管理体制，以实现组织内个人目标、群体目标、社会目标的一致性；通过组织技术变革，应用新的技术成果和手段，以提高产品竞争力及制定最佳经营决策。

11.1.5 组织变革的理论

组织变革的指导思想和理论基础是系统理论、行为理论、权变理论、情境理论和组织再构造理论。

（1）系统理论

组织变革和发展首先接受了现代系统理论的观点，把组织看成为一个开放的、有机的、复杂的社会技术系统。一端是原材料、资金、能源、劳动力和信息的输入；另一端是产品、劳务和利润等的输出，其中间的转换过程必须经过生产、技术、人事等分系统。这些系统中任何一个子系统的改变，都会影响其他子系统甚至整个系统的变化。变革的原动力往往要追溯到人的行为和人际关系。可以通过有效地解决人际关系中的冲突，协调组织功能。因此，典型的组织发展计划是通过改变职工的态度、价值观和信息交流，使他们认识变革的必要性，并参与和实现组织的变革。

（2）行为理论

行为理论也是组织变革和发展的重要理论基础。根据行为理论的观点，企业中人的行为是行为组织和个人相互作用的结果，企业组织能影响和控制人们的行为，同时，不

同的组织结构可以产生不同的群体气氛，从而影响职工的行为和组织的经营效果。通过组织发展要有意识地改变人的行为风格、价值取向、工作的熟练程度，与此同时还要改变管理人员的认知方式，以及考察和解决组织问题的方法。

（3）权变理论

权变理论主张要使环境与组织设计联系起来。不能用单一的模型来解决所有组织设计问题，只能提出在特定情况下有最大成功可能的方案。权变理论还认为，不管是现代的还是古典的，只要这种模型能适合环境情况，同一组织的各部门可以采取不同的组织设计，只要在服从组织的总目标下，完成各自的目标。

（4）情境理论

组织变革和发展也接受了现代情境理论的观点，认为企业必须根据自身所处的内外环境，即情境的变化来确定任务。管理关系应以环境情境（包括企业内人的心理变化）作为自变量，管理作为因变量，要有的放矢地使管理适应情境。

（5）组织再构造理论

这种理论认为，市场的需求（即顾客的需求）是企业组织行为的准则和目的，技术的高速发展使企业组织最大限度地满足顾客的需求成为可能，技术的发展和变化会影响到企业组织的各个方面，其中包括重新建立企业的组织结构。近几十年来，随着高新技术的大量涌现，进一步促进管理思想向系统化方向发展，管理体制向“集团制”方向发展，同时迫使企业的组织结构必须作相应的变革。

11.1.6　组织变革的模型

（1）莱维特模式

莱维特认为，在有计划的组织变革过程中，相互间起显著作用的四个变量为结构、任务、技术、人员，它们是相互依赖的。其中任何一个变量发生变化，其他变量也将发生相应的变化。在莱维特构想的基础上，一般将组织变革归纳为 3 种方式。

1）以组织结构为重点的方式。结构变革涉及对权力关系、协调机制、工作的再设计及其他类似的结构变量的改变。环境的变化要求组织结构发生相应的变化。变革推动者可以对组织设计中的一个或多个关键因素加以改变。例如，为了提高标准化的程度，可以实施更多的规则和程序。分权程度的提高可以加快决策速度。

2）以工作任务和技术为重点的变革方式。这种变革方式主要是指对组织部门、层次工作任务进行重新组合，改变原有的工作流程；更新完成工作和任务的技术工具，改变解决问题的机制和研究解决问题的方法，以及采用这种新方法的程序。两者是可以独立的，但变革工作任务势必要与变革应用于工作的技术工具结合起来。

3）以人为重点的变革方式。以人为重点的变革涉及对员工态度、技能、期望、观念和行为的改变。变革推动者起作用的最后一个领域是帮助组织中的个体和群体更有效地工作。通常，这类变革主要通过沟通、决策和问题解决过程来改变组织成员的态度和行为。

（2）勒温三阶段模型

最久经考验的一个变革模型是1974年勒温（Kurt Lewin）提出的三阶段模型（解冻—变革—重新冻结）。他认为，组织是高度抗拒变革的社会系统，即使是大家对变革的目标达成了普遍的共识，变革行动也会遭遇强大的阻力；即使是那些表面上克服了阻力并得以成功实施的变革行动也常常是短命的，组织数月后又回到了原来的状态。所以组织在变革行动开始前必须先打破所处的均衡状态，即解冻，然后还必须创造一个新的均衡状态使新条件得以维持，即重新冻结。

1）解冻（unfreezing）。解冻是管理上的责任，是进行变革所必要的准备。这一步骤的焦点在于创造变革的动力，鼓励员工改变原有的行为模式和工作状态，采取新的适应组织战略发展的行为与态度。一方面，需要对旧的行为与态度加以否定；另一方面，要使各个层面的员工认识到变革的紧迫性和重要性，可以拿自己企业和竞争对手加以比较，找出差距，帮助各层次员工“解冻”现有态度和行为，迫切要求变革，愿意接收新的工作模式。还可以通过描绘变革后的美好愿景等方式，营造一种开放的氛围和心理上的安全感，减少变革的心理障碍，提高变革成功的信心。

2）变革（changing）。变革阶段包括通过改变组织的任务、结构或技术来采取行动，以改变现状。变革是一个学习的过程，需要给员工提供新信息、新行为模式和新的视角，指明变革的方向，实施变革，使员工形成新的行为和态度。这一步骤中，应该注意为新的工作态度和行为树立榜样，采取角色模范、名师指导、专家演讲、群体培训等多种途径。勒温认为，变革是一个认知的过程，它因获得新的概念和信息得以完成。

3）再冻结（refereeing）。计划性变化过程的最后阶段是再冻结。为了维持一个变化的动力并最终把它的制度化为日常惯例的一部分，再冻结确保了长期持久变化的全部利益。它包括评估过程和结果，以及评估变化的成本和收益。利用必要的强化手段巩固变革成果，使最后被接受和所期望的新的态度和行为方式长久保持下去，并融合成为个人品德中永久的组成部分，这可以使组织变革处于稳定状态。

勒温认为把解冻的焦点放在减少变革阻力上比放在增加变革力量上更有效，变革压力的增大会在组织及个体层面上产生与变革压力相互抵消的力量，而且还会增加组织内紧张和不安的情绪。实践证明，在组织解冻过程中设法除去或减轻改革的阻力是为变革行动铺平道路的有效方法。

（3）泰奇和德凡纳模型

泰奇和德凡纳在1986年和1990年分3个阶段描绘了“组织转型领导”的这种进化角色，将组织变革的顺序清楚地分为3个阶段。第一个阶段：认识到组织重组的需要（产生需要变革的感觉，克服变革的公司政治体制和文化阻力）。第二个阶段：确定组

织新愿景（诊断问题，确定激励人心的组织美好新愿景，士气动员）。第三个阶段：使变革制度化。

这一模型特别注意领导的角色，认为领导人在变革的戏剧中扮演了一个非常显眼的角色，并且他们必须一直记住自己的角色，他们的所作所为都会被变革过程中的其他角色和组织中剩余的人员和关键的外部支持者看到并琢磨它的含义。泰奇和德凡纳认为成功的领导人格外重视那些能在竞争中引起人们注意力的象征符号、仪式和戏剧般的姿态，而由于这种注意力的存在，使组织需要进行的变革始终被人们关注。

（4）奥尔德里奇模型

在组织研究的领域，通过应用经典的进化模型“变异—选择—保留”，可以得到一个与组织变革时间顺序研究不同的方法。在这一观点中，组织中的变异也许会很频繁，但通常是局部的、短命的。试图解决问题的努力产生了创新，可这些一般不会扩散，因为无论在充满竞争的自然环境中还是在组织内的选择，制度是以选择“实践过的且真实的东西”或以可预测性和稳定性为基础的，但偶尔也会有局部的革新被选中并在组织内的其他地方推广，并被视为成功的变革而得以保留。

这 3 个阶段的模型强调组织惯性并不意味着组织变革的缺失，但组织通常不允许这些变革扩散，因此这些变革或者仅仅只在局部范围进行，或者被选出来扼杀掉。成功的变革并不总是来自于高级管理层发起的有计划的变革行动，它也可以是由局部行为和实验引发的，这些行动和实验往往是针对看似属于局部实际上已经扩散到整个组织的问题，然而组织通常缺乏这样的变革。

11.2　组织变革的程序

关于组织变革的程序，许多学者提出了不少方案，但内容大致相似，一般可分为 5 个阶段，如图 11-1 所示。

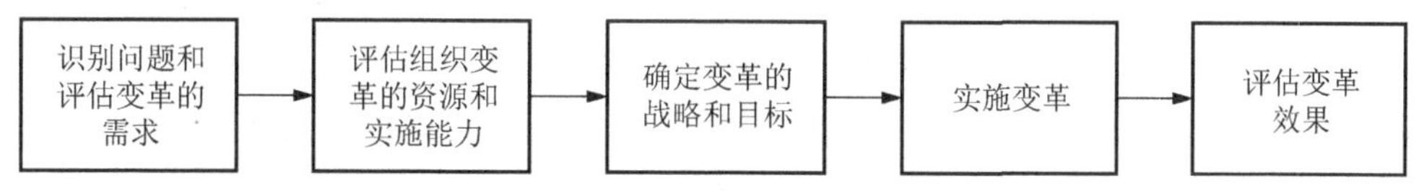

图 11-1　组织变革的程序

11.2.1　识别问题和评估变革的需求

首先变革推动者分析组织的内外环境因素，从组织成员那里收集变革需求方面的信息。一般来说，信息收集方法包括发放问卷、翻阅各种记录、与员工面谈并倾听其关注的问题。变革推动者通过综合使用这些信息收集方法，把有关信息归纳成几个方面：人

们主要关心的问题、问题的范围和可能采取的行动。信息收集过程中也增强了对变革必要性的认识。即使对改革的重要性存在着普遍的赞同意见，但对使用什么样的方法、什么时候、在哪儿及怎样实施变革，人们也会有不同的想法。因此，应该做一些系统的努力，评估变革的需求，确定改革项目的重点和目标。

11.2.2　评估组织变革的资源和实施能力

有计划的变革项目要求对个人和组织进行变革的能力进行认真的评估，确定组织对变革是否已有充分的准备和实施能力。个人对变革的准备情况的两个重要方面是员工对现状的满意度和变革中明显的个人风险。图 11-2 表示这两个方面的可能的组合。当员工对目前情况不满意，并从变革中看不到多少个人风险时，他们对变革的愿意程度就可能很高。相反，当员工对现状满意，并看到变革的个人风险高时，他们对变革的愿意程度就大大降低。关于个人对变革的准备情况，另一个重要的变量是员工对变革努力的期望值。期望值在人的行为中起着关键性作用。作为理想的做法，关于变革的期望应该是积极而又现实的。

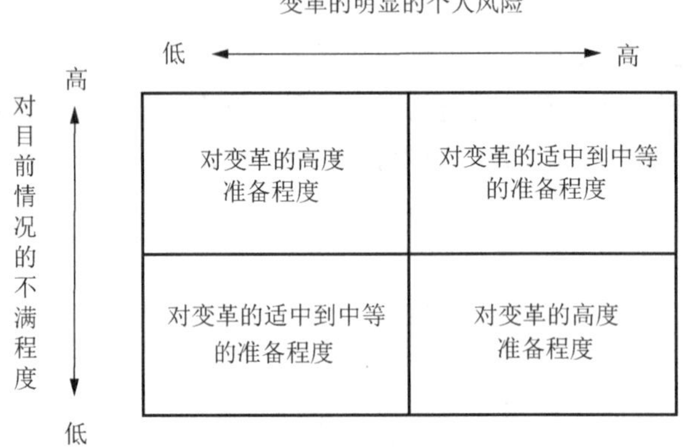

图 11-2　员工对变革的准备程度

对组织的变革能力必须进行准确的评估。如果组织的资源很少，组织成员没有时间或机会实施所需要的变革，需要投入大量个人精力和组织资源的方法就会失败。在这种情况下，组织以适度的努力开始可能会受益，因为事情做得最有根有据。随着组织再开发出必要的资源和增加员工投入，才能够推进变革的深度和广度。

11.2.3　确定变革的战略和目标

当进行组织诊断时应认识两个重要的因素：第一，组织的行为是许多因素相互作用的结果，把复杂问题的原因分隔开来可能导致简单化和无效的变革战略。第二，把变革战略集中在表象上不能解决根本的问题。在诊断中所收集的有关组织方面的许多信息代

表的是问题的表象，而不是问题的原因。对变革的潜在抵制是变革准备程度和积极性的另一个主要方面，必须对个人和组织两方面抵制加以诊断，运用系统分析的方法来确定变革的战略和目标。

11.2.4 实施变革

对组织存在的问题进行诊断后，就要研究如何进行组织变革。实施变革必然会受到来自各个方面的阻力，所以必须进行沟通和宣传，提高对变革意义的认识，使变革对象能够广泛参与，减少变革阻力。同时应开发实施变革的行动计划，任何变革方案中涉及的员工都必须积极参与问题的界定，从而使变革的计划成为全体成员的计划，而不是少数领导的计划。变革计划制定以后，可先在部分单位试行，以检验计划的可行性。然后根据试行的结果对计划再进行修改补充，取得经验后再全面实施，从而在实施过程中不断改进。

11.2.5 评估变革效果

变革效果评估分为两个方面：首先，要对变革计划的有效性进行评估。把收集到的原始资料作为标杆，与之后发生的变革进行比较和评价。其次，在变革实行过程中，对变革效果反馈的结果进行研究分析，不断地整理在变革中出现的问题。为了获得反馈信息和对变革效果进行评估，对外要进行定期的市场调查、消费者行为调查、社会心理调查和民意测验等。对内则需要进行态度、士气和满意度调查以及工作绩效的评价。

11.3 组织变革的动力与阻力

当今世界处于急剧变化之中，各类组织，尤其是企业这种经营性组织，承受着极大的压力，这些压力也就转变为推动组织进行变革的动力。但在整个变革进程中又会遇到各种阻力。

11.3.1 组织变革的动力

（1）技术进步

20 世纪 70 年代以后，在全世界范围内掀起了一场新技术革命，它以信息技术、生物技术、新型材料技术、新能源技术、航天技术和海洋开发技术等新技术群为内容。这些尖端技术的发明与采用，对各个国家、各类企业的社会生产和生活带来了强劲的冲击力，使之不得不采取相应的变革对策。技术革命的迅速发展，对各国和各企业的生产和生活的影响越来越大。新技术从研究发明再到投入市场的周期，有越来越缩短的趋势。电子计算机的广泛使用将使各类组织中信息处理和决策等一系列的组织管理方法发生革命性的变化。

（2）产品

由于技术革新，消费者价值观绝大多数的改变以及爱好的迅速转移，大大缩短了许多产品和服务的寿命周期。由于产品老化的进程如此迅速，管理者们为了保持他们的产品在市场上占据优势，就必须在充分利用知识和技术、不断设计新品种、提高产品质量、降低成本等方面狠下工夫。当产品的寿命周期缩短时，各组织必须相应地缩短产品的设计到投产的时间。为了使组织能在未来的环境中继续生存和发展，上级主管领导部门就必须给予下属组织一定的自主权和灵活性。

（3）价值观

价值观是人们对他们周围客观事物、人的意义和重要性的总评价，包括个人的价值观与社会的价值观。这种价值观均随时间、地点和条件的改变而有变化。一个组织能否适时地、准确地把握人们价值观念的变化而进行改革，是极为重要的。例如，在我国过去消费者长期以来评判商品好坏的极重要的价值观标准是“越坚固越经久耐用越好”，但随着生产的发展和人们生活水平的提高，消费价值观则改变为“高档、精美、时尚”。

（4）新法令和新政策

政府的法令、政策是组织的外部环境之一，直接影响组织的行为动向，就是在西方国家的企业受政府控制和影响较少的情况下，这种影响仍很明显。如美国在颁布污染法以后，规定企业生产的产品所排放的污气和生产过程中所排放的废气、废水超过一定的比例时就要罚款。这样，就促使企业改进产品设计、制造和工艺流程，这就是一种组织变革的压力。

（5）劳动力素质

当今世界各国劳动力素质均大有提高，劳动力的构成也有很大变化，员工日趋年轻化和知识化。员工队伍的这种变化必然带来员工需求和期望的变化，那种传统的“权力—服从”的管理已不能满足他们的要求。因此，组织必须寻找符合他们需要和期望的制度和办法，如参与决策，参与管理，自由选择工作单位、工种和班组长等。

（6）工作生活质量的提高

工作生活质量是指组织内的成员通过他们在组织里所担负的工作的经历和成就来满足他们需要的程度。当人们的基本物质生活达到一定程度之后，人们的注意力就放在怎样通过工作来得到满足和取得乐趣。目前西方国家的管理当局、工会组织以及政府，都十分关心通过制定组织变革的规划来提高员工的生活质量。在我国，随着生产力的进一步发展和人民物质生活水平提高，也会逐步地使人们的注意力更多地由经济物质方面的需要上升到工作和精神的需要上。一个人的工作生活质量是与其工作行为密切相连的。改善工作生活质量之后，可以激发起人的积极努力工作的情感，提高他们对工作的兴趣和满意度，并使其更加勇于为承担组织目标而做出贡献；可以使作为个人

和作为组织的工作者，通过改善工作生活质量使个人得到更大发展；较高的工作生活质量可以降低缺勤率和离职率，可以减少事故，增加产品数量，改善质量，给组织带来更大的效益。

（7）新的管理方式

各国用比较成功的新的管理原理和方法来改进本组织的管理已成为推动本组织变革的动力。例如，美籍日本人的管理学教授威廉•大内通过对美国与日本组织管理的对比，从中吸取各自的成功经验，综合而成为Z理论。目前各国的管理都在吸取别国的成功的管理原理和方法，并继承本国民族文化传统中的优秀部分，加以融合提炼，创造出新的管理理论与管理方式，这也是各类组织变革的动力。

11.3.2　组织变革的阻力

（1）来自个体对变革的阻力

变革的实施最终总是通过组织中的单个的人即个体来完成的，个体在组织中的作用好比是人体中的细胞，个体的阻力对变革的实施的影响不可忽视。个体对变革的阻力有以下几个方面。

1）经济利益性。因为变革的目标之一是要有利于提高和改善人们的物质文化生活，因此如果变革直接或间接她降低了某些人的经济收入的话，那么组织的变革就会遭到这部分人的抵制和阻挠；如果变革给人们带来收益的增加和生活的改善的话，就必然会得到他们的赞成、理解和支持。

2）不安全感。改革往往是做以前没有做过的事，采用过去没用过的方法，往往带有一定的冒险性，有些人会担心失败威胁自身的安全，因而就抵制某种变革的实施。

3）求稳心态。所谓心理上的求稳，主要表现为顽强的守旧心理定势，对层出不穷的新事物、新经验反应冷淡，尤其是对改革带来的新的工作和生活节奏和种种变化产生种种阻抗和排斥。

4）求全心理。所谓心理上的求全性，也就是说在人们的心理上存在着一种自然的倾向，即对人、物、事索取完善性，要求对象始终处在“十全十美”“万无一失”的状态之中，总希望整个改变应以无谬误的方式来进行。但由于改革本身是一个巨大的系统工程，要求以无谬误的求全的方式进行变革，实质上就是阻止变革。

5）依赖心理。如果一个组织中的员工没有独立思考、自主自立的观念，他们对别人和上级领导者的依赖性，可能成为抵制变革的一种阻力。除非等到他所依赖的人已认识到变革的需要，并把变革的措施纳入到他们的行为中时，他们才不再反对变革。

6）保守性心理。保守心理变现为安于现状，喜欢遵从老的秩序与习惯。具有保守心理的人会存在各种借口反对变革。

7）习惯心理。人们通常总是按自己的习惯对外部环境的刺激做出反应，这种习惯性会成为组织变革的一大阻力。人们较长时间从事某种活动，遵循某种办法，而改革可能就会改变人们原来熟悉的那种活动和办法，从而使人心理上、行为上不适应而产生不快或抵触情绪。这种活动和办法进行得越长久，习惯也就越强，从而抵制变革的阻力也就会越大。

（2）来自群体对组织变革的阻力

组织中的个人往往是组合成群体的，而组织变革会对群体原有的规范产生冲突，会威胁群体原有的人际关系，从而群体对变革也产生阻力。

1）群体规范冲突所造成的阻力。一个凝聚力强又有一定历史的群体，在工作方法、劳动定额、相互关系方面，有自己一套成文的或不成文的特殊规范。变革前的企业或任何一个单位中的正式群体与非正式群体之间的行为规范，处于相容状态。改革后，正式群体的目标、准则、行为要求发生变化，当这种变化与原有规范不相容时，就会与非正式群体发生冲突。在这种情况下，非正式群体为维护自身利益，保持群体的稳定，有可能联合群体成员，强化原有规范，对正式群体所实施的变革采取抵制行为和不合作的态度。

2）人际关系变革所造成的阻力。员工实际不反对技术上的变革，他们反对的是随着技术改革而发生的人际关系的改变，而组织变革对于破坏原来已形成的人际关系有很大影响。

（3）来自组织与领导方面的阻力

我国组织变革的实践证明，大多数员工和高层的领导变革态度比较积极，而中间的管理层对变革的阻力较大，产生这种现象原因如下：①组织变革就要精简机构、减少层次，甚至要撤销某些机构等，这都会影响这一层组织和领导者的地位与权力。②在改革干部制度和领导制度时，采取竞争上岗和自由组合班组等形式有利于机会均等地把德才兼备的干部选拔到管理岗位上来，但也会威胁到原有领导者地位。③变革就要实行权力下放，让员工参与管理和决策，而有些管理者错误地认为是把权力的缩小，从而产生某些抵触情绪。

11.3.3 克服组织变革阻力的方法

一个组织的变革，只有在得到大多数员工赞同和支持的情况下才能进行，否则会招致变革的失败。因此，为了确保组织变革顺利进行并取得预期的效果，必须尽可能广泛地吸引组织成员积极投身变革，动员尽可能多的人参与变革活动，化解组织变革的阻力。为此要注意以下几点。

1）变革的发动集团必须认清组织变革的动力和阻力。要在调查研究的基础上，认真分析变革的原因及可能遇到的各种阻力，拟订组织变革的规划和具体方案，并敢于承担变革的责任。

2）发动和鼓励成员参与变革是获得成员支持的基本途径。管理者应努力创造出一种成员之间相互尊重、相互理解的氛围，使成员能够充分发挥其积极性。在方法上，一方

面要及时、有效地进行意见沟通，发动者要把变革的原因、理由、措施及步骤公开地告诉组织成员，让组织成员对变革方案进行充分讨论，畅所欲言地发表自己的看法。另一方面，要认真听取下级人员的意见，及时修正、完善变革规划。

3）组织成员必须感到有一种非改不可的压力和紧迫感，变革推动者应把组织外部的压力（如技术的发展，法律或政府法规的变化等）和组织内部的压力（如成员的缺勤率高、生产效率低、产品缺乏竞争性等各种困难）都如实地向组织成员报告，使他们产生组织变革的紧迫感。要运用群体意识和群体规范的积极作用，使变革的措施在组织中得以贯彻实施。

4）必须从组织外部引进一些新的观点、思想和意见，以帮助组织成员找到组织变革的新方法、新途径。吸取其他组织进行变革的经验和方法，形成自己最优的方法。

5）为了避免组织变革的失败而造成的时间、资源、财力的浪费，确保组织变革的成功，在组织变革的开始阶段，应把组织变革的创新项目安排在小范围进行，从小规模的实验中取得成功的经验后，再加以普遍的推广。在组织变革的最初阶段，还应把易于见效的变革措施安排在前面进行，使组织成员从成功中增强信心。

6）要善于捕捉变革的最佳时机，及时变革。变革条件不成熟时急于变革或贻误了变革时机都会使变革失败。因此，变革代理人善于捕捉变革的最佳时机，也是变革成功的条件之一。

11.4　工作设计与组织发展

11.4.1　工作设计的概念和作用

由于工作方式、员工在工作时的灵活程度，以及有无组织支持系统等因素都会对员工绩效和工作满意度产生直接影响，因此我们在组织生活中需要搞好工作设计。所谓工作设计，是指为了有效地达到组织的目标，而采取与满足工作者个人需要有关的工作内容、工作职能和工作关系的设计。

尽管人们在设计工作时需要考虑工作职能、工作关系、工作结果以及反馈等要素，但以特纳和劳伦斯为代表的组织行为学专家们更加注重研究工作内容的特性。他们试图鉴别出工作内容的特性，弄清这些特性是如何组合在一起形成各种职位的，同时找出这些任务特性与员工激励、员工满意度、员工绩效之间是什么关系，于是他们提出了一套研究方法，以评价不同种类的工作对员工的满意度和缺勤情况的影响。他们预测员工将会偏爱做那些复杂和富有挑战的工作，即这种工作能够增强员工的满意度并降低缺勤率，并用变化性、自主性、责任、所需知识及技能、所需的社会交往、可选择的社会交往 6 个任务特性来界定一件工作的复杂性。如果一件工作在这六个方面的得分越高，其复杂程度也就越高。所以他们认为，生活于大社区中的工人，工作之外兴趣广泛，因而工作对他们的内在激励水平较低；而生活在小社区的工人则相反，他们工作之外的兴趣比较少，更乐意做复杂的工作。

在此理论基础上，哈德曼和奥尔德汉姆以技能多样性、任务同一性、任务重要性、工作自主性和工作反馈5个核心任务为维度，建立了工作特性模型，如图11-3所示。

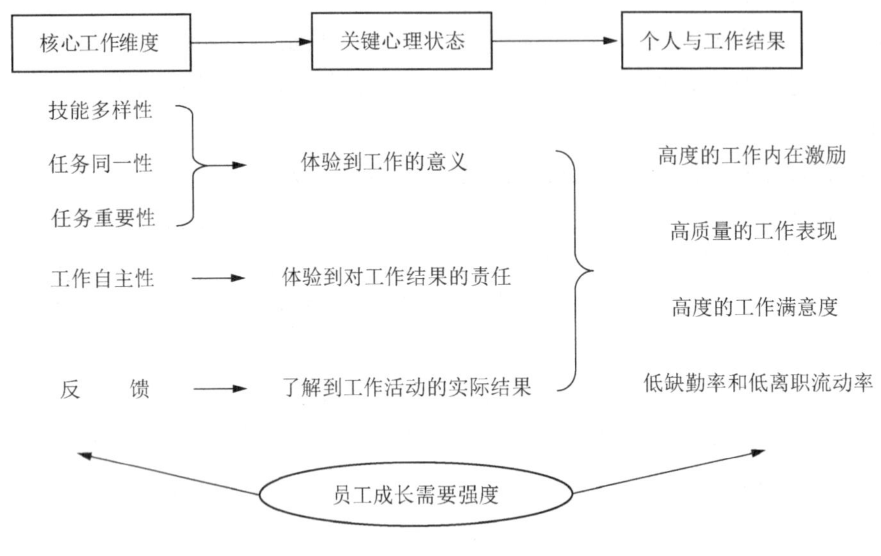

图11-3　工作特征模型

从工作特性模型的结构图可以看出，前3个维度即技能多样性、任务同一性、任务重要性三者之间是如何相互结合、产生出有意义的工作的。同时也表明：当员工个人体验到的工作的意义，体验到对工作结果的责任，了解到工作活动的实际结果，员工就能得到内在激励。这里的3种心理状态出现的机会越多，员工的工作表现、工作满意度就越高，员工缺勤率、流动率就越低。

好的工作设计至少具有3个方面的积极作用：

1）能减少单调乏味的重复性劳动的不良效应。通过多样化的工作设计，可以保证工作者在从事工作过程中能够运用多种感觉器官，达到最佳的激励水平，对工作具有较高的激励作用，从而大大地减少了因为工作单调乏味的重复劳动而在心理上产生的不良反应。

2）有利于建立整体性的工作系统。通过工作设计建立规模相对较小的自主性工作群体或班组，使员工在工作计划和工作方法方面有较大的决定权和自主权，由群体成员共同承担责任和义务，并把个人劳动成果与群体目标有机地联系起来，把生产流程、工艺技术、管理方式和奖励制度等因素组成一个相互依存的整体性工作系统。

3）为充分发挥员工的积极性和创造性提供了条件。劳动者的积极性和创造生的高低，在很大程度上与工作中的自主权、责任感、与其他人的关系好坏，以及发挥和

提高技能的机会多少等有密切关系。通过工作设计，可以使员工在工作中具备更大的自主权和责任感，改善与其他人的关系，为充分发挥和提高其技能创造更多的机会和条件。

11.4.2　工作设计的原则

工作设计时需要遵循的基本原则如下：

1）从管理哲学角度，要牢牢把握以人为中心的思想，正确处理好人与工作的关系，并根据工作环境的不同，灵活地、有选择性地使用以人为中心的设计方法和以任务—结构为中心的设计方法，并使二者有机地结合起来。

2）从心理学角度，要认真考虑工作者的个人特征、工作环境中的社会心理因素、整个组织的气氛和管理方式等因素。

3）从工效学角度，注意工作设计应使某一工作的各项任务适合于人们的能力和所拥有的知识和信息；工作任务的时间安排要紧凑、合理，要把时间上紧密联系的和功能上密切相关的一系列任务设计在一起；要使工作本身有不同层次，既有比较常见的操作，又有相当责权的任务，以使工作具有渐进性；使工作人员运用相关联的设备尽可能在同一或邻近的地点从事工作。

4）从技术学角度看，也应当重视工艺流程、技术要求、生产和设备等条件对工作设计的影响。

11.4.3　工作设计的方法

工作设计的方法主要有工作专业化、工作轮换和工作扩大化以及现代工作设计方法 3 种。

（1）工作专业化

工作专业化是一种传统的工作设计理论与方法。这是由泰罗和他的同事首先提出的、至今仍被各类组织所采用的理论与方法。它通过动作和时间研究，把工作分解为许多很小的单一化、标准化和专业化的操作内容及操作程序，并对工人进行培训和激励，使工作保持高效率。泰罗曾经指出，在现代科学管理中也许最突出的要素是工作任务这一概念，管理当局至少要提前一天把每个工人的工作充分安排好，对大多数工人来说，给他们每人一份完整的书面的工作指示，详细地说明该工人要完成的工作任务。不但要规定他应做什么，而且还规定怎么做，以及完成工作任务的确切时间。工人如果能在所规定的时间内出色地完成工作任务，就可以获得超额工资。

泰罗的工作设计方法是制造业流水作业生产线上应用最广泛的方法。这种工作设计的特点如下：①机械动作的节拍决定工人的工作速度；②工作的简单重复性；③对每个工人所要求掌握的技术比较低；④每个工人只完成每件工作任务中很小的工序；⑤工人被固定在流水生产线上的某一岗位，限制了工人之间的社会交往；⑥工人采用什么设备和工作方法，均由管理职能部门做出规定，工人只管服从。

专业化工作设计有下列4个优点：①把专业化和单一化最紧密地结合在一起，从而可以最大限度地提高工人的操作效率。②由于把工作分解为许多简单的高度专业化的操作单元，因此对工人的技术要求低，可以节省大量的培训费用，并且有利于劳动力在不同岗位之间的轮换，而不至于影响生产的正常进行。③由于专业化对工人技术要求低，可以找到廉价的劳动力，因此大大降低了生产成本。④由于机械化程度高，有标准化的工序和操作方法，因此提高了管理当局对工人生产的产品数量和质量的控制程度，保证了生产均衡、正常地进行。

专业化工作设计的缺点是：它只强调工作任务的完成，而不考虑工人对这种方法的反映，因而专业化所带来的高效率却被工人对重复单一的工作的不满和厌烦情绪所造成的缺勤和离职所抵消。

（2）工作轮换和扩大化

为了解决专业化的工作设计使工人对工作的不满和厌烦的情绪，许多管理人员就采取了工作轮换和工作扩大化这两种工作设计的方法。

1）工作轮换。实施这种工作设计方法的前提是工人从一种工作岗位换到另一种工作岗位工作，保证工作流程不受重大损失。假定这是一条汽车装配线，工作A是表示正在安装地毯，工作B是表示正在安装座位，工作C是表示正在安装仪表。在第一段时间内，工人甲做工作A，工人乙做工作B，工人丙做工作C。在第二段时间内，工人甲做工作B，工人乙做工作C，工人丙做工作A。采用这种工作设计方法，工人所做的工作实际上并没有真正的重大改变，但工人在不同的工作岗位上进行轮换操作，给工人提供了发展技术和有一个较全面地观察和了解整个生产过程的机会，从而可使厌烦和不满情绪降到最低限度。但这种工作轮换并没有从根本上解决问题，轮换后的工人仍然在同一时间内只从事着另一种常规的简单、重复的工作。

2）工作扩大化。这种方法是横向地扩大工人的工作范围，使一个工人所做工作种类更为多样化，每个工人除了担负原来自己所做的工种外，还扩大担负他的上、下工序原来由其他工人所做的工种。如前例，工作扩大之前，每个工人都要负责安装汽车上的地毯、座位、仪表和无线电收音机等工作之一，而工作扩大化以后，工人甲就要负责安装地毯和座位，工人乙就要负责安装座位和仪表，工人丙就要负责安装仪表和无线电收音机。增加每个工人应掌握的技术种类和扩大操作工序的数量的目的在于减少工人对原来工作的单调感和厌烦情绪，从而提高工人对工作的满意程度。但也有批评家指出，这种方法也并没有改变工人的工作性质。要想真正解决工人的不满和厌烦，还应求助于采用现代的工作设计方法。

（3）现代工作设计方法

1）工作丰富化。工作丰富化是一种纵向的扩大工作范围，即向工作的深度进军的工作设计方法。这种方法比向工作的广度进军的工作扩大化设计方法更深刻，它主要集中改造工作本身的内容。工作丰富化的理论基础是赫兹伯格的双因素理论，通过增加工作内容本身的挑战性、自觉性、责任和成就等激励因素，提高人们对工作的积极性，获得更高的工作成绩和效果。

实现工作丰富化需要的条件包括：第一，责任。不仅要增强操作者生产的责任感，而且还要使他们有责任控制产品质量，并保持生产的计划性、连续性和节奏性，使每一个工人都感到自己有责任完成一件完整的工作，生产出一种合格的产品。第二，决策。通过确定产品标准，控制传送带的传送件数和速度，以及改变某些领导的控制程度，给工作者更多的工作自主权，以提高他们自己在工作中的权威性和自主权。第三，反馈。把工作者所做工作的成绩和效果数据及时、直接地反馈给本人。在某种情况下，允许操作工人如实地收集和保存这些反馈的资料。第四，考核。根据工作者达到工作目标的程度，给其以奖励和报酬。第五，培训。为满足工作者的成长和发展的需要，就应给他们提供新的学习机会。例如，让他们熟悉质量控制和电子计算机程序控制等方法，并且还鼓励他们为使组织结构更好地适应新的发展而改进现行制度。第六，成就。通过提高工作者的责任心和决策的自主权，来培养和提高他们对所做工作的成就感和价值观。

工作丰富化的优点是：它与常规性、单一性的工作设计方法相比较，能够提供更大的激励和更多的满意机会，从而提高了工作者的生产效率和产品质量，还能降低工作者的离职率和缺勤率。工作丰富化的缺点是：为使工人掌握更多的技术，企业因而增加了培训费，增加了整修和扩充工作设备费，给工作者支付了更高的工资等。由于优点大于缺点，工作丰富化这种方法正在被许多大公司广泛采用。

2）工作特征的再设计。不同的工作者对同一种工作会有根本不同的反应，个人工作成效及从工作本身所获得的满足，取决于工作设计的方式和对个人有重要影响的需求的满足程度。工作设计的任务就在于充分考虑个人存在的差异性，区别地对待各类人及其要求，把他安排在适合他独特需求、技术、能力的环境之中。

工作特征的再设计是针对工作者的不同需求进行的不同层次的工作设计。进行工作特征再设计必须研究获得高级需求满足的条件和心理状态。当人们了解到由于本身的努力，已完成的工作很有价值和意义的时候，他们就会感到高级需求的满足。一般来说，当一个工作者的工作具有下列情况和心理状态时，他就会得到高层次的满足。第一，所做的工作必须使每个工作者都能亲自感受到他在负责一件有意义的工作，并给他一定的工作自主权。第二，所做的工作要使人感到很有价值，个人独立完成一件完整的工作单元，能发挥他的多种技能，并能使本组织或社会看到这种价值。第三，所做工作必须提供工作完成情况的反馈，这种反馈可以来自工作者的本身，或来自管理者、同事或顾客等其他人。

进行工作特征再设计还需要研究工作设计范围和工作者需求程度。一般激励潜力最高的工作，上述 3 个心理状态一定也都是最高的。如果工作中有一个或多个心理状态处于低潮，则可以预料到个人及工作的成果也必然是低水平的。

工作特征再设计的范围包括：第一，组合工作。把高度专业化的各项工作结合在一个大的工作单元中。第二，组成自然的工作单位。工作者连续地对工作的整体负责。第三，与顾客建立联系。这样就可以进一步提高工作的满意感和组织工作成效。第四，纵向扩充，给予工作者在执行任务时更大的自主权和责任。第五，开放反馈渠道。给工作者更多的机会来了解自己的工作结果。第六，探讨成长需要强度的调节作用。研究成果表明，成长需要强度在工作范围和工作成效关系上起着重要的调节作用。有高成长需要的工作者，当他的工作在各方面是高水平时，他就会受到内在的激励，从而导致较高的满足和绩效、较少的缺勤和离职。而对成长需要不强的人，在工作是高水平时，就会产生相反的反应。多样化、工作自主和完整性等可能使人感到超过了他本身的能力，反而不能实现有成效的工作。

（4）工作设计新的发展趋势

传统的工作设计坚持“工作简化”的原则，即尽量减少每次操作动作的时间，减少对操作技能的要求和最大限度地提高质量。现代的工作设计方法是对“工作简化”加以修正，通过技能多样化、任务完整性、任务意义以及独立自主权和结果反馈提高工人工作激励、工作满意感和工作绩效。自主的工作思想和新技术的出现给工作设计带来了新的发展趋势。

1）自主的工作小组。自主的工作小组是工作设计的一种新形式，具有以下特征：第一，小组成员有极大的参与机会，他们共同讨论工作任务，选择工作方案，制订实施方案。小组是自行管理的，工作进展和费用支出等都由组内讨论决定。第二，小组尊重的是每个人的能力，组内的气氛是坦诚的，能保证工作高速进行。第三，小组内生产成本低于组织同类小组的水平。第四，小组的领导不完全是行政指定的领导，谁能组织哪个方面的生产工作，谁就成为哪个方面的领导，组员也信服他的领导。行政指定的领导只能起秘书的作用，随着情境的变化，不同的人可以在各个方面起实际上的领导作用。第五，组员对小组的归属意识较强，而且对其他小组有些敌意，不像一般组织中各个群体间冲突不断。组织中其他部门对自主工作小组的评价也很高。但有可能出现小组目标与规范偏离组织的规范和整体目标的情况，若这时对领导人选择不当，就会限制组员的能力，影响生产效率。

2）在家办公。在自主工作思想和新技术的影响下，现代社会工作制度也逐渐发生了变化。首先是每周的工作时间大大压缩了，一般由原来的 6～7 天压缩到 4～5 天。在缩短了工作时间或工作周后，有的公司还采取弹性时间制，允许员工在特定的时间段内，自由决定何时上班。或是允许两个或更多的员工通过平均负担的方式来共同做满一周 40 个小时的工作，从而实现工作分担。

3）企业再造。企业再造的思想是美国人迈克·哈默（Michael Hammer）和詹姆士·钱皮在 1994 年出版的一本著作《再造企业》（*Reengineering the Corporation*）中首先系统表述的。哈默与钱皮认为，自亚当·斯密以来的企业运营，都是建立在分工论的基础上的，这种效率低下的功能组织不能适应以顾客主导、竞争激烈、变化迅速为特征的现代企业经营环境。必须彻底摈弃大工业时代的企业模式，即将硬性拆开的组织架构，如市场开发、生产、营销、人事、财务、后勤等功能性部门，按照自然跨部分的作业流程重新组装回去，即从协作的角度出发，用整体思想重新塑造企业的所有流程，使企业模式与当今时代信息化、全球化相适应，才能大幅度提高企业生产力。显然这种重新组装是对过去组织赖以运作的体系与程序的一种革命。企业再造的核心是业务流程的

再造。流程再造的最终目标是通过改变工作结构和工作方法来培养企业独特的个性，取得绩效的巨大飞跃。

11.4.4　组织发展的内容和目标

在管理变革的讨论中，不包括组织发展就不够完整。组织发展（organization development，OD）是有计划转变的一种综合手段，而这种转变是为提高组织的整体绩效而设计的。尽管至今没有统一的定义，但它的客观价值在理论上或实践中均受到普遍关注。以贝格哈特为代表的组织发展理论家从目的性和方法论的角度认为，组织发展是运用行为科学的知识，进行有计划的、全面性的自上而下发动的努力，目的在于通过对组织内各种过程的有计划的干预，以增进组织的有效性和健康发展。

组织发展不是一个单一的技术，而是具有某种原则和共性知识的技术集合。组织发展有区别于其他组织变革方法的基本原则，包括以下内容：①组织发展寻求的是人们致力于自主变革。要解决的问题是那些组织成员认为与他们有直接关系并直接受其影响的问题。②组织发展是一种组织变革努力。创造有效组织的永久性变革要求了解整个组织。在某种意义上，不对整个组织进行变革，变更组织的某些部分是不可能的。③组织发展一般对解决一个适应性强的组织的现实问题和对解决其长远问题同等重视。最有效的变革项目不是仅仅解决现实问题的变革，而是一个同时培养员工解决未来问题的变革。④组织发展比其他方法更强调在数据收集、诊断以及为找到解决问题的办法所采取的行动方面的协作过程。⑤组织发展既强调组织的有效性，又强调通过工作经历而实现个人价值。

组织发展的主要目标是促使企业组织结构和组织任务相配合，不断解决管理中的问题，提高企业组织创新能力。

11.4.5　组织发展的干预措施

组织发展的干预措施就是组织在实现发展目标的过程中，针对有关的成员或群体所采取的各种干预活动与方式。组织发展的技术或干预措施能带来组织变革，组织发展主要应以提高工作绩效、增强人的满意度、获得组织和个人的职业发展为策略。一般使用的组织发展的干预措施有以下几种。

（1）敏感性训练

敏感性训练是通过无结构小组的相互作用而改变行为的方法。在训练中，成员处于一个自由开放的环境中，讨论他们自己以及他们的相互交往过程，并且有专业的行为科学家稍加引导。这种小组是过程导向的，也就是说，个人通过观察和参与来学习，而不是别人告诉他学什么他就学什么。专业人员为参与者创造机会，让他们表达自己的观点、信仰和态度，他自己并不具有任何领导角色的作用。

（2）调查反馈

调查反馈是评估组织成员所持有的态度、识别成员之间的认知差异以及清除这些差异的一种工具。组织中的每一个人都可以参加调查反馈。调查问卷通常由组织或部门中的所有成员填写。问卷主要询问员工对以下这些方面的认识、理解和态度：决策实践，沟通效果，部门间的合作以及对组织、工作、同事和直接主管的满意度。调查者通过提问或面谈的方式来确定哪些问题是重要的。

（3）过程咨询

过程咨询与敏感性训练的假设很相似，即通过协调人际关系和重视参与，可以提高组织的有效性。但过程咨询比敏感性训练更具有任务导向。过程咨询中的顾问，让管理者了解在他的周围以及他和其他人之间正在发生什么事，他们不解决组织中的具体问题，而是作为向导和教练在过程中提出建议，帮助管理者解决自己的问题。重要的一点是，过程顾问不必解决具体问题的专家，他的专业技能在于诊断和开发一种帮助关系。如果管理者和顾问均不具备解决某一问题所需要的技术知识，则顾问会帮助管理者找到一位这方面的专家，然后指导管理者如何从专家那里尽可能多地获得资源。

（4）团队建设

组织越来越多地依靠团队完成工作任务。团队建设利用高度互动的群体活动提高了团队成员之间的信任与真诚。团队建设可以用于群体内部，也可以应用于群体之间的相互依赖活动中。团队建设也可见于确定每个成员的角色，它可以对每个角色进行鉴别和澄清。对一些个体来说，团队建设为其提供了深入思考某些问题的机会。

（5）群体间关系的开发

组织发展关注的一个重要领域是群体间功能失调引发的冲突。群体间关系开发这种方法首先让每一个群体独立列出一系列清单，其中包括对自己的认识、对其他群体的认识，以及其他群体又是如何看待自己的。然后各群体间共享信息，讨论它们之间的相似之处和不同之处，尤其要明确指出不同之处并寻找导致分歧的原因。一旦找到了冲突的成因，群体就可进入整合阶段，继续寻找解决方法并改善群体间的关系。为了进一步深入诊断以找出各种可行性活动方案并改善群体间关系，还可建立亚群体，它由来自于每个冲突群体的成员组成。

本章小结

组织变革是指组织根据外部环境的变化和内部情况的变化，及时调整并完善自身的结构和功能，以提高组织适应环境变化能力的过程。依据不同的划分标准，组织变革可以有不同的类型。组织变革的目标为：使组织更具环境适应性；使管理者更具环境适应性；使员工更具环境适应性。

在大多数组织中，管理者是主要的变革推动者。他们通过制定决策并做出行为榜样来塑造组织中的变革文化。例如，与结构设计、文化因素和人力资源因素有关的管理决策，在很大程度上决定了组织内部的创新水平。同样，管理层的决策、政策及实践活动又决定了组织了解和适应不断变化的环境因素程度。

任何改革，一般都存在着动力和阻力两种影响因素。几乎所有组织行为学的概念，

如团队、领导、激励、组织设计等无一不与变革有着一定关联，因此，组织及其成员希望具有竞争力，就必须克服各种阻力，经历动态的变革，使组织更上一层楼。组织的外部环境处在持续而无序的变化当中，管理者必须不断地充当变革先锋。在管理组织变革过程中，一定要有明确的目标、详细的执行计划，使组织主要成员认识到变革的必要性，存在制定变革规范和程序的意愿，从而做出一系列的变革和创新。

组织发展是运用行为科学的知识，进行有计划的、全面性的自上而下发动的努力，目的在于通过对组织内各种过程的有计划的干预，以增进组织的有效性和健康发展。在组织发展的过程中可以采取各种干预活动与方式，达成组织发展中促使企业组织结构和组织任务相配合，不断解决管理中的问题，提高企业组织创新能力的目标。

关 键 概 念

组织变革；战略性变革；结构性变革；工作设计；工作专业化 ；工作轮换；工作扩大化；自主工作小组；企业再造；组织发展；敏感性训练。

复习思考题

1. 什么是组织变革？组织变革的目标是什么？
2. 哪些因素影响组织的变革？
3. 试分析组织变革的程序。
4. 组织变革有哪些动力？
5. 为什么组织变革会遇到阻力？管理者可以采用哪些方法来克服变革的阻力？
6. 什么是工作设计？工作设计可以起到哪些作用？
7. 工作设计的方法有哪些？
8. 组织发展的内容和目标是什么？
9. 组织发展的干预措施有哪些？

阅读案例与材料

新技术挑战老经验

像许多其他在 Technegias Inc. 的工厂里工作的年轻人一样，34 岁的约翰·克里斯博宁愿意上 12 小时制的班，以换取大段连续的休息日，而厂里那些年纪比较大的工人还是喜欢 8 小时工作制。

在专门生产电视显像管的漏斗型玻璃管的 Technegias 里，年轻工人和老工人的差别不仅表现在对工作时制的看法上，年轻人不如老工人对工作那么在意，但年轻人更愿意接受培训，而老工人则不太注重学习。

1. 传统等级制正在瓦解

无论是在办公室还是工厂车间，新技术和新的工作组织方式正在瓦解存在于工人之间的传统等级关系。尽管老工人因长年工作积累下的经验仍然管用，但有时候年轻和聪明能干的工人更能在工作中树立权威。这一现象也在不同年龄层的工人群体间造成了微妙的摩擦。

2. Technegias 的技术分工相当复杂

年轻工人掌握电脑较快，而老工人则善于解决机械问题。57 岁的仪表技师戴维·厄博负责维护工厂里的计量仪表。他承认新设备更易操作、更有效，但他觉得年轻工人对新东西的热衷似乎有点过了头：即使老设备还能正常工作，他们也要求更新换代。而且，年轻工人总觉得新技术是更好的东西。

3. 年轻工人的优先权

年轻工人和老工人之间的争论有时并非如此直接。几年前，2 名年轻工人掌握了新设备的维修技术，但他们不把这些技术传授给其他老工人。这意味着：只要新设备在非工作时间出了问题，管理者便很自然地会让年轻工人来加班维修。即使这样的加班只需要 5 分钟，加班者还是可以得到额外的高额加班工资。

4. 信心问题

两代人之间的差别还表现在信心方面。当 Technegias 决定合并两种类似的技师工种时，一些老工人选择了提前退休。管理者认为这是因为老工人害怕学新东西。很明显的例子是：在工厂为工人提供的“学习实验室”里，那些老工人总是会问学新技术会有什么用，而年轻人则不太在意这些，他们更乐意去学。

5. 12 小时工作制的诱惑

Technegias 总经理约瑟夫·舒夫勒说，年轻工人更愿意接受 12 小时工作制，因为这样可以获得大段休息时间。事实上，几年前工厂已经在一些工人中实行 12 小时工作制，这样他们在一个月里可以有一周的连续休息时间。

52 岁的比尔·查平是众多反对长时间工作制工人中的一个。他按 8 小时轮班工作制工作了 10 年，这种轮班工作制每天的工作时间都不一样，不仅打破了常规的睡眠时间，还妨碍了正常的生活秩序，但查平还是愿意这样工作，因为他“已经习惯了”。

老工人还担心 12 小时工作制只是一个让他们无偿加班的小手段。现在，工人们 8 小时以外的工作都可以得到加班工资；但如果实行 12 小时工作制，可能就拿不到比较高的加班工资。

6. 较低的工作热情

现在经工厂和工会双方讨论决定，只有一个部门中 80%以上的工人愿意实行 12 小时工作制，才能改变工作时制。当然，一些部门选择改变而一些部门则维持原状。

许多老工人认为年轻工人之所以喜欢长工作时制，并不是因为他们喜欢工作，而是因为他们想得到更多连续时间用于玩乐。年轻工人也承认他们对工作的热情并不高。24 岁的马克·班尼特说，年轻工人对工作只是过得去就行，而老工人更热爱工作。

大多数情况下，解决两代人之间争论的最简单方法是，把年轻工人和老工人安排在一个车间里，让有资历的工人来领导。厄博说，通常有资历的老工人能在车间里赢得领导地位。但他也指出，老工人总是在一些方面表现得不如年轻工人。厂里有一种专门用来计量进入玻璃熔化炉的燃气量的记录表，其指针能把流量数据记录在纸上。现在这种老式记录表正逐渐被新的电子表取代。新设备更容易维护，零件更换的成本也比较低，但却不能把数据记录在纸上。“老工人还是习惯于能把数据记在纸上，”厄博说。

（资料来源：郁阳刚，任慧君．2010．组织行为学：理论·实物·案例．北京：清华大学出版社．）

案例讨论：

1. 结合本案例讨论组织变革的必然性。
2. 结合本案例谈谈工作再设计应注意哪些方面的问题？

参考文献

安世民，安运杰．2008．组织行为学．北京：北京大学出版社．

陈春花．2013．组织行为学．2版．北京：机械工业出版社．

丁家云，谭艳华．2010．管理学．合肥：中国科学技术大学出版社．

冯明．2013．组织行为学．北京：科学出版社．

顾琴轩．2015．组织行为学．4版．上海：格致出版社．

胡君辰．2010．组织行为学习题与案例．北京：中国人民大学出版社．

胡君辰，杨永康．2002．组织行为学．上海：复旦大学出版社．

凌文辁，张治灿，方俐洛．2001．影响组织承诺的因素探讨．心理学报，(2)：76-81．

凌文辁，张治灿，方俐洛．2001．中国职工组织承诺的结构模型检验．心理科学，(2)：77-81．

刘小平，王重鸣．2002．中西方文化背景下的组织承诺及其形成．外国经济与管理，(1)：17-21．

罗宾斯，贾奇．2011．组织行为学精要（原书第11版）．北京：机械工业出版社．

罗明亮，王清晓，许波，等．2007．组织行为学．南京：南京大学出版社．

麦克沙恩，格里诺．2008．麦克沙恩组织行为学．汤超颖，译．北京：中国人民大学出版社．

邱羚．2014．组织行为学案例集．北京：清华大学出版社．

单大明．2004．组织行为学．北京：机械工业出版社．

孙成志，刘明霞．2013．组织行为学．2版．大连：东北财经大学出版社．

孙优萍，谢军波．2013．组织行为学．2版．杭州：浙江大学出版社．

王晶晶．2014．组织行为学．北京：机械工业出版社．

夏洪胜，张世贤．2014．组织行为学．北京：经济管理出版社．

叶龙，史振磊．2006．组织行为学教程．北京：清华大学出版社．

郁阳刚．2010．组织行为学：理论·实物·案例．北京：清华大学出版社．

张德．2004．组织行为学．2版．北京：高等教育出版社．

张德．2008．组织行为学．3版．北京：高等教育出版社．

张贯一，任慧军．2007．组织行为学．北京：科学出版社．

张勉，张德．2002．组织承诺研究评述．武汉市经济管理干部学院学报，(3)：29-33．

张岩松，周宏波．2011．组织行为学案例教程．北京：清华大学出版社．

周菲．2007．组织行为学．北京：机械工业出版社．

周三多．2012．管理学．3版．北京：高等教育出版社．